江苏省2014年度高校"青蓝工程"项目资助

江苏省高校哲学社会科学基金项目"马克思人本思想的历史与实践"（2014SJD439）

马克思人本思想的
历史轨迹及其当代价值

吴楠　朱虹　著

中国社会科学出版社

图书在版编目(CIP)数据

马克思人本思想的历史轨迹及其当代价值/吴楠，朱虹著.—北京：
中国社会科学出版社，2016.10
ISBN 978 - 7 - 5161 - 9039 - 5

Ⅰ.①马…　Ⅱ.①吴…②朱…　Ⅲ.①马克思主义哲学—
人本主义—研究　Ⅳ.①B0 - 0

中国版本图书馆 CIP 数据核字(2016)第 237613 号

出 版 人　赵剑英
责任编辑　田　文
特约编辑　丁　云
责任校对　张爱华
责任印制　王　超

出　　版　中国社会科学出版社
社　　址　北京鼓楼西大街甲 158 号
邮　　编　100720
网　　址　http://www.csspw.cn
发 行 部　010 - 84083685
门 市 部　010 - 84029450
经　　销　新华书店及其他书店

印　　刷　北京明恒达印务有限公司
装　　订　廊坊市广阳区广增装订厂
版　　次　2016 年 10 月第 1 版
印　　次　2016 年 10 月第 1 次印刷

开　　本　710×1000　1/16
印　　张　17
插　　页　2
字　　数　261 千字
定　　价　69.00 元

目　录

导　论

一　马克思人本思想历史研究的现状

国内外学者研究马克思人本思想的观点大致可以分为六种：第一，西方马克思主义认为"人道主义的马克思"是马克思学说中的最高峰，弗洛姆、马尔库塞、列夫菲尔和萨特等主张用人本主义逻辑统摄马克思的全部文本。第二，阿尔都塞的"断裂说"。以《关于费尔巴哈的提纲》划界，他认为在此之前的马克思处于人本主义的意识形态框架下，在此之后的马克思创立了全新的科学世界观。第三，俞吾金教授认为人本质的异化理论是贯穿马克思思想始终的基本理论，但从《神圣家族》到《共产党宣言》存在一个视角转变，即从"道德评价优先"到"历史评价优先"。由于这一实质性的视角转换未被揭示，把青年马克思的异化理论等同于整个马克思的异化理论的误解不可避免，从而埋没了成熟时期马克思异化理论的重大价值。第四，孙伯鍨教授提出"两种逻辑论"。认为马克思思想存在从抽象人本质出发的思辨逻辑向从历史中的物质因素和经济事实出发的科学逻辑转变的过程。第五，张一兵教授指出，马克思的思想存在一个从人本主义社会现象学到历史现象学的阶段。在《1844 年经济学哲学手稿》中，马克思以异化劳动为基础建立了哲学人本主义批判话语。在《神圣家族》中，这种人本主义社会现象学出现危机。在《德意志意识形态》中，这种人本主义社会现象学受到马克思新世界观的批判。在《1857—1858 年经济学手稿》中，这种人本主义社会现象学最终被历史现象学所代替。第六，韩庆祥教授认为人的本质是人之所以成其为人的根据。主张从人的需要、能力、社会关系和个性四个维度来理解马克思人本思想。

综合国内外研究成果不难看出存在以下问题：

从研究领域来看，马克思主义哲学领域的研究者较多，马克思主义理论领域的研究人员较少。由于马克思主义理论学科起步较晚，到目前为止的马克思人本思想研究成果主要集中在马克思主义哲学领域，马克思主义理论领域的成果式微。

从研究方法上看，从哲学、政治经济学、科学社会主义等不同学科出发的研究较多，而以马克思人本思想为主题，整体性的研究刚刚起步。

从研究内容来看，对马克思主义三个组成部分的专题史研究较多，而以问题为主线的专题史研究较少，尤其是以马克思人本思想为主线的专题史研究不多。

二 马克思人本思想历史研究的重大意义

第一，凸显马克思主义的当代意义。诠释马克思主义的人本思想，既可以回击西方人本主义对马克思主义"人学空场"的质疑，又可以与西方马克思主义直接对话。马克思主义的当代性在这种对话中，逐步展现出来。

第二，深化对马克思主义的理解。研究马克思人本思想对破解一些理论难题是不可或缺的。比如，马克思主义如何说明社会发展五形态与三形态的统一，合规律性与合目的性的统一。如何把异化理论包容进去，如何说明马克思主义与西方存在主义，后现代主义的批判理论的联系与区别。

第三，推动中国特色社会主义的发展。"三个代表"重要思想、科学发展观、构建社会主义和谐社会和中国梦，都坚持了马克思的人本思想。"三个代表"重要思想侧重于马克思人本思想的实现主体，科学发展观侧重于马克思人本思想的实现途径，和谐社会侧重于马克思人本思想的目标，中国梦侧重于马克思人本思想的未来发展。它们都是马克思人本思想在中国的运用和发展。

三 研究的目标、内容、思路及方法

（一）研究目标

通过对马克思文本的解读和分析，阐释马克思早期人本思想的形成过程、主要观点、理论地位、当代价值及社会功能等内容。通过这些研究，既试图揭示马克思人本思想的真谛，又试图建立一种从人本维度理解马克思的新范式。

（二）研究内容

1. 马克思遭遇的近代西方人本思想。西方人本思想的源头可以追溯到古希腊哲学，其人本思想仰仗的是一种朴素的信念，相信人类的理念可以获得整个世界的绝对认知。古希腊的人本思想在实践方面的实现程度是非常有限的，人们不得不借助宗教神学的力量来弥补自身在智力和脑力上的不足。宗教神学表征的是人类主体力量的超越性，但由于统治阶级的歪曲，变成压迫人的统治工具。在中世纪，宗教神学对人的压迫已经到了登峰造极的地步。近代文艺复兴和启蒙运动对宗教神学的反动统治进行了全面的清理，重新突出人本思想处于价值中轴的地位，用人本思想不断替代神本思想。

2. 马克思人本思想的发端。少年马克思的哲学底色是突出人的主体性的康德费希特哲学。随着年龄的增长，马克思开始现实地考虑问题，人的美好愿望与冷冰冰的现实之间的尖锐矛盾浇灭了马克思对康德费希特哲学的热情。马克思人本思想陷入了空前的危机，在不断批判和反思自己先前世界观的前提下，马克思把目光逐渐转向了自己先前曾经忽视的黑格尔哲学。由于人在黑格尔哲学那里只是绝对精神实现自己的工具，与先前确立的人本思想并不相符，所以马克思的思想从一开始就偏向黑格尔哲学中突出人本思想的青年黑格尔派。

3. 马克思理性国家观背后的人本意蕴。马克思在《莱茵报》时，遵循黑格尔的国家观，认为理性国家可以保障一切人的利益和自由，但残酷的社会现实动摇了他的理性国家观。普鲁士国家颁布的书报检查令压制了人的言论自由；国家议员不是人民利益和自由的代表，而是特权的代表；现实的国家和行政机构沦为私人利益的工具，毁灭了国家和法的自由本质，马克思理性主义的人本观随之发生动摇。

4. 马克思人本思想的最初确立。《莱茵报》被查封之后，马克思开始退回书斋寻找答案，在克罗茨纳赫潜心研究英法的各种历史文献。通过历史学的研究，马克思深化了费尔巴哈人本主义唯物主义的理解，创造性地把研究领域延伸到社会历史领域，确立了"市民社会决定国家"

的唯物主义原则。但由于经济学知识的缺乏，尚无法从社会关系角度来理解人的本质，而是用人的本质异化来批判市民社会。马克思不仅转换了哲学立场，而且政治立场也彻底转到共产主义，认为人本质异化的原因在于私有制，实现共产主义就必须通过无产阶级革命，废除私有制，实现人本质的全面解放。

5. 经济学研究视域中人本思想。经过克罗茨纳赫的历史文献学习和费尔巴哈唯物主义哲学的深入研究，马克思已经确认人的本质不可能在理性的范围内实现，而只能深入到社会历史领域。当马克思接触到市民社会时，私有制、劳动、金钱和货币等经济学字眼不断涌入他的视野，这标志着马克思已经走到哲学与经济学的连接点上。在《1844年经济学哲学手稿》中，马克思明确地把人的本质规定为自由自觉的活动，人本思想表现为人在资本主义社会中的劳动异化，以及扬弃异化恢复到人与类本质相符的共产主义社会。与赫斯停留在金钱异化和交换领域不同，马克思在黑格尔劳动辩证法的启发下，透过交换层面深入到劳动层面，把人的本质规定为自由自觉的劳动，把私有制与异化劳动联系起来，把共产主义与扬弃异化劳动联系起来，第一次实现了哲学、经济学和科学社会主义的联合。

6. 马克思人本思想的系统论证。随着社会实践的深入，在经济学、哲学、历史学研究的启发下，马克思意识到人本思想不是外在的社会历史批判，而是与社会历史相统一。人的本质不是单个人的固有物，而是一切社会关系的总和。只有科学解剖社会关系，才能真正理解人本思想。所以，马克思开始从新的世界观出发，对人本思想的形成、条件、内容、表现形式和历史发展等问题进行多学科、系统性的论证。这一系统论证贯穿在《神圣家族》、《关于费尔巴哈的提纲》和《德意志意识形态》等著作之中。

7. 马克思人本思想的深化和总结。马克思在形成科学人本思想之后，需要在现实的社会关系中不断验证这种理论。在《共产党宣言》中，马克思运用历史唯物主义的方法，从现实的社会关系和阶级关系出发研究人本问题，指明了实现人本思想的现实道路。在《资本论》中，马克思从政治经济学的角度，深入资本主义社会内部，剖析了个人劳动与社会劳动的矛盾运动，揭示了资本家对工人的剥削，以及资本主义必然为共产主义所代替的历史必然性。

8. 马克思人本思想的当代价值。以上内容是从历史和逻辑两方面阐释了马克思的人本思想，本部分将结合当前中国特色社会主义理论的研究，梳理马克思人本思想在当代中国的深远影响，明确其在当代中国的理论意义和实践价值。

（三）研究思路

本课题以解决马克思主义理论发展所遇到的"问题"为宗旨，运用文本解读与现实剖析相结合的方法，主要研究马克思人本思想的形成过程、主要观点、理论地位和当代价值，彻底驳斥西方马克思主义者萨特所谓的"人学空场"和阿尔都塞的"逻辑断裂说"，为中国特色社会主义的发展提供理论支撑。

（四）方法

第一，文本解读法。通过对马克思著作的解读，掌握马克思人本思想历史逻辑和主要观点；通过对十八大以来各种中央文件的解读，把握中国特色社会主义理论中有关"以人为本"的内容。

第二，实地调研。通过对徐州、淮安、苏州、南京等地调查，分析了解当地医疗、教育、社会保障和公共服务等民生情况，了解省委和省政府实践"以人为本"的相关政策及落实情况。

第三，理论与实践相结合方法。本课题在把握马克思人本思想的同时，着重分析"以人为本"思想在中国特色社会主义理论中的地位和作用，阐释马克思人本思想的当代价值。

第一章　马克思遭遇的近代
西方人本思想

西方人本思想的源头可以追溯到古希腊哲学，其人本思想仰仗的是一种朴素的信念，相信人类的理念可以获得整个世界的绝对认知。由于生产力水平的限制，古希腊的人本思想在实践方面的实现程度是非常有限的，人们不得不借助宗教神学的力量来弥补自身在智力和脑力上的不足。宗教神学表征的是人类主体力量的超越性，但由于统治阶级的歪曲，变成压迫人的统治工具。在中世纪，宗教神学对人的压迫已经到了登峰造极的地步。近代文艺复兴和启蒙运动对宗教神学的反动统治进行了全面的清理，重新突出人本思想处于价值中轴的地位，歌颂人的伟大，弘扬人的主体性，提倡人的自由平等，用人本思想不断替代神本思想。启蒙运动提出天赋人权的口号，用自由、平等和主权在民等思想，直接批判了封建专制制度，为资产阶级推翻封建地主阶级的统治提供了理论支撑。

第一节　近代西方人本思想的核心

文艺复兴和启蒙运动是对古希腊人本思想的振兴，终结了神本时代，回归到人本时代。在哈贝马斯看来，近代西方世界发生了三件历史性事件：发现新大陆、宗教改革和文艺复兴，"构成了现代与中世纪之间的时代分水岭"。[①] 这三大事件的共同主题在于弘扬人的主体性，这构成了近代人本思想的核心主题。正如黑格尔所看到的那样："说到

---

① ［德］哈贝马斯：《现代性的哲学话语》，曹卫东译，译林出版社2004年版，第6页。

底，现代世界的原则就是主体性的自由"。① 而人的主体性原则是通过我思即自我意识的发现来建构的，"哲学把握自我意识的理念乃是现代的事业"。② 近代西方哲学从笛卡儿到黑格尔的整个发展历程，都是人的主体性不断构建和丰富的过程，弘扬人的主体性构成近代人本思想的核心线索。

一　宗教神学对人本思想的压制

在中世纪，宗教神学成为凌驾于一切学科之上的至尊，所有思想都成为神学的婢女，成为论证神学的工具，人的价值遭到贬低，世俗生活的意义被完全否定，这是古代人本思想遭受的最大颠覆。宗教神学之所以能够代替人本思想，是由于特定的社会历史条件造成的。古希腊哲学重视人的精神生活，使得宗教神学借助于控制人的精神来操纵人的现实生活成为可能。但宗教神学对人的挤压并没有导致对人的完全否定，统治阶级为了自身的利益，利用强大的国家机器千方百计地巩固神学的意识形态地位，而在民间，人们仍然崇尚互相关爱的人本主义传统。所以，即使在最黑暗的中世纪，人本思想也并没有完全消失，而是深深地扎根于人们的生活之中。

宗教神学本来是为了弥补人自身在认识和改造强大自然面前的不足，而由人创造出来的虚幻力量，代表了人类早期渴望征服自然的积极进取精神。但经过基督教和政治家的解释和中介，便转化为一种精神的统治工具，用以压制人的主体性以及由此生发出来的反抗精神。但随着新航线的开辟和资本主义生产方式的出现，国家与社会出现分离，独立的经济力量必然在政治力量统治的薄弱地带以及政治力量矛盾丛生地带生根发芽，逐渐发展壮大。以经济力量为形式的人的主体性再度凸显出来，成为新时代的基本支点。通过文艺复兴的洗礼，新生的资产阶级登上历史舞台，号召人们起来反抗封建腐朽的统治阶级，弘扬了人的主体性。这个时期的哲学家们继承了自文艺复兴以来的人文主义思想，强调人的独立自主性，要求用人的眼光来观察国家、社会和人自身，把人从

---

① ［德］哈贝马斯：《现代性的哲学话语》，曹卫东译，译林出版社2004年版，第20页。
② 同上书，第19页。

宗教神学中解放出来，并且论证了人类理性在社会历史领域的基础地位。

二 弘扬人的主体性是近代人本思想的核心

16 世纪以来，随着资本主义的发展，科学技术也相应地发展起来，托里切利发现了水流定理；列文虎克发现了细胞；哈维发现了血液循环；笛卡儿创立了解析几何；牛顿和莱布尼茨创建了微积分；开普勒发现了行星运动规律；牛顿提出三大定律。自然科学的发展为资产阶级批判宗教神学奠定了客观基础，宗教神学不可避免地日益没落了。而科学技术背后的理性原则，在认识自然和发现真理方面取得巨大成功之后，必然大放异彩，并且获得前所未有的自信。"人获得了自信，信任自己的那种作为思维的思维，信任自己的感觉，信任自身以外的感性自然和自身以内的感性本身"。① 自然科学的发展促进了生产力的发展，带来了财富的急剧增长，也使人们对自然科学的研究方法崇尚备至。近代唯物主义哲学的发展就是从自然科学的研究方法中吸取营养的。英国的经验论从批判非科学的认识方法开始，提出"知识就是力量"的口号，认为哲学的目标就是实现人类对自然的统治。培根认为自然知识的获得必须建立在科学实验的基础之上，制定了唯物主义归纳法，力图把自然科学从神学婢女的地位中解脱出来。

笛卡儿提出的"我思故我在"表征主体理性权威的建立，他不作任何预设的激进主义怀疑论，开启了一种在"自我"的主观性中探求世界最终根据的哲学研究新范式，而且通过主体的"我思"确立了"我在"，建构起了近代哲学的主体性原则。人在科学技术试验中发现了从事发明的兴趣和乐趣。理智在现实中不断生长，人意识到了自己的意志和成就。人们发现了美洲，发现了那里的宝藏和人民，也就发现了自然和自己。人们不再诉诸教父和亚里士多德，鼓舞着、激励着人们的是内在的、自己的精神，而不再是功德。这样一来，教会就失去了支配精神的权力，"有限的、现实的东西得到了精神的尊重；这是自我意识

---

① ［德］黑格尔：《哲学史演讲录》第 4 卷，贺麟、王太庆译，商务印书馆 1978 年版，第 4 页。

与现实的真正和解。"① 笛卡儿区分了我思和我在，确立了近代哲学的主客二分的思维模式，为人类对物质世界的研究避开了宗教神学的干扰。由于每个人都具有怀疑一切的天赋理性，所以每个人在理性平台上都是平等和自由的，这为人本思想向社会历史方向推进，并且衍生出人的自然权利奠定了基础。笛卡儿的认识论公式可能过于武断，然而从此以后转向研究主体，回溯到认识主体的自我已经势不可当。"主要的兴趣并不在于如实地思维各个对象，而在于思维那个对于这些对象的思维和理解，即思维这个统一本身。"② 这种基于主体自我的反思哲学，在以后的理性主义哲学中充分显示了它的强大力量，并在德国古典哲学中达到高峰。

三　近代主体性哲学的历史发展

根据思维与存在的关系划分，近代哲学可分为两派：经验论和唯理论。经验论认为思想的客观性和内容产生于感觉，唯理论则从思维的独立性出发寻求真理。但两者也有共同之处，都立足于主体理性，将其作为认识的出发点与归宿，作为科学知识确定性的基础与标准。"这两派也有碰头之处，因为经验也要求从它的各种观察中引导出普遍的规律，而另一方面，思维从抽象的普遍性出发，却应当给自己提供一个特定的内容。"③ 经验论的研究不能解决人类认识的总体性问题，人的认识确实是从感觉开始，但感觉所能给予人们的只是事物的一个方面，而认识要求把握事物的整体，感觉无法说明从片面的感觉到形成整体认识的这个过程。笛卡儿的"我思故我在"恰好解决了这个问题，科学认识并不是经验的简单积累，而是以主体理性发挥作用为前提的。只有借助理性的综合判断能力才能把片面的经验整合起来，但近代科学的发展已经证明确实存在不以人的理性为转移的客观物质世界。

康德看到唯理论和经验论的各自片面性，并且认识到科学知识的获得必须把感性和理性结合起来。他认为，人们通过感性直观在人心中形

---

① ［德］黑格尔：《哲学史演讲录》第4卷，贺麟、王太庆译，商务印书馆1978年版，第5页。

② 同上。

③ 同上书，第9页。

成的感性对象是孤零零的，其间是没有联系的，只有运用人心中先天具有的范畴去思维对象，才使得孤立的感性对象之间有了联系。他通过对纯粹理性的批判，进一步确定了理性主体的权威，使主体理性在客观知识、道德实践与审美领域得到了充分的肯定和展示，主体理性不仅是知性的力量，同时也是理性认知、道德实践与审美评价的先天原则。人在自然面前，不是一个消极的直观者，而是一个能动的主体，任何科学实验都是以理性主动提出问题为前提，然后强迫自然界回答。康德触及到了法国唯物论的消极直观的缺点，以唯心主义的方式突出了人的主体性。所以，哈贝马斯认为康德哲学明确反映了他所处时代的本质，确立了理性主体在现代世界中的主人地位与权威。继康德之后，黑格尔第一个明确地把这种通过自我理解而达到自我确证的问题看作是现代的主体性原则问题。在康德那里，至善还需要借助于一个超人的上帝来实现，而在黑格尔这里，绝对理念本身就是一个能够自己实现自己的万能的上帝。黑格尔从他的客观唯心主义人本思想出发，坚信人类理性的力量，主张思维与存在的同一性。"'普遍神圣的理性'，不是一个单纯的抽象观念，而是一个强有力的、能够实现它自己的原则。"① 思维的独立性和主体性取代了上帝至高无上的地位，成了评判其他一切事物和构造新世界的出发点。

在生产力和科学技术落后的古代，人与自然的关系表现为人对自然的顶礼膜拜。但人并没有放弃认识和改造自然的希望，而是以极大的勇气，以人的类本质异化为神的方式曲折表达自己的意愿，并且借助于神的力量来认识和改造自然。费尔巴哈说："人关于上帝的意识，也是人关于自我的意识。"② 舍勒更明确地说："在神身上，人描述了自己。"③ 神明明是人的类本质外化的产物，但神一旦创造出来，却表现为外在于人，不受人的控制，并且支配人的力量。神不表现为人的本质力量的延伸，而是表现为人的本质力量的主宰，人把人之为人的本质放在人之外的神身上。随着生产力的发展、新大陆的发现和科学技术的进步，自然

---

① ［德］黑格尔：《历史哲学》，生活·读书·新知三联书店 1956 年版，第 76 页。
② ［德］兰德曼：《哲学人类学》，工人出版社 1988 年版，第 99 页。
③ 同上书，第 97 页。

界第一次表现为人的实践对象。人的主体理性在整个实践过程起到支配作用，神的作用被弱化了，人重新开始关注人的内在，并且把人的主体理性作为人区别动物的本质。"大概没有哪一个世纪像启蒙世纪那样自始至终地信奉理智的进步的观点。"① 人本思想与柏拉图以来的视觉中心主义密切相关，人要想认识自己的本质，必须借助光的照射。近代人本思想的"光"不是上帝的启示之光，而是理性的自然之光，18世纪也被称为"理性的世纪"。人本质的发现过程就是尊重人的理性，怀疑神学权威，追求人的自由、平等和进步的过程。近代西方对"理性"的理解表现为两个方面：一方面，体现为发轫于17世纪形而上学中的价值理性，与笛卡儿"我思"的基始性一脉相承。笛卡儿的"我思"是人之为人的本质规定，并把"我思"推崇到天赋和永恒的高度，贯穿于一切政治、经济和文化领域，具有价值应当的意味。另一方面，体现为发轫于牛顿自然科学意义上的理性，这种理性必须接受自然科学实验的检验，并在科学实验的基础之上不断向前推进。理性的产生和形成需要思维自由的展开，理性的作用表现为人们自由地运用理性的法庭去审判现存的一切事物，因而对理性的尊重也就是对自由的尊重，追求自由成为近代人本思想的基本原则。

第二节 近代西方人本思想的时代背景

恩格斯指出："每一个时代的理论思维，从而我们这个时代的理论思维，都是一种历史的产物，在不同的时代具有非常不同的内容。"② 近代人本思想的产生也有其特定的时代背景。

一 商品经济的发展对封建等级思想的冲击

在14世纪之前的几百年里，欧洲基本上处于封建社会阶段。在以农业和畜牧业为主的封建自然经济条件下，人只能通过自己的劳动局部地，非根本上地改变自然，本质上是靠天吃饭。封建等级制度和宗教神

---

① ［德］E.卡西尔：《启蒙哲学》，顾伟铭等译，山东人民出版社2007年版，第3页。
② 《马克思恩格斯选集》第3卷，人民出版社1995年版，第284页。

学共同支撑封建社会的整个社会生活。在封建专制时代，生产力发展水平低下，人的社会关系局限在各种共同体之中。在同一个共同体中，人的社会关系表现为以血缘和辈分为基础的等级依赖关系。不同共同体之间的关系也表现为以权力为基础的等级依赖关系。"贵族总是贵族，平民总是平民，不管他的其他关系如何；这是一种与他的个性不可分割的品质。"① 在封建社会体制下，只有共同体的概念，没有个人的概念，个人完全依附于共同体，个人只是共同体身上的一个器官，意识在任何时候都只能是被意识到了的存在，所以这种生产方式决定不可能形成以人为本思想，只能是以共同体为本和以宗教神学为本的封建思想。这种情况大致维持到 13 世纪末，从 14 世纪初开始，一种新的社会存在方式开始在欧洲各国悄悄出现。社会生活中的新情况和新问题不断冲刷封建社会的等级社会体制和宗教神学思想，早期资本主义萌芽和近代人本思想就是在这种情况下逐渐发展起来。

地中海沿岸是资本主义发展的理想位置。地中海提供了优越的海运条件，极大地降低了交易成本。地中海的周边物种差异巨大，为交换的产生和发展奠定物质基础。在 14 世纪中叶，地中海沿岸的一些城市，比如威尼斯、热那亚、佛罗伦萨等，由于交换的发展，开始出现资本主义工业生产的早期萌芽。这些地方的商人们开始进行最初的世界性贸易，在作坊式的手工劳动的基础上逐渐发展出一种脱离土地的商业贸易，由此开始孕育超越封建社会生产方式的资本主义生产方式。

商品是用来交换的劳动产品，生产商品的目的不是自己消费，而是与社会和他人相交换。所谓交换不仅是物品的相互交换，而且是私人所有权的交换。"只有独立的互不依赖的私人劳动的产品，才作为商品互相对立。"② 在封建等级共同体内部，人与人之间是没有所有权差异的，一切物品按照等级制分配，统治阶级可以凭借特权恣意侵占劳动者生产的物品。私人所有权的相互承认意味着打破了封建等级共同体，"商品交换是在共同体的尽头，在它们与别的共同体或其他成员接触的地方开

---

① 《马克思恩格斯选集》第 1 卷，人民出版社 1995 年版，第 119 页。
② 《资本论》第 1 卷，人民出版社 2004 年版，第 55 页。

始的。"① 人从各种共同体中脱离出来成为实现个人利益的主体，不再是各种共同体的器官，而是具有私人所有权和私人利益的独立自主的个人，私人之间的关系必须建立在等价交换的基础之上，近代西方人本思想正是从这种私人等价交换关系中生发出来的。交换双方必须相互尊重产权，把对方当作一个平等的交易主体，而不是把政治和宗教当作交易的前提条件。交易对象的选择遵循自由原则，不是遵从政治权威的主观意愿，而是以个人利益实现的最大化为最高宗旨自由选择。人的物质利益实现过程就是人的类本质实现过程，可以看出，近代西方人本思想从诞生之日开始，就披上了物的外衣。

西欧封建社会向资本主义社会的转型，集市贸易的发展起到重要作用。② 西欧封建社会基本实行的是自给自足的自然经济，封建地主通过劳役和地租的方式从农民手里攫取各种生活所需。此时生产的物品并不具有资本主义商品的性质，但随着集市的发展和规模的扩大，滋生出对商品交换的旺盛需求，这种需求支撑着自由手工劳动者和中间商的生存和发展，近代人本思想也逐渐在封建专制思想的夹缝中产生。

二　地理大发现对近代西方人本思想的影响

地理大发现为近代西方人本思想的发展提供契机。在封建神学思想向近代人本思想的转变以及封建主义向资本主义的转变过程中，地理大发现是一个积极的推动因素。地理大发现并不是历史的偶然，西班牙和葡萄牙在抗击穆斯林的解放战争中，率先完成了民族国家的建立，中央集权的国家力量为哥伦布进行远航探险奠定物质基础。由于中东的穆斯林垄断了西方与东方的商路，西方迫切需要来自东方的香料，这就从反面给予西方从海上寻求新航线的动力。

需要指出的是，哥伦布发现新大陆是与西班牙国王签订契约的。契约详细规定了双方的权利与义务，国王与王后对哥伦布发现的新大陆拥有宗主权，而哥伦布可以参与新大陆上的所有经济活动，准许担任新发现大陆和岛屿的总督，对通往新大陆通商的船只可以征收 10% 的税，

---

① 《资本论》第 1 卷，人民出版社 2004 年版，第 107 页。
② 厉以宁：《资本主义的起源——比较经济史研究》，商务印书馆 2003 年版，第 68 页。

对自己运往西班牙的货物实行免税。这种契约的签订本身就标志着近代西方人本思想的发展，没有对人的自由平等权利的尊重，没有对人的物质利益的肯定，没有对人的冒险精神的鼓励，这种契约的签订是无法想象的。与此形成鲜明对比的是中国明代的郑和下西洋，由于郑和是穆斯林，所以可以雇佣大量穆斯林充当水手，可以运用当时穆斯林所掌握的先进航海技术，成功地进行了印度洋探险之旅，进行七下西洋的伟大创举。但由于明代属于中央集权的封建社会，封建皇权缺乏对人的基本权利的肯定，缺乏肯定人的物质利益的基本制度，无法持续调动民间优秀人才的创造性和积极性，郑和下西洋成了昙花一现，并没有改变中国的历史进程和世界历史进程，而哥伦布发现新大陆成了世界历史的开端，把整个世界联系起来，市场的扩大为资本主义手工业的迅速发展奠定基础，使得资本主义发展的中心从地中海沿岸转移到大西洋东岸，西班牙、葡萄牙、荷兰和英国等西欧小国迅速发展起来，其中英国在打败西班牙之后，成为世界海上霸权，在世界范围内占领 3000 多万平方公里的殖民地，一跃成为世界性的强国。

西方近代人本思想的虚假本质。新大陆的发现实质上就是财富的大发现，美洲丰富的物质资源和人力资源为资本主义的发展奠定了强大的物质基础。西方近代人本思想的本质是以西方白人的殖民利益为本，而不顾殖民地本地人民的利益，西方殖民者充分享受自由、平等和财产等权利的过程就是殖民地土著遭受剥削和奴役的过程，这是一体两面的事情。近代西方人本思想的阶级性和虚妄性暴露无遗。"美洲金银产地的发现，土著居民的被剿灭、被奴役和被埋藏于矿井，对东印度开始进行的征服与掠夺，非洲变成商业性的猎获黑人的场所"。①

三 西方近代人本思想与资本主义的发展

资产阶级是近代西方人本思想的受益者和维护者。西方人本思想历史悠久，虽然在中世纪被神学思想压制，但并没有窒息而亡，而是作为一种隐性的力量发挥作用。西方的封建社会，国王虽然垄断行政权，但并不意味着国王不受任何约束，国王常常受到神权和议会的限制。比

---

① 《马克思恩格斯全集》第 23 卷，人民出版社 1972 年版，第 819 页。

如，1215 年 6 月 15 日英王约翰被迫签署《大宪章》，这张书写在羊皮纸卷上的文件在历史上第一次限制了封建君主的权力，日后成了英国君主立宪制的法律基石。其中影响最为深远的是第三十九条，由它衍生了人身自由的概念："除非经过由普通法官进行的法律审判，或是根据法律行事；否则任何自由的人，不应被拘留或囚禁、或被夺去财产、被放逐或被杀害。"根据这个条文的规定，国王若要审判任何一个人，只能依据法律，而不能以他的个人喜好来进行，王权因而受到了限制。对个人基本权利的保护以及对王权的限制使得资本主义得以产生和发展。

西方近代人本思想突出的特点在于不仅仅从纯道德领域来看人，而是扩张到从经济角度来考察人，即经济人，经济人理论对资本主义的发展奠定人性基础。有关经济人的分析可以追溯到马基雅维利的《君主论》，他的政治哲学从国王延伸到个人，从国家的本性延伸到人的本性，他讨论的所有问题都带有个人主义和利己主义的痕迹。过了一个世纪之后，霍布斯在《利维坦》中又用了十章巨大篇幅来讨论人性。他非常敏锐地发现金钱等物质利益的运行法则是驱动人类社会发展的"原子化裂变"，并提出了人的自然本性是"一切人反对一切人"。其实，这种人的自然本性是人在商品市场中最大限度追求自身物质利益的体现，人的物性和趋利性超越了人的情感和道德成为人的本性，或者说是人的第二自然属性。"在人的本性中，我们发现发生争执的三个主要原因。第一竞争，第二猜疑，第三荣誉。竞争使人求利，猜疑使人求安，荣誉使人求名。"[①] 霍布斯的人性观真实地反映了资本主义的尔虞我诈，符合资本逐利的本性，他把一定时代、一定社会关系中的人性上升为一般人性的高度，把人的趋利避害当成人类永恒的本性。在此之后的人本主义思想家相继在人的自然性上发表议论，斯宾诺莎明确反对不按人的真实存在来想象人。所谓人的真实存在就是要自由地释放人的生存欲望。可以认为，17 世纪以后的西方人本思想家似乎已经不再相信用道德教化和宗教戒律能够约束人的欲望，而纷纷肯定人的欲望的正当性和合法性，并且试图寻找控制人的欲望的新方法。"在资本主义的组织形式和法权形式的开拓过程中，过去那种只在康庄大道之外的旁沟暗

---

① ［英］霍布斯：《利维坦》，黎思复译，商务印书馆 1985 年版，第 75 页。

角里搞些冒险的欲求态度，恰恰变成了合规律的经济生活中的支配性的灵魂；从事这类活动的人的特性已获得道德、法律甚至宗教和教会的认可。"① 此后的资本主义人本思想家认为，恰恰是人的自利、欲望和竞争才是建立繁荣市民社会的动力。人的欲望不能压制，只能用利益驯服，利益被看作是兼具了欲望和理性的优良品格。人是有欲望的，但是为了避免"一切人反对一切人"共输的局面，必须经过共同利益的制衡，欲望和理性完美结合起来成为历史发展的动力。这个观念在洛克理论中得到充分体现，即超越霍布斯的生存阶段推进到自由阶段。洛克认为人的生存是人的基本权利，但人不可能仅仅停留在生存阶段，而是要过渡到自由阶段。在现实生活中，人的自由的实现离不开私有财产的保护，私有财产是实现自由的物质基础，这里的私有财产已经不再是贵族和封建地主的财富，而是新兴的资产阶级的财富。为了实现共同的利益，避免在人的趋利本性驱使下相互毁灭，人们必须签订社会契约，制定市场主体都必须遵循的游戏规则。

在封建社会末期，手工业和商业构成城市经济的基础，为了保护城市手工业的生产稳定，限制竞争，城市里会出现行会，每个手工业者都会加入行会。受封建行会保护的小生产者们是建立在私有产权和自身劳动的基础之上，以交换为目的的简单商品经济。随着社会的发展，小生产者之间展开激烈的竞争，并由此发生两极分化：一部分善于经营的作坊主能够不断扩大生产规模，增加工人数量，逐渐发展成为最早的工业资本家；而大多数作坊主由于缺乏经营才能，在竞争中败下阵来，直至破产，最后沦为雇工。随着商人财富的增加，他们有财力成为垄断生产和销售的中间商，从而割断了小生产者与销售市场、原料市场之间的关系。凭借自身上游中介的地位，大商人逐渐控制了下游的生产者。比如，大商人可以乘生产者经营困难之际，通过发放贷款从而控制小作坊的生产，一旦小作坊经营不善，无法还清贷款，大商人趁机完全占有小作坊。

---

① ［德］舍勒：《资本主义的未来》，罗涕伦等译，生活·读书·新知三联书店 1997 年版，第 12 页。

第三节　近代西方人本思想的谋划

经过启蒙思想的熏陶，以人的主体理性为本成为人们衡量和批判事物的共识。"宗教、自然观、社会、国家制度，一切都受到了最无情的批判；一切都必须在理性的法庭面前为自己的存在作辩护或者放弃存在的权利。思维着的知性成了衡量一切的唯一尺度。"① 为了巩固人本思想的基础地位，扫清封建思想的残余，启蒙学者认为需要做两方面的工作：一方面，展开宗教批判，彻底把人本思想从神本思想那里解放出来，尊重人的基本权利，肯定人的理性的主体地位。另一方面，展开政治经济的批判，实现政治经济的解放，建立由资产阶级理性主导的新王国。

一　宗教批判：从神本到人本的转变

近代商业的发展、地理大发现以及科技的发展表明人可以借助自己的主体理性，通过劳动认识和改变世界。尤其是新兴资产阶级的出现更要求改变传统神学一统天下的局面，为自己的发展寻求意识形态上的支撑。近代西方人本思想较好地满足了资本主义发展的需要，因此受到资本主义的欢迎，并且逐渐取代神学宗教思想，成为资本主义发展的精神动力。

宗教神学的缺口首先是由自然神论打开的。诞生在 17 到 18 世纪的自然神论主要是回应牛顿力学对传统神学世界观的冲击。牛顿三大定律以不可争辩的事实，完美地阐释了物质世界的运行规律，只把神的作用归结到"第一推动力"的尴尬位置。传统的宗教神学必须改革自身，以应付自然科学的挑战，拯救人们的信仰危机。在这种背景下，自然神论提出上帝只不过是世界的理性，上帝只不过是始因，上帝创造世界之后，就不再过问世界的事物，而是让世界遵循自己的运行规律。自然神论以"钟表匠"比喻，认为上帝固然存在，却不干预世界的运转，世界就像一座大钟表，精确地按照自己的规律运行。在哲学观上，自然神

---

① 《马克思恩格斯选集》第 3 卷，人民出版社 1995 年版，第 719 页。

论基本上属于自然主义的经验唯物主义，他们坚持唯物主义的基本思想，肯定物质世界的第一性，认为人的观念来自于对外部世界的反映。在宗教观方面，他们认为对自然世界的认识就是对上帝隐蔽计划的认识，自然主义并不否定上帝的存在，相反是确证上帝的存在。比如，如果上帝是存在的和善的，那么人们可以在现实世界，通过自己的理性分析出上帝存在和善的端倪。自然神论反对像蒙昧主义和神秘主义那样盲目地信仰上帝，而尝试用人的理性与上帝进行沟通，给黑暗腐朽的宗教神学带来一丝光亮。可以看出，自然神论实际上是肯定人的主体性，肯定人可以凭借自己的力量通过发现自然而发现上帝。伏尔泰终身进行反对神学的斗争，他把教士称为"文明的恶棍"，骂教皇是"两足的禽兽"，并向僧侣公开宣称："你们曾经利用过无知、迷信、疯狂的时代，来剥夺我的地产，把我们践踏在你们的脚下，用苦命人的脂膏把自己养得肥头胖耳。现在你们发抖吧，理性的日子来到了。"[1] 伏尔泰鉴于人们的道德需要，仍然肯定上帝的存在，只不过是把上帝变为一个毫无实权的立宪君主。应当指出，伏尔泰的自然神论本身也有矛盾，比如，他反复强调上帝的地位和作用只在于创造世界，可是他又认为上帝在世间仍然具有赏善罚恶的功能。这种矛盾反映了新兴的资产阶级和近代西方人本思想的两面性。

18 世纪中叶，随着封建社会危机的日益加深和资本主义的迅速发展，法国启蒙运动声势浩大，法国哲学发展进入到新的历史阶段。即由自然神阶段进入到无神论。无神论反对宗教神学的方式更为直接和极端，他们以机械唯物主义的形式来看待整个世界，采用无神论的方式否定任何上帝的存在。他们认为，世界和精神都是物质的，不存在任何天赋的观念，宗教领域的上帝在现实生活中是根本不存在的。法国著名无神论者主要有狄德罗、拉美特里、爱尔维修和霍尔巴赫。狄德罗是"百科全书派"的领袖，它从怀疑主义出发，经过自然神论阶段，最终成为机械唯物主义者和无神论者。他的思想激进，具有反对传统宗教的强烈倾向。在他看来，宗教是理性的敌人，是愚昧无知的产物。"上帝

---

① 伏尔泰：《哲学辞典》，《十八世纪法国哲学》，商务印书馆 1963 年版，第 88 页。

创造世界是一种妄想。"① 从论证方法来看，狄德罗坚持经验主义原则，反对先验主义原则。"您如果想要我相信神的话，一定得让我摸得到他。"② 拉美特里也是一位无神论的斗士，尖锐地揭露宗教的反动性。他认为，追求人的幸福是人的自然权利，宗教的禁欲主义是赤裸裸地摧残人性。他的哲学继承和发展了笛卡儿的唯物主义和洛克的唯物主义，着重从医学和生理学角度阐释机械唯物主义原理，论证无神论。他发展了笛卡儿的"动物是机器"的思想，提出"人是机器"的著名命题。在当时的历史条件，"人是机器"对于破除宗教神学，无疑是个进步，但仅仅把人归结为机器，无疑是片面的。

无神论者把启蒙运动推向了高潮，在反对宗教神学方面，具有积极作用。但同时期的大部分学者并没有必然反对上帝和宗教。比如，伏尔泰、休谟、康德和黑格尔等都看到了宗教在道德伦理方面的重要意义。启蒙思想家这种既想否定宗教，又想回到宗教的矛盾反映了人的理性本身蕴含着难以突破的内在界限。休谟通过"因果问题"的研究说明普遍有效的理性只不过是一种人为养成的习惯。卢梭通过批判私有制，说明理性的无节制发展必然损害个人的自由和社会的公平。近代西方人本思想批判宗教神学的根本目的在于破除对宗教神学的无意识的盲从，把宗教神学放在人类理性的天平上进行考量，期待作出合理明智的选择，肯定人的主体性地位，把人从封建专制和宗教蒙昧主义中解放出来。

二　建立符合人类本性的国家和社会

宗教神学被颠覆之后，18 世纪的启蒙思想家开始把自己的精力集中在勾画人类在现实世界天真纯朴的画卷方面，要使得王侯将相成为现实有用的人，要开辟达到幸福的所有路径，要保障人类的自由、平等和情感等基本权利。这些行为都是被一个理想所鼓舞，那就是人本主义。"对人道的爱取代了对上帝的爱，以人类通过自己的努力而达到完美的状态取代了人类的赎罪，以希望活在未来世代的记忆之中取代了希望在

① 狄德罗:《狄德罗选集》，生活·读书·新知三联书店 1956 年版，第 6 页。
② 葛力:《十八世纪法国哲学》，商务印书馆 1991 年版，第 308 页。

另一个世界的不朽"。① 这种人本思想在现实中的表现为,通过从人的本性出发,对封建专制制度的批判,希望实现政治解放,并且按照人的理性建立一个符合人类本性的理性王国。

人本精神通过批判宗教神学已经在意识形态领域占据优势地位,但人本思想不能仅仅停留在意识层面,必须进入现实层面,在现实生活中实现符合人类本性的自由平等等基本权利。这就需要在现实中实现人本思想的历史主体——资产阶级。欧洲资产阶级的产生和发展经历了一个历史过程,较成熟的资产阶级直到 19 世纪初工业革命完成之后才最终形成,而早期的资产阶级在此前的几个世纪就已经开始萌发。最早的资产阶级是从封建社会末期不同于地主阶级和农奴的"第三等级"即城市市民演变而来。一部分思想开明的贵族在地理大发现、殖民掠夺和贩卖黑奴的过程中大发横财,也逐渐演变为商业资本家,壮大了资产阶级的队伍。资产阶级在经济上占据主导地位之后,必然相应地要求在政治领域扮演重要角色。特别是到了 18 世纪,随着商品经济的发展与有限的工场手工业的矛盾、资产阶级与封建贵族的矛盾、殖民地与宗主国之间的矛盾日益加深,激烈的社会革命不可避免的到来。

法国当时的社会情况如梅叶所言,教会与专制政府臭味相投,像两个小偷一样,互相包庇和遮掩,一起迫害人民。② 法国社会等级森严,把人分为三等。第一和第二等级是僧侣和贵族,他们享有垄断的特权,身居高位,不思进取,却过着骄奢淫逸的生活。作为主要生产者的人民群众却属于第三等级,政治上毫无自由平等可言,经济上不断受到特权阶级的盘剥和敲诈,整个社会毫无公平正义可言,人们心中的愤怒已经积累到极限程度。既然,近代科学和启蒙思想已经证明人的本性在于借助人的理性,在现实生活中实现人的自由平等。那么作为现实生活中的重要组成部分——政治领域也应该毫不例外地要求遵循人的本性行事。所以,以伏尔泰、卢梭等近代人本主义思想家果断竖起"天赋人权"、"人人生而自由平等"、"保护私有财产"等大旗,号召人民起来反抗,

---

① 卡尔·贝克尔:《18 世纪哲学家的天城》,何兆武译,生活·读书·新知三联书店 2001 年版,第 121 页。

② 北京大学哲学系编:《十八世纪法国哲学》,商务印书馆 1963 年版,第 672 页。

彻底改变当时的法国社会，依照人的本性重建公平的社会秩序。

为了实现人本思想，建立理想王国，近代启蒙思想家提出"社会契约论"和"自然法权论"，内容主要包含两个方面：一是从抽象的人性出发，设定人类原始生活的美好图景，即所谓的"自然秩序"和"自然状态"；二是充分肯定人与生俱来的"自然权利"，期待在现实中创建一种"合乎自然"的理想社会。

洛克的政治哲学影响巨大，其基本思想被美国《独立宣言》和法国《人权和公民权宣言》所吸收，几乎影响了之后所有新社会制度的建立。洛克认为所谓"自然状态"是一种"和平、自由、平等"和个人合法拥有自己财产的状态。每个人应当遵循自然法的支配，天生享有自由、平等和财产权等"自然权利"。"人们既然是平等和独立的，任何人就不得侵害他人的生命、健康、自由或财产"。[①] 为了防止自己的财产和自由平等的权利受到他人的侵害，每个人都有对违反自然法的人施以惩罚的权力。为了理性地处理矛盾，保障自身的生命财产安全，人们便相互协议签订契约，各自放弃单独行使处罚的权力，把它交给社会公众一致认可的人或理性国家来专门行使。在这种理性的国家中，国王作为契约的签订方自然也受到社会契约的限制，没有绝对的权力。

洛克的思想深深地影响了法国启蒙思想家。伏尔泰试图根据人的自然权利确立社会立法的基本原则，"法律是自然的女儿"，只有正义的法律才符合人的自然权利。在他看来，尽管不同国家在不同历史时期，有着不同的法律、习惯和风尚，但人的本性却永远不变，"正义的观念"从未泯灭，他深信正义的法律一定能够建立起来。其立法原则"既不在于使别人痛苦，也不在于以别人的痛苦使自己快乐。"[②] 伏尔泰认为新社会制度建立的目的在于保障人的自由平等。"一切享有各种天然能力的人，显然都是平等的；当他们发挥各种动物机能的时候，以及运用他们的理智的时候，他们是平等的。"[③] 伏尔泰崇尚信仰自由，认

---

① ［英］洛克：《政府论》（下卷），叶启芳、瞿菊农译，商务印书馆2004年版，第5页。

② 参见李凤鸣、姚介厚《十八世纪法国启蒙运动》，北京出版社1982年版，第101页。

③ 同上书，第102页。

为"每个人都可以按照他自己的方式供奉上帝",① 他还认为财产权是保证个人享有自由平等权利的根本保障,因此是神圣而不可侵犯的。平等仅仅是法律和机会上的平等,而不是财产上的平均主义,他认为财产上的不平等甚至是必须的。在政治体制方面,伏尔泰认为英国的君主立宪制是最合理的政治制度,它既保存了专制制度中有用的部分,也保持了共和制度中合理的部分,是两者的完美结合。②

孟德斯鸠从"法的精神"出发论证人的理性,他认为法就是事物本身的规律。他指出:"从最广泛的意义来说,法是由事物的性质产生出来的必然关系。在这个意义上,一切存在物都有它们的法。上帝有它的法;物质世界有它的法;高于人类的'智灵们'有他们的法;兽类有它们的法;人类有他们的法。"③ 人类的法就是理性的结晶,法就是各种事物之间的联系,具体表现为政治法律等社会制度。这些社会制度和国家性质有关,也和国家的地理位置、生活方式、宗教、气候和风俗习惯有关。一个完善的国家制度应该符合人的理性,具有普遍意义。孟德斯鸠认为,新的社会制度应该符合法的精神,应该实行三权分立,实现权力的互相监督和互相制衡,保障人民的自由平等。"自由是做法律所许可的一切事情的权利;如果一个公民能够做法律所禁止的事情,他就不再有自由了,因为其他的人也同样会有这个权力。"④

作为法国大革命实际上的精神导师,卢梭和伏尔泰、孟德斯鸠一样从"自然状态"出发批判专制制度和宗教神学,并构建自己的社会政治理论。卢梭的所谓自然状态和自然权利与霍布斯和卢梭不同,他认为所谓的自然状态并不是"人对人像狼一样的战争状态",也不认为私有产权是人的一种自然权利。卢梭认为,自然状态是一个完美的黄金时代,人们在其中过着自由自在、离群索居的生活,没有贪婪、嫉妒、竞争、欲望和战争。私有制是破坏自由平等的自然状态的根本原因,一旦原始的自然状态被破坏,人们只有订立契约,"我们每一个人都以其自身及其全部的力量共同置于公意的最高指导之下,并且我们在共同体中

---

① 参见李凤鸣、姚介厚《十八世纪法国启蒙运动》,北京出版社1982年版,第104页。
② 同上书,第107页。
③ [法]孟德斯鸠:《论法的精神》(上),张雁深译,商务印书馆2005年版,第1页。
④ 同上书,第183页。

接纳每一成员作为全体之不可分割的一部分"。① 在政治体制方面，卢梭认为理性的政治体制应该是民主共和的政体，它确保了人民主权，政府是人民主权的代言人，人民赋予政府行政权力，行政官员是人民的仆役，受到法律的限制。法律的基础是公意，法律必须体现人民的普遍意志，在法律面前，人人平等。这种政治体制的设计主要是为了维护人的自由，强调人生而自由平等。"这种人所共有的自由，乃是人性的产物。人性的首要原则，是要维护自身的生存，人性的首要关怀，是对于其自身所应有的关怀"。②

第四节　西方近代人本思想的批判

西方近代人本思想伴随着资本主义的发展一路高歌猛进，展现了强大的生命力，但在整个过程中也一直存在反对的声音。突出的表现为：浪漫主义、社会主义和共产主义三大运动。一方面，他们反对西方近代人本思想以个人为中心，忽视社会整体利益。另一方面，他们批判西方近代人本思想必然导致人的物化，人从神本思想的牢笼中挣脱出来，却再一次陷入物化的牢笼。

一　浪漫主义对人本思想的批判

从 18 世纪下半叶到 19 世纪的上半叶，前后大概一百年的时间，欧洲各国在政治、文化、社会等领域，先后出现了一股挑战传统的思潮，即浪漫主义运动。浪漫主义运动可以追溯到卢梭的思想。

之所以把卢梭作为浪漫主义的源头思想在于卢梭的自然状态充满浪漫主义色彩，他认为自然状态是一种带有原始意味的情感状态，自爱心和怜悯心控制着人的行为，调节着人与人之间的关系。卢梭描述的人类社会的发展包含有深刻的辩证法思想。他认为，人类社会历史发展要经历两次否定，原始平等的自然状态首先被否定的不平等的社会状态所代替，然后不平等的社会状态又被按照社会契约建立起来的平等的社会状

---

① ［法］卢梭：《社会契约论》，何兆武译，商务印书馆 2005 年版，第 20 页。

② 同上书，第 5 页。

态所代替。整个社会历史发展过程遵循否定之否定的规律。卢梭把人类早期原始的自然状态理想化为人类的黄金时代，以便实现人的自由平等，但随着社会的发展和人类主体能力的提升，人也陷入了不幸和苦难之中。"一切进步只是个人完善化方向上表面的进步，而实际上它们引向人类的没落"。① 人在征服自然方面获得了极大的成就，但是人却在社会中日益失去自我，沦为物质利益实现的工具，卢梭把这一切归咎于私有制。"由于人类能力的发展和人类智慧的进步，不平等才获得了它的力量并发展起来；由于私有制和法律的建立，不平等终于变得根深蒂固而成为合法的了。"②

浪漫主义继承了卢梭对个人主义和功利主义的反思和批判。浪漫主义把矛头主要指向西方人本思想在经济领域的代表——古典政治经济学。古典经济学肯定人的劳动，认为劳动创造价值，人不需要借助上帝来确证自己的存在，而只要通过劳动就可以获得自己生存发展之需。根据劳动价值论的原则，多劳多得，少劳少得，工人作为付出劳动最多的主体应该获得最丰厚的回报。但现实并非如此，资本家并没有因为没有付出劳动而无法获得利润，而是获得最高的回报。这种劳动价值论的自反性是催生浪漫主义批判古典政治经济学的根本原因。浪漫主义经济学派西斯蒙第认为分配不公的问题是古典经济学最大的问题，由于分配不公，整个社会日益分裂为互相对立的无产阶级和资产阶级。因为财产与劳动的分离、劳动与所有权的分离，造成资本主义的生产过剩和危机。西斯蒙第立足于古典政治经济学的基础——劳动价值论对资本主义的人本思想提出了尖锐的批判，所谓人本思想就是以资本和资本家为本，工人和劳动成为资本的附属物和剥削的对象。虽然西斯蒙第对资本主义人本思想进行了强烈的批判，但这种批判仍然是建立在"应该"基础之上的道德批判，这也是浪漫主义批判的历史宿命。

二 近代社会主义的运动

近代社会主义运动与浪漫主义一样，也是对资本主义人本思想的一

---

① ［法］卢梭：《论人类不平等的起源和基础》，李常山译，商务印书馆1982年版，第120页。

② 同上书，第149页。

种反抗。但与浪漫主义代表小资产阶级利益不同，社会主义运动的产生和发展是以大工业的发展为基础，代表整个人类社会的利益是社会主义运动的价值取向。

社会主义的产生并不是简单与公有制联系起来，而是现代工业发展的结果。工业革命所造就的强大生产力是改造社会关系、变革生产方式的前提。从思想渊源来看，近代社会主义思想吸收了早期乌托邦思想的平等、反对私有制等观点；在启蒙运动中，社会主义通过平等主义重新解释自然状态和自然权利，为社会主义的传播发芽打下坚实的基础。直到19世纪上半叶，社会主义运动逐渐发展成为声势浩大的社会运动即空想社会主义。代表人物为英国的欧文、法国的傅立叶和圣西门。他们都看到了西方人本思想的虚伪性和荒谬性。西方人本思想借助资本主义的发展把人从宗教神学那里解放出来，但在资本主义的现实生活中，人本思想并没有真正实现，而是人本思想被物本思想所取代。人们在追逐物质利益的时候，并不是把人当作人，而是把人当作物，人的价值被物的价值所淹没。真正享受到人本思想成果的是资本家，而工人和劳动大众成为物质利益的奴隶。所以三位空想社会主义者试图把实现资本家个人价值的社会制度变成实现整个社会利益的新的社会主义制度。

圣西门试图通过社会组织的形式来为全人类谋福利。圣西门是19世纪法国杰出的空想社会主义思想家。他出生于巴黎一个封建贵族家庭，从小受过良好的教育。他出于对封建制度的不满，背叛了自己的出身，积极投入到推翻封建专制的法国大革命中。但是，大革命胜利后建立起来的资本主义制度，只能给少数资产阶级带来了巨额利益，而广大无产者和劳苦大众依旧过着一贫如洗的生活。因此，圣西门开始抨击资本主义社会的黑白颠倒，他希望人口占大多数的穷苦阶级都能享受到社会发展的成果。他试图通过组建实业社会来为全人类谋幸福，实业社会中并不存在任何财产的继承权。傅立叶把和谐定为宇宙运行的基本法则，把历史分为梦寐、宗法、野蛮和文明四个历史发展阶段，并通过"法郎吉"来实现社会和谐。欧文是个实干家，他运用自己的力量，按照自己的主张，进行现实的社会主义实验。他所建立的公社没有商品交换、没有货币，支配给劳动券，凭劳动券购买生活所需。

这三位空想社会主义思想家顺应了大工业历史的发展，看到了资本主义人本思想的弊端，天才地提出了社会主义的一些基本观点和基本原则，试图在理论和实践上进行社会主义实验，体现了大工业的历史发展给人带来巨大的勇气和力量。

三　共产主义运动

较之社会主义运动，共产主义更为激进，富有战斗精神，他要求撕掉资本主义人本思想的面纱，彻底改变资本主义人本思想背后不平等的社会关系。从历史上看，由于无产阶级并没有认识到自身的历史地位和历史使命，所以直到19世纪40年代，社会主义运动和工人运动仍没有结合起来。

直到19世纪30年代，英国宪章运动、法国里昂工人起义和德国西里西亚工人起义的爆发，标志着无产阶级作为独立的、直接反对资本主义的政治力量从此登上历史舞台。共产主义运动反对以资本和资本家为本的人本思想，要求实现全人类的解放。

近代共产主义运动肇始于法国大革命中的左翼激进思潮，从巴贝尔的"平等派密谋"开始，经布朗基的革命性社团，一直延续到"正义者同盟"和"共产主义者同盟"。巴贝尔力图贯彻启蒙运动的理性原则，实现全人类的解放。大革命中的一系列事件使"阶级斗争"第一次成为现实，起义者不仅要求政治权利的平等，而且要求所有权上的平等。

英国的圈地运动迫使农民离开世代耕种的土地来到城市中的工厂，为资本主义的生产充当廉价的劳动力。机器大工业的发展使得大量工人聚集在一起，逐渐形成无产阶级的自我意识，为争取无产阶级的解放运动创造条件。当大革命播下的经济平等主义的种子落到英国这片土地，宪章运动将不可避免地爆发。1832年，英国议会通过改革选举，满足了工业资本家的要求，但工人的选举权被剥夺了。这直接导致了席卷全国的以争取普选权为中心的英国宪章运动，起义者明确宣布：劳动是一切财富的唯一来源，劳动者作为劳动主体有权分配自己的劳动成果，人民是权力的唯一来源。[①] 1844年的德国纺织工人起义不仅把斗争的矛头

---

① 庄福龄：《马克思主义史》第一卷，人民出版社1996年版，第50页。

指向资本家的工厂和机器，而且明确指向导致分配不平等的资本主义私有制。

可以说，三大工人运动为马克思恩格斯批判资本主义人本思想奠定了坚实的阶级基础，工人在反抗不平等的资本主义社会关系时，建立起一批有实力的工人革命组织，工人领袖也在日常斗争中逐渐成熟起来。

第二章　马克思人本思想的发端

马克思无法选择自己的出身，他早期的人本思想与家庭环境、受到的教育以及当时的历史环境有关。马克思出生在普鲁士莱茵省的特里尔城，莱茵省是普鲁士经济最发达的地区，人们的思想深受法国大革命的影响。少年马克思在这里耳濡目染，逐渐从父亲和老师那里接受了宣扬自由平等的各种人本思想，其主要的哲学基础是突出人的主体性的康德费希特哲学。随着年龄的增长，马克思开始现实地考虑问题，人的美好愿望与冷冰冰的现实之间的尖锐矛盾浇灭了马克思对康德费希特哲学的热情。马克思人本思想陷入了空前的危机，在不断批判和反思自己先前世界观的前提下，马克思把目光逐渐转向了自己先前曾经忽视的黑格尔哲学。由于人在黑格尔哲学那里只是绝对精神实现自己的工具，与先前确立的人本思想并不相符，所以马克思的思想从一开始就偏向黑格尔哲学中突出人本思想的青年黑格尔派。马克思对人本思想的执着以及对现实的尊重是促使马克思思想转变的深层动力。

第一节　马克思中学时代的人本思想

1818 年 5 月 5 日，卡尔·马克思诞生于普鲁士莱茵省南部特里尔市一个犹太律师家庭。特里尔城曾经被法国统治过，法国大革命的思想深入人心。1814 年，特里尔城重新并入普鲁士后，普鲁士的封建专制统治引发普遍的不满，青年马克思正是在这样的环境中成长起来。1830 年至 1835 年，马克思以优异的成绩毕业于特里尔中学，在老师的启发下，他接受了一些进步的人本思想，思想开始启蒙。尽管这些人本思想很快就过时了，但其中的一些重要的理论元素成为马克思科学人本思想的生长点。

一　马克思中学时代人本思想的溯源

与普通人一样，马克思中学时代的思想受到家庭和学校的影响。马克思出生在一个高级知识分子家庭，从小受到专业文化知识和进步思想的熏陶。马克思的父亲亨利希·马克思是特里尔城的著名律师，他不仅精通法律，而且爱好文学和哲学，尤其欣赏法国启蒙思想家伏尔泰和卢梭等人的思想，摆脱了宗教蒙昧主义的束缚，逐渐形成宗教自由的进步思想。"我远非狂热的宗教信徒。但是，这种信仰迟早都会成为一个人的真正［需］要，生活中往往有这种时候，甚至一个无神论者也会［不知］不觉地拜倒在至高无上的神面前。这通常之所以会这样［……］，是因为每一个人［……］都有可能崇拜牛顿、洛克和莱布尼茨所信仰过的东西。"① 宗教自由的阀门一旦打开，必然影响老马克思对政治的态度。他曾经参加自由主义反对派的学术团体"文学俱乐部"，主张代议制民主，甚至在"文学俱乐部"高唱富有自由主义精神的《马赛曲》。老马克思对自由的推崇深深地影响了马克思的人本思想，在《1844年经济学哲学手稿》中，马克思把人的本质规定为自由自觉的劳动，在《共产党宣言》中，马克思把共产主义描述为实现一切人自由发展的联合体。

作为马克思未来岳父的威斯特华伦男爵是另一位影响马克思思想的重要人物。他是特里尔城的枢密顾问，受过良好的教育，酷爱浪漫主义文学。马克思在他的博士论文中曾经高度赞赏了男爵对他的影响，尤其是马克思对浪漫主义文学的喜爱深受男爵的感染。18、19世纪的浪漫主义文学总是和歌德、席勒、莱辛等名人联系起来，文史哲不分家，伟大作家的作品必然与进步思想缠绕在一起，才能焕发出持久的生命力。实际上，这些作家的作品很大程度上起到思想启蒙的作用，把人从宗教神学那里解放出来恢复人的自然本性，企图在现实生活中建立一个合乎人本性的世俗世界。可以想象，中学时代的马克思在接触到这些作品之后，人本思想的种子必然在其心中播下。另外，男爵还与少年马克思谈

---

① 《马克思恩格斯全集》第40卷，人民出版社1982年版，第832页。

过圣西门，引导马克思去关注人的自由平等、私有制的批判、未来理想社会制度的建立。几十年之后，马克思还记得正是在男爵家里第一次听到圣西门的名字。

学校老师的言传身教是青年马克思人本思想的另一来源。马克思在特里尔中学生活学习了五年，特里尔中学的前身为耶稣会学校，后改名为弗雷德里希－威廉中学，马克思在中学主要学习的是传统的基督教知识，"对基督教教义和训诫认识明确，并且能够加以论证；对基督教会的历史也有相当程度的了解"。[①] 在拿破仑法国占领时期，学校开始宣扬18世纪法国启蒙思想以对抗传统的宗教神学。重新回归普鲁士之后，学校开始引入当时盛行的德国古典哲学，并且吸收了多位这方面的专家，其中校长维滕巴赫就是其代表之一。他是康德哲学的专家，主张用康德的理性主义指导学校的发展，在政治立场上倾向于自由主义。与老马克思一样，他也参加了卡西诺俱乐部，并且因为参加1832年汉巴赫自由者集会而受到普鲁士警察局的监视和威胁。马克思中学时代的其他老师在思想方面，与维滕巴赫大体一致，都表现为深受卢梭人本主义和康德自由主义影响的理性主义神学思想。在这些老师的言传身教下，马克思在特里尔中学6年的学习生活中，收获的不仅仅是宗教信仰，更重要的是思想启蒙。

二 马克思中学时代人本思想的表现

马克思中学时代留下来的资料不多，我们只能从他1835年中学毕业时留下的三篇作文来考察马克思的人本思想。这三篇文章分别是论述宗教问题的"根据约翰福音第15章第1至14节论信徒和基督的一致，这种一致的原因和实质，它的绝对必要及其影响"、论述职业的"青年在选择职业时的考虑"以及用拉丁文写的论述国家元首的"奥古斯都的元首政治应不应当算是罗马国家较幸福的时代？"。这三篇文章比较全面地反映了马克思当时对人的基本看法。

从宗教神学的立场向人的立场转变。成熟时期的马克思曾对宗教神学进行过猛烈的批判，认为其是"麻痹人民的鸦片"。我们对马克思的

---

① 《马克思恩格斯全集》第40卷，人民出版社1982年版，第828页。

宗教批判耳熟能详，而对少年马克思所遭遇的宗教教育研究不够。特里尔中学原本是宗教学校，宗教学习对于少年马克思来说是很普通的事。问题并不在于马克思是否学习过基督教神学，而是马克思如何理解宗教神学。马克思并不是站在上帝立场之上看待宗教，而是关注基督教与人性的关系。"在研究基督和信徒一致的原因和实质及其影响之前，我们应当弄清，这种一致是否必要，它是否取决于人的天性，人是否不能通过自己来达到上帝从无中创造出人所要达到的那个目的。"① 马克思虽然处在神学世界观中，但他同时强调人的欲望能够吞没永恒的东西。"在我们研究各个人的历史，人的本性的时候，我们虽然也看到他心中有神性的火花、好善的热情、求知的欲望、对真理的渴望，但是欲望的火焰甚至常把永恒的东西的火花吞没"。②

对人生意义的思考和追寻。自然给动物规定了它应该遵循的活动范围，动物也就安分地在这个范围内活动，不想试图去超越这个范围。但人不同于动物，人有更高尚的目标，而且人可以通过自己的努力，去实现这个目标。人比动物优越的地方就是人能够选择，但错误的选择会导致失败的人生，所以，认真地考虑这种选择是人的首要责任。"我们的使命决不是求得一个最足以炫耀的职业，因为它不是那种使我们长期从事而始终不会感到厌倦、始终不会松动、始终不会情绪低落的职业，相反，我们很快就会觉得，我们的愿望没有得到满足，我们的理想没有实现，我们就将怨天尤人。"③ 马克思最后的选择就是人类的幸福和自身的完美，这两者不是对立的，而是统一的。"人类的天性本来就是这样的：人们只有为同时代人的完美、为他们的幸福而工作，才能使自己也达到完美。"④

从人的道德理性出发评价君主专制和民主共和。在"奥古斯都的元首政治应不应当算是罗马国家较幸福的时代？"中，马克思在回答拉丁文主考老师出的考题——君主独裁和社会幸福的关系时，表现出非凡的理解力。屋大维终结了罗马共和国，成为罗马帝国的第一位皇帝。从

---

① 《马克思恩格斯全集》第 40 卷，人民出版社 1982 年版，第 818 页。
② 同上书，第 819 页。
③ 同上书，第 4 页。
④ 同上书，第 7 页。

自由主义的角度来看，帝制取代共和制是一种历史的倒退，但在现实生活中，罗马帝国却表现出超出罗马共和国的繁荣。马克思的拉丁文老师选择这个题目的本意在于诱导学生论证普鲁士王国封建专制的历史合法性。但马克思从人的道德理性出发，认为无论君主专制，还是民主共和制，都要符合人的道德要求，才能实现人民的幸福。"如果一个国家（布匿战争前那样的国家），因为它唤起了人们去从事伟大的事业，使敌人感到惧怕，并号召贵族与平民之间展开良好的竞赛（诚然，这种竞赛不全然是没有嫉妒心的），那么奥古斯都所确立的国家，我们认为是最符合他那个时代的国家。"① 马克思这种道德理性世界观并没有停留在口头上，而是表现出强烈的实践愿望和献身精神，这种强烈的实践意识和献身精神是推动马克思思想发展的强大动力。"如果我们选择了最能为人类福利而劳动的职业，那么，重担就不能把我们压倒，因为这是为大家而献身；那时我们所感到的就不是可怜的、有限的、自私的乐趣，我们的幸福将属于千百万人，我们的事业将默默地、但是永恒发挥作用地存在下去，而面对我们的骨灰，高尚的人们将洒下热泪。"②

三　马克思中学时代人本思想的意义

马克思中学时代的人本思想并没有完全摆脱神本思想的束缚，但因受到法国启蒙思想家的影响，已初步建立起以宗教神学为表象，实质上弘扬人的主观能动性的世界观。马克思中学时代的人本思想与成熟时期的人本思想间隔较远，影响较少，但其中一些细微的理论质点却深刻影响马克思的一生。

马克思在关注人的主体性的同时，并没有忘记对现实的尊重。马克思在选择职业的关键时候，并没有完全依据自己的主观喜好，而是意识到职业的选择与现实的某种客观联系。"我们并不总是能够选择我们自认为适合的职业；我们在社会上的关系，还在我们有能力对它们起决定性影响以前就已经在某种程度上开始确立了。"③ 人在选择职业的时候，

---

① 《马克思恩格斯全集》第40卷，人民出版社1982年版，第826页。
② 同上书，第7页。
③ 同上书，第5页。

要意识到自己的能力和这个职位的关系，即是否能够胜任这个职位，如何没有能力，就会受到外界的指责和惩罚。"如何我们错误地估计了自己的能力，以为能够胜任经过周密考虑而选定的职业，那么这种错误将使我们受到惩罚。即使不受到外界指责，我们也会感到比外界指责更为可怕的痛苦。"①

马克思并不是要谋取个别人的幸福，而是全人类的幸福。马克思在考虑职业选择时，毫不迟疑地宣告要为全人类的福利而献身工作。只有为全人类工作，才能持续给予马克思献身工作的动力，这也是贯穿马克思一生的精神动力。为全人类谋福利表现出马克思人本思想的崇高，这种崇高现在还是建立在人的理性基础之上。可以看出，为全人类工作与解放全人类的共产主义存在类似的共同点。

第二节　马克思大学时代的人本思想

1835 年 10 月，刚刚满 17 岁的马克思遵从父亲的意愿，离开自己的家乡特里尔到波恩大学，成为法律系的一名学生。波恩大学盛行的浪漫主义人本思想感染了马克思内心，促使他以极大的热情投入到辛苦的学习中去，在一个学期甚至选修了九门课程。但波恩大学的浪漫主义也带来了学生酗酒、决斗等负面影响。老马克思为了给儿子一个更好的学习环境，决定将马克思转学到柏林大学。来到柏林大学之后，马克思在思想上延续了波恩大学的浪漫主义人本思想，并且创作了大量的浪漫主义文学和诗歌。波涛汹涌的浪漫激情极大地满足了马克思的雄心壮志，但这种满足是空洞的，马克思冷静地发现浪漫激情终归抵不过冷冰冰的社会现实，他的世界观产生了危机。

一　德国浪漫主义人本思想及对马克思的影响

浪漫主义是西欧近代思想史发展过程中的重要阶段，它是继启蒙运动之后西欧发生的又一次重要事件。但国内对浪漫主义的研究仅限于文学和艺术方面，而在思想史方面的研究较少。究其原因，主要是因为浪

---

① 《马克思恩格斯全集》第 40 卷，人民出版社 1982 年版，第 5—6 页。

漫主义作家并没有系统地论述其政治思想，其政治主张只是散见于各种信件、笔记和名言警句之中。然而浪漫主义并不是可以随意忽视的思潮，它在马克思思想的发展中曾起到重要作用。

德国浪漫主义的兴起有其重要的历史背景。德意志直到18世纪都只是个地理概念，在德意志的土地上，存在着四分五裂的大大小小的邦国。1879年法国大革命爆发，法国人以实际行动实践着革命理想，而德意志人只能在思想中酝酿德意志的统一。随着拿破仑大败普鲁士，统一的德国民族国家的构建已经成为各个邦国的共识。拿破仑的征服给予德国资产阶级复杂的心理感受。一方面，他们佩服拿破仑的文治武功，赞同法国大革命的思想；另一方面，他们又憎恨拿破仑肢解德意志，而渴望独立统一的德意志民族国家。德国浪漫主义就是民族主义诞生的思想准备。浪漫主义具有鲜明的德国特色，与法国的国际主义和大革命思想的普遍主义形成强烈对比，它是对法国大革命和启蒙思想的积极回应。

浪漫主义弘扬人的个性。德国浪漫主义非常强调个性，个性是费希特、施勒格尔和施莱尔马赫的中心词。他们认为个性是人内在的原初动力，世界就是人表现个性的场所，所谓自由就是指人的个性张扬。可见浪漫主义继承了启蒙运动以来张扬个性自由的人本思想。与启蒙运动不同的是，浪漫主义认为启蒙运动的抽象个人掩盖了活生生的、具有不同个性的人，所以浪漫主义主张英雄主义、妇女解放、呼唤个人神性。简单地说，浪漫主义人本思想强调人的不可通约性、不可替代性和独一无二性，而启蒙运动的人本思想强调人的共同理性、普遍人性和普遍人权。

浪漫主义主张恢复人的自然本性。浪漫主义认为近代工业化和资本主义的发展破坏了人的自然原始的纯真本性。现代人只不过是恬不知耻、见利忘义、毫无情趣的市侩小人。浪漫主义主张的自然与启蒙运动的自然含义不同：启蒙运动的自然是一个理性主义概念，人的自然权利并不真正自然，它是资本主义发展到相应阶段的历史产物。浪漫主义的自然是指没有被现代工业文明所污染的遥远偏僻之地或者是卢梭所论述的原始野蛮部落。法国大革命的失败表明，单靠政治革命并不能实现人的自由本性。浪漫主义主张用人的自然质朴本性来批判资本主义社会的市侩主义和拜金主义。浪漫主义作家游览各地，在古城中搜集民间童话和原始艺术，把目光集中到未受到现代工业文明污染的纯真艺术。施勒格尔"要求赋予诗以生命力和社会精神，把生活和社会变成诗"。① 可以看出，德国浪漫主义人本思想是对康德费希特主体性哲学的继承和发展。

　　波恩大学是浪漫派作家比较活跃的地方，浪漫派代表人物施勒格尔长期在此任职。马克思来到波恩大学求学，毫无疑问会受到德国浪漫主义的影响。老马克思因为马克思关注于浪漫派的诗意，而不是法律专业知识，表示了些许担忧。"你不应当要［求］法律课程温情而富有诗意。材料不容许［……］诗作，你只得容忍它，并［……］认为值得深思。"② 马克思的专业课为法律，但除此之外，他还选修了大量的文学课。马克思在波恩大学的一年，共选修了八门课，其中有四门是文艺理论课。马克思还利用课余时间创作了大量的诗歌，并且积极加入一个诗歌俱乐部。在俱乐部内部，每个人都有机会当众朗诵自己的诗歌，以便得到同行们的指导和建议。马克思还试图得到父亲的肯定，所以经常在给父亲的信件中附带自己创造的诗歌作品，老马克思虽然对这些诗歌所表现出来的天分表示欣赏，但并不赞成马克思成为平庸的诗人。"我毫不掩饰地对你说：你的天分着实使我感到高兴，对它我寄予很多期望，但是，如果看到你成了一个平庸的诗人，我会感到伤心的。"③ 可以看出，老马克思对马克思热衷于诗歌创作是有所保留的，诗歌可以抒发作者的感情，但并不能改变现实，老马克思对浪漫派诗歌的评析对马克思的思想发展也起到指导的作用。

二　马克思文学诗篇中的人本思想

　　1836 年夏天，马克思与燕妮正式结婚。这场婚姻在外人看来极不寻常，因为燕妮出身贵族，马克思出身平民，而且燕妮比马克思大 4 岁。收获爱情给予马克思创造文学诗歌的强劲动力，马克思这个时期的

---

① ［德］施勒格尔：《雅典娜神殿片段集》，生活·读书·新知三联书店 1996 年版，第 72 页。

② 《马克思恩格斯全集》第 40 卷，人民出版社 1982 年版，第 831 页。

③ 同上书，第 837 页。

人本思想就是通过这些诗歌表现出来的。

马克思崇尚人与人之间的爱情，甚至把爱情与人的命运摆在同等高的位置。"但愿这重天也牢固长存在咱心，但愿在两颗心中激起同样共鸣，如果情丝断，命运也跟着完，就让坟墓或急流把我埋葬。两重天都将在深渊中永沉，心也将在流尽热血之后变冷。"① 可以看出，马克思对待爱情非常认真，也非常负责。为了收获完美的爱情，可以用人的生命去灌溉。但同时也需指出，马克思对待爱情过于理想化，对于爱情所需要的物质要求没有做过多的考虑。

马克思强调通过人的斗争征服世界的主体性。马克思在中学时代就立下为全人类谋幸福的雄心壮志，大学时代依旧保持了这一点。马克思隐约知道实现自己的理想并不容易，所以他强调斗争，相信经过与世界的斗争，最后实现自己的抱负。"我的命运就是投身于斗争，永恒的热情在我胸中沸腾，我感到生活的圈子太窄，随波逐流使我觉得可憎。我能够拥抱长空，把世界搂在怀中，我还愿意在爱情里和怒涛中发抖颤动。"② 马克思看到了世界的"奸诈"，但为了理想还是要坚定地挑战这个世界，并对自己能够战胜世界这个庞然大物坚信不疑。"面对着整个奸诈的世界，我会毫不留情地把战挑，让世界这庞然大物塌倒，它自身扑灭不了这火苗。那时我就会像上帝一样，在这宇宙的废墟上漫步；我的每一句话都是行动，我是尘世生活的造物主。"③ 可以看出，刚刚进入大学的青年马克思怀有一颗征服世界的心和不怕任何艰难险阻的顽强意志，这一点在马克思以后的思想发展中至关重要。但马克思显然低估了征服世界的难度，征服世界并不仅仅依靠雄心壮志。

马克思此时的人本思想是建立在康德费希特哲学的基础之上，认为人的本性在于实现人的自由。而对"什么是现实？人的自由本性与现实的关系是什么？"等问题考虑不够。"一切现实的东西都模糊了，而一切正在模糊的东西都失去了轮廓。对当代的责难、捉摸不定的模糊的情感、缺乏自然性、全凭空想编造、现有和应有的东西之间完全对立、

---

① 《马克思恩格斯全集》第40卷，人民出版社1982年版，第400页。

② 同上书，第455页。

③ 同上书，第668页。

修辞学上的考虑代替有诗意的思想。"①

三　马克思世界观危机与人本思想的转变

1837 年，马克思转学到柏林大学。柏林与波恩不同，社会思想比较开明自由，社会阶层主要包括新诞生的资产阶级、小市民和一小部分工人阶级，封建专制统治不像波恩这样残酷。柏林大学也没有沾染上浪漫主义的俗气，学生全神贯注于学习，风气很正，没有喝酒、打架、决斗等出格的事情发生。在这样的环境中，马克思的浪漫主义激情得到了收敛，开始专注于自身的学业。

来到柏林的第一年，马克思试图以康德费希特哲学为基础，构建一个庞大的法哲学体系。为了这个目标，马克思刻苦自学，深入学习康德、费希特和黑格尔哲学，涉猎了哲学、历史、外语等不同学科的著作，每一本著作都认真做了大量的读书笔记，最终完成了 300 页的论文，但在创作的过程中马克思意识到了应有和现有的矛盾，"我慨然称为法的形而上学的东西，也就是脱离了任何实际的法和法的任何实际形式的原则、思维、定义，这一切都是按费希特的那一套，只不过我的东西比他的更现代化，内容更空洞而已。"② 这次哲学试验把马克思早先认定的主体性哲学完全毁了，马克思必须寻找新的理论支撑。

柏林大学是当时德国学术活动的中心，不同思想派别齐聚的地方。不同派别的学者竞相兜售自己的学术观点，企图占据德国政治、思想和宗教方面的制高点，因此柏林大学的学术氛围很浓，黑格尔曾经在柏林大学讲过学。马克思在这里可以接触到当时德国最先进的学术思想，在不同学术思想进行争锋的过程中，马克思受益匪浅。马克思的专业为法律，但他更对历史和哲学感兴趣。在那个年代，德国处在威廉三世的反动统治之下，革命力量遭到残酷的镇压，资产阶级的软弱性决定他们不敢拿起武器，在现实中推翻封建专制的统治，只能把革命的诉求转移到思想领域。

当时的柏林大学存在两种不同的哲学派别。一派是由爱德华·甘斯

---

① 《马克思恩格斯全集》第 40 卷，人民出版社 1982 年版，第 9—10 页。

② 同上书，第 10 页。

代表的自由主义黑格尔派，他是黑格尔的学生，思想比较进步，经常在课堂上呼唤自由，赞同法国大革命提出的自由平等思想，并支持英国的君主立宪制。另一派是由卡尔·冯·萨维尼所代表的历史学派，他政治保守，思想僵化，强调尊重历史传统，反对以自由平等的理念推进社会全面改革。这是法国大革命所代表的进步力量和普鲁士封建残余势力在思想范围内斗争的集中体现。

经过对比分析，马克思选择了黑格尔派的甘斯。他虽然仍然强调人的自由本性，但更加关注"客观精神"，观念似乎内在于现实之中了。马克思先前读过黑格尔哲学的著作，但不喜欢它们稀奇古怪的调子。但现在不得不求助于黑格尔以解决自己的世界观危机。马克思意识到康德费希特哲学内容过于空洞，无法撼动残酷的现实。"康德费希特在太空是飞翔，对未知世界在黑暗中探索，而我只求深入全面地领悟在地面上遇到的日常事务。"① 马克思不再求助于无所不能的主体性，而是开始关注黑格尔的客观精神。"永恒的创作精神飞远方，乘着那汹涌沸腾的波浪；四周接连不断地呈现出波澜壮阔的生活和世界。而他那具有魔力的目光，看出了盈千累万个形象。"②

转向黑格尔是马克思思想发展的重要一步。黑格尔哲学博大精深，虽然马克思一生不停地批判黑格尔哲学，但他也承认自己始终是黑格尔的学生。黑格尔哲学扬弃了康德、费希特和谢林的哲学，把哲学发展成一个包罗万象的体系。他第一次把自然、历史和精神归结为一个运动发展的过程，并且试图透过纷繁复杂的现象去揭示背后的内在联系。黑格尔与康德费希特不同，他把人的本质放在人之外的客观精神，而不是人之内的主体性。在黑格尔体系中，人不是历史发展的主体，而只是客观精神的载体和工具，个人总是被理念化的国家所支配。黑格尔的客观精神从本质上来看，仍是人的认识结构及其发展的一种客观化歪曲反映。③ 从这个意义上来说，黑格尔哲学是从反面来映射人的学说。但这种隐而不彰的模糊说法很快就引起了人们的不满，黑格尔哲学也被分裂

---

① 《马克思恩格斯全集》第40卷，人民出版社1982年版，第651—652页。

② 同上书，第573页。

③ 张一兵：《马克思历史辩证法的主体向度》，南京大学出版社2002年版，第20页。

为弘扬自我意识的青年黑格尔派和强调客观精神的老年黑格尔派。

第三节　马克思《博士论文》中的人本意蕴

　　长期以来，我国学术界对马克思《博士论文》的研究不够，没有关注它在马克思新历史观形成过程中的作用和地位，基本上把它当作马克思思想过渡阶段的试验性产品，认为它的基本立场是站在青年黑格尔的自我意识之上，核心观点是论证人的自由，所以认定马克思此时是一位地道的唯心主义哲学家。这种观点值得商榷，马克思此时的确关注人的自由本质，但研究人的自由本质并不必然导致地道的唯心主义。实际上，马克思通过论证人的自由本质，突显了马克思关注人的现实性、社会性和过程性，初步展露出马克思试图从人的社会关系角度说明人本质的历史唯物主义特质。

一　关注人的现实性和能动性，突显人的自由本质

　　老马克思去世之后，马克思失去了经济来源，也失去了对浪漫主义和康德费希特唯心主义的兴趣。此时马克思遇到一个极为现实的问题，即找工作问题。在鲍威尔的启发下，马克思希望成为波恩大学的一名哲学教授，所以马克思整日埋头进行哲学研究，希望能够取得博士学位。受到黑格尔《哲学史讲演录》的影响，马克思把研究内容初步定在古希腊哲学晚期的伊壁鸠鲁哲学。黑格尔的《哲学史讲演录》展现出一条理解哲学史的全新线索，他认为哲学史不是思想材料的任意堆积，而是哲学思想有规律地展现普遍理性的历史发展过程，他第一次把哲学思想与它所处的历史年代联系起来。青年马克思坦承自己的研究方法来源于黑格尔。

　　黑格尔去世之后，由于其哲学体系的调和性，已经不能满足新兴资产阶级试图登上政治舞台的需要，哲学体系的内部分裂不可避免。青年黑格尔派树起自我意识的旗帜，试图通过自我意识改变现状。与青年黑格尔派一样，马克思也关注自我意识的研究，把人的本质归结为自我意识和意志自由。但马克思对人本质的理解上，实现了对黑格尔和青年黑格尔派的双重超越。马克思虽然反对黑格尔歧视人的理论，但他十分珍

惜黑格尔把理论和现实统一起来的做法，所以他并没有像青年黑格尔派那样，把自我意识局限在精神领域。他认为抽象的个别性只是自我意识整体结构中的一部分，更重要的是经验的个别性。马克思认为伊壁鸠鲁哲学的可贵之处在于，他不是把自我意识的抽象个别性而是把自我意识的感性个别性当作最高原则。"正如原子不外是抽象的、个别的自我意识的自然形式一样，感性的自然也只是对象化了的、经验的、个别的自我意识，而这就是感性的自我意识。所以，感官是具体自然中的唯一标准，正如抽象的理性是原子世界中的唯一标准一样。"① 实际上，马克思的感性的个别性已经与费尔巴哈的感性的人非常相像了。强调自我意识的感性和现实性是对青年黑格尔派和黑格尔的历史性超越，具有十分重要的哲学革命意义。

在黑格尔体系中，人的自我意识只是绝对精神实现道路上的工具和载体，自身的地位并不突出。马克思和青年黑格尔派不能容忍人的自我意识受到压制，强调恢复人的主体性地位。但青年黑格尔派走向了另一个极端，把人的自我意识本质看作是脱离现实的独立的存在，把历史理解为自我意识异化和扬弃的逻辑发展史，自我意识成为社会历史发展的动力。马克思对自我意识能动性和主体性的理解根本不同于青年黑格尔派。马克思在论述自我意识的能动性和主体性时，突出强调个人对外部现实世界的积极干预和改造，"在自身中变得自由的理论精神成为实践力量，作为意志走出阿门塞斯冥国，面向那存在于理论精神之外的尘世的现实"。② 同时，马克思在强调自我意识能动性时也看到了外部世界的制约性，反对把自我意识与外部世界割裂开来，提出"定在的自由"。人的自由并不意味着人可以为所欲为，而是要受到外部世界的制约。

马克思通过对比伊壁鸠鲁哲学与德谟克利特哲学，历史性地超越了旧唯物主义在理解人本质问题上的被动性和片面性。马克思认为德谟克利特是怀疑论者，把感性世界看作是主观假象，注重经验的自然科学和实证知识，从必然性来考察自然，并力求解释事物的存在。伊壁鸠鲁是

---

① 《马克思恩格斯全集》第 1 卷，人民出版社 1995 年版，第 54 页。
② 同上书，第 75 页。

独断论者，把感性世界看作客观现象，满足于在意识范围找到的宁静，力图从偶然性角度考察事物的存在。① 德谟克利特过于看重客观必然性，轻视人的主观能动性，认为人的主观能动性永远达不到对必然性的认知，他正确看到了人的感性世界是不稳定和易逝的一面，但把人的感性世界完全当作主观假象就走向了反面。伊壁鸠鲁哲学的合理之处在于强调原子偏斜，即强调人的能动性。人在自然必然性面前，并不是无所作为的，人可以通过自身的能动性摆脱物质必然性的束缚，达到解放自己和实现自由的目的。"正像原子由于脱离直线、偏离直线，从而从自己的相对存在中，即从直线中解放出来那样，整个伊壁鸠鲁哲学在抽象的个别性概念，即独立性和对同他物的一切关系的否定，应该在它的存在中予以表述的地方，到处都脱离了限制性的定在。"② 马克思在此批判了旧唯物主义仅仅从被动和必然的角度来考察人的本质，而看不到人的主观能动性和偶然性在现实生活中的积极意义。

伊壁鸠鲁的天象理论对于反抗宿命论，突显人的自由本质具有重要意义。在古希腊和民众看来，天体是有福祉的、永恒的神圣物，人们对天体怀有普遍的崇敬之情。但现实天体的特征与伊壁鸠鲁不可见的原子竟然完全相符，这就导致伊壁鸠鲁哲学的危机。伊壁鸠鲁的高明之处在于不是否定这种危机，而是找出化解危机的方法："在天象中朝着抽象的、个别的自我意识闪闪发光的，就是它的具有了物质形式的否定，就是变成了存在和自然的普遍的东西。所以，自我意识把天象看作它的死敌。"③ 在伊壁鸠鲁看来，把天体看成是永恒的、不可毁灭的物体，会导致人的心灵的最大迷乱，会陷入虚妄的解说和占星术士的毫无创见的戏法之中，人们会因为企图完成不可能完成的任务而枉费精力。在现实生活中，人们因为对可见物的崇拜会导致对名利的无限制追求，对永生的渴望和对死亡的恐惧，从而完全丧失自我意识的主体性和能动性，完全拜倒在神灵的脚下。马克思认为天象并不是永恒不变的，背后也没有神灵的支配，不可能支配人类的行为。人的行为并不依靠神灵的指示，

① 《马克思恩格斯全集》第 1 卷，人民出版社 1995 年版，第 29 页。
② 同上书，第 35 页。
③ 同上书，第 61—62 页。

而是依靠人的感性知觉。通过人的感性知觉，人就可以意识到天象并不是永恒不变的，而是处在流变之中，这就把人从天象和神灵那里解放出来，赋予人以感性能动性，突显了人的自由本质。"必须紧紧抓住现象，抓住感性知觉。因此，必须应用类比。这样就可以对天象以及其他经常发生并使其他人特别感到震惊的事物的根据作出说明，从而消除恐惧，使自己从恐惧中解放出来。"① 伊壁鸠鲁否定了天体崇拜，弘扬了人的自由，受到马克思的肯定。但马克思同时也意识到伊壁鸠鲁的自由只是寻求内心的安静，脱离了社会现实，不可避免地倒向历史唯心主义。

二 关注"定在中的自由"，突显人的社会性本质

对于一心想改变现状的马克思来说，仅仅寻求内心的安静，在思想内部享受自由是不够的。马克思强烈渴望摆脱现实的枷锁，在现实的社会关系中确立人的自由本质。

原子偏斜是个体自由的体现，但原子的自由并不是没有限制的，原子必须意识到如果每个原子只顾自身的自由，那么整个世界就会陷入无序和对抗的状态，也就是说每个原子必须意识到自身是一种社会性的存在，原子面对的是有同等自由权利的原子，"与原子发生关系的定在不是什么别的东西，而是它本身，因而也同样是一个原子，并且由于原子本身是直接地被规定的，所以就是众多原子。"② 众多原子因为偏斜必然导致互相排斥，就会使原子脱离与物的关系，而建立原子与原子的社会关系，"直接存在的个别性，只有当它同他物发生关系，而这个他物就是它本身时，才按照它的概念得到实现，即使这个他物是以直接存在的形式同它相对立的。所以一个人，只有当他与之发生关系的他物不是一个不同于他的存在，相反，这个他物本身即使还不是精神，也是一个个别的人时，这个人才不再是自然的产物。"③ 原子的排斥运动是扬弃人与物的关系，恢复到人与人自由平等关系的过程。没有原子的相互碰

---

① 《马克思恩格斯全集》第 1 卷，人民出版社 1995 年版，第 58 页。
② 同上书，第 36 页。
③ 同上书，第 37 页。

撞和排斥，就不会创造出人的世界，就不会实现人的自由。具体到现实社会，马克思认为人要摆脱物质利益的牵绊，以人的自由平等的交往方式来对待每一个人。他看到人的社会关系对实现自由的重要性，但他对社会关系的理解还是抽象的。

青年黑格尔派貌似非常激进，但其实非常保守。青年黑格尔派的自我意识一旦脱离了社会关系的土壤，就只能成为一句空话。而马克思始终强调"定在中的自由"，把人的自由与一定的社会关系联系起来。所谓定在就是自我意识实现过程中所遭遇的物质性社会关系，它虽然对自由的实现具有束缚作用，但它又是自由实现过程中不可避免的客观阶段。因此，马克思批判伊壁鸠鲁只关心获得心灵的宁静，而不考虑现实。"人们曾经嘲笑伊壁鸠鲁的这些神，说它们和人相似，居住在现实世界的空隙中，它们没有躯体，但有近似躯体的东西，没有血，但有近似血的东西；它们处于幸福的宁静之中，不听任何祈求，不关心我们，不关心世界，人们崇敬它们是由于它们的美丽，它们的威严和完美的本性，并非为了谋取利益。"①

马克思看到了"定在"的客观性，但同时否认"定在"的永恒性，肯定自我意识必然能够克服"定在"，实现人的真正自由。马克思提出的"哲学的世界化"命题就是要解决这个问题。青年黑格尔派是空头革命派，试图不触动现实的社会关系，仅仅通过口头的批判而使现实合理化。马克思认为这种消极避世的行为无法实现人的自由，个人必须成为行动的主体，在现实生活中获得真正的自由。哲学的功能不在于把人引向内心的安静，而在于引导人民克服现实的矛盾，成为批判现实世界的尺度，成为一种改变现实的实践哲学。马克思看到社会关系的现实性，现实的社会关系必须通过同样是现实的实践力量来改变。

马克思的实践哲学和社会关系概念受到黑格尔哲学的影响，但又超越了黑格尔哲学。黑格尔认为绝对精神经过劳动可以扬弃精神在自然物质过程和人类社会历史发展过程中的异化，最终达到绝对精神的顶点。可以看出，实践的主体是精神，精神在实践过程中创造出不同于自然的社会关系层面。黑格尔强调绝对精神对现实社会关系的扬弃，但同时强

---

① 《马克思恩格斯全集》第1卷，人民出版社1995年版，第35—36页。

调绝对精神寓于现实社会关系之中，精神的外化和扬弃不过是精神在现实社会关系中自己认识自己，并不需要真正改变现实社会关系。毫无疑问，黑格尔哲学最终还是要为德意志帝国辩护，论证现实社会关系的合理性。黑格尔保守的哲学立场是马克思无法接受的，他认为现实社会关系是与普遍观念相对立的个别理念，精神的外化和实践就是普遍观念取代个别理念的过程。"哲学的实践本身是理论的。正是批判根据本质来衡量个别的存在，根据观念来衡量特殊的现实。但是，哲学的这种直接的实现，按其内在本质来说是充满矛盾的，而且它的这种本质在现象中取得具体形式，并且给现象打上自己的烙印。"① 黑格尔哲学为了保持体系的完整，而没有把宝贵的辩证法思想贯彻到底。马克思彻底地贯彻了辩证法思想，把意志与哲学联系起来，哲学外化如果只是理论性质的，就无法解决打破体系、付诸实践的问题，只有把哲学作为意志来看待，才能与现实社会关系发生紧张，变成吞噬外部世界的火焰。"当哲学作为意志面向现象世界的时候，体系便被降低为一个抽象的总体，就是说，它成为世界的一个方面，世界的另一个方面与它相对立。体系同世界的关系是一种反思的关系。体系为实现自己的欲望所鼓舞，就同他物发生紧张的关系。它的内在的自我满足和完整性被打破了。"② 原子偏斜是众多原子运动的普遍现象，所以意志也是社会大众的共同意志。哲学实践必须体现人民的意志，才能打破现有的社会关系格局。

三　关注原子的外化，突显人的对象化本质

马克思在《博士论文》中没有明确人的本质，而是通过原子即自我意识来暗指人的本质。从自我意识外化为现实世界的过程中可以看出，人的本质并不是凝固的对象，而是本质对象化为现实的过程。

马克思为此探讨了原子的本质世界向现象世界过渡的问题。马克思认为原子的特质是可以变化的，而原子是不变的。由于有了质，原子就获得了同它的概念相矛盾的存在，就被设定为外化了的、与自己本质不同的定在。原子概念与特质之间的矛盾正是伊壁鸠鲁的主要兴趣所在。

---

① 《马克思恩格斯全集》第1卷，人民出版社1995年版，第75页。
② 同上。

矛盾分析法成为伊壁鸠鲁的基本方法，他甚至"把所有特性都规定成相互矛盾的。"①

德谟克利特与伊壁鸠鲁相反，他没有看到原子概念与原子特质的矛盾，只是把原子当作被动的存在，无法说明原子的本质世界向现象世界的过渡。"德谟克利特的整个兴趣在于，从质同应该由质构成的具体本性的关系来说明质。在他看来，质仅仅是用来说明表现出来的多样性的假设。因此，原子概念同质没有丝毫关系。"② 此外，德谟克利特只承认外形差别，不承认重力和体积是原子基本的质。这样一来，在德谟克利特那里只看见一些用来解释现象世界的纯粹规定。而伊壁鸠鲁把体积、形状、重力结合在一起，把它们看作是原子本身所具有的差别，从原子内部矛盾出发阐明原子概念对象化为现象世界的过程。马克思强调，伊壁鸠鲁把重力作为原子的第三种质极为重要，因为重力是构成原子观念主要规定性之一，所以，原子一旦被转移到表象领域内，必然具有重力。但重力也直接与原子概念相矛盾，因为在伊壁鸠鲁看来，重力只是作为不同的重量而存在，而原子本身是实体性的重心。由此可见，伊壁鸠鲁把原子概念中本质和存在的矛盾客观对象化了，因而提供了原子论科学，而在德谟克利特那里，原子本身的内部矛盾却没有得到发现，只是坚持了被动的物质方面，无法解释原子外化为现实世界的过程。

德谟克利特仅仅把原子看作"元素"，一种被动的物质，只是将原子内部一个因素对象化。而伊壁鸠鲁的贡献在于把作为"本原"的原子和作为"元素"的原子区分开来。这样，原子内部就包含了本原与元素、存在与本质、物质与形式之间矛盾。伊壁鸠鲁在矛盾极端尖锐的情况下把握这种矛盾并将之对象化，现象世界就产生了。"从具有质的原子的排斥及其与排斥相联系的聚集中，就产生出现象世界。"③

为了保持原子的独立性和永恒性，德谟克利特和伊壁鸠鲁都赞同时间必须从原子概念中、从本质世界中排除掉，但对现实世界时间的理解

① 《马克思恩格斯全集》第 1 卷，人民出版社 1995 年版，第 40 页。

② 同上。

③ 同上书，第 49 页。

又各不相同。德谟克利特认为现实世界的时间没有意义，他解释时间，是为了取消时间。德谟克利特此时提出一个较为深刻的思想，即实体在时间中生成的问题，但同时他又把时间绝对化了。另外，他把时间从本质世界排除掉，移植到进行哲学思考的自我意识中，就与世界本身毫不相干了。伊壁鸠鲁没有取消现象世界的时间，相反，他认为现象世界的主动形式就是时间，现实世界的被动形式就是空间。时间在现象世界的地位，正如原子概念在本质世界中的地位一样，也就是说，时间可以把一切确定的"定在"加以抽象和消灭。时间与空间的矛盾就是现象自然界的性质，自然界就成了原子的影像。

因为时间是感性知觉的抽象形式，所以当人的感官感知物体的时候，就产生了时间，人的感性知觉就是时间的源泉和本身。"人的感性就是形体化的时间，就是感性世界的存在着的自身反映。"① 这样，伊壁鸠鲁就把自我意识、现象世界和感性知觉统一起来。马克思把感性自我意识当作自然界的唯一标准，预示着与青年黑格尔派的分道扬镳，不久将转向费尔巴哈的感性人的研究。"正如原子不外是抽象的、个别的自我意识的自然形式一样，感性的自然也只是对象化了的、经验的、个别的自我意识，而这就是感性的自我意识。所以，感官是具体自然中的唯一标准，正如抽象的理性是原子世界中的唯一标准一样。"②

综上所述，马克思是基于探求人的本质来解释和阐发伊壁鸠鲁哲学的，伊壁鸠鲁哲学象征着个人自由的原子偏斜学说受到马克思格外的重视。但与伊壁鸠鲁哲学试图规避现实矛盾，贪图内心安静的消极态度不同，马克思试图分析人在定在中的自由，以及通过对象化超越定在，实现人的自由解放。

---

① 《马克思恩格斯全集》第 1 卷，人民出版社 1995 年版，第 53 页。
② 同上书，第 54 页。

第三章 马克思理性国家观背后的人本意蕴

马克思 1841 年 4 月向耶拿大学提交了博士论文，并且顺利地拿到了博士学位。本来马克思打算听从鲍威尔的建议，到波恩大学谋求一个教职。但德意志帝国的政治风云突变，以鲍威尔为代表的青年黑格尔派因与德国统治阶级的主流思想不符而遭到封杀。马克思因与鲍威尔的关系丧失了到大学任教的资格，却迎来了真实走进社会历史的契机。1842 年 4 月，马克思开始给《莱茵报》撰稿，同年 10 月被聘为主编。马克思深厚的哲学底蕴为他撰写针对现实的政论文章奠定了理论基础，同时，严峻的现实生活也给马克思的思想带来了极大的冲击。由于受到黑格尔的影响，马克思是从人的理性和自由本性来切入现实生活的，认为国家和法的本质是理性的，国家与法能够通过对象化克服现实中的种种异化，最终实现人类的自由本性。但现实生活中的国家与法并不是理性的，也无法实现人类的自由本性，而是受到物质利益等现实因素的制约，马克思理性世界观也随之发生动摇。

第一节 青年黑格尔派观念中的人本思想

青年黑格尔派不满意黑格尔哲学的保守，用自我意识哲学改造黑格尔哲学，表现出强烈地改造现实的愿望。青年黑格尔派把人的本质看作是精神，还没有从人本身出发阐述人的自由本质，而是借助自我意识的自由来表征人的自由本质。青年黑格尔派敢于提出激烈的政治口号表明德国资产阶级力量的壮大，资产阶级为了巩固和扩大自身的利益，敢于公开地宣扬出版自由、君主立宪等政治主张。但他们的理论还停留在纯理论领域，他们的批判一开始就带有唯心主义空想色彩。尽管他们满怀激情，但他们并没有给自己提出一个切合实际的具体目标，不能做到理论与实践相结合。

一 自我意识背后的人本意蕴

自我意识在黑格尔哲学中只是绝对精神实现自己的工具和载体，并没有给予过高的地位。青年黑格尔派把自我意识提升到社会发展动力和基础的核心地位，自我意识可以要求一切领域的自由，批判一切妨碍自由发展的事物。青年黑格尔派把人的本质看作是精神，所以他的人本思想是通过自我意识来体现的。

确立自我意识的核心地位必须与神学做斗争。鲍威尔在波恩大学执教时曾与该校的神学系进行过激烈的斗争，该系的文教大臣不顾自己曾经许下的诺言，拒绝任命鲍威尔为该校的教授。但鲍威尔不为所动，继续埋头钻研哲学，并且认为神学与哲学的斗争有利于哲学摆脱宗教和国家的监督。他痛斥了基督教教会的反动作用，认为反动的基督教与国家理性无法相容，基督教的作用就是统治人和奴役人，而自我意识创造的国家能够给予人们以自由，人们可以充分释放自己的能量，实现人的自由本性。所以，神学与哲学的冲突必然以哲学的胜利而告终。受宗教神学压制几百年的西方人本思想在自我意识哲学中，以观念形式逐渐直起身来。

自我意识与神学的斗争在现实生活中表现为法国自由主义和俄奥的专制主义的道路选择。1840 年 7 月，英、普、奥和俄四国撇开法国组成一个同盟，法国处在这个同盟的对立面。其中普、奥、俄是因为自身封建专制体制的原因，反对法国的自由主义。而已经实现资产阶级革命的英国则站在维护其海上霸权的立场之上反对法国。普鲁士与法国双方剑拔弩张，都在进行战争准备。而德国国内却出现不同的声音，崇尚自由的青年黑格尔派与法国的自由主义由于立场相近，反对普鲁士政府对待法国的敌视态度，拒绝参加反法宣传。普鲁士由于历史和现实的原因与法国结仇，即使普鲁士愿意和平相处，法国也会寻找机会报复普鲁士，所以双方的扩军备战是可以理解的。但青年黑格尔派站在思想和人道的立场上得出相反的结论。在他们看来，普鲁士站在历史的十字街头，处在专制的俄国和奥地利与自由的法国之间。普鲁士必须作出历史地选择，不是选择自由主义，就倒向专制主义。法国自1830年开始就是欧洲自由主义的堡垒，青年黑格尔派担心一旦普鲁士与法国开战，实现人的自由必然在德国落空。

赫斯是青年黑格尔派的重要一员，对青年黑格尔派和马克思的思想发展有着重要影响。赫斯1812年出生在德国波恩，他是犹太工业家的儿子，但他像马克思一样违背了父亲的意愿，选择了哲学研究的道路。赫斯的贡献在于他看到了自由主义的弊端，自由主义释放了个人的潜能，促进了社会发展，但同时也带来利己主义和社会不平等。人的本质不应该仅仅是自由，更应该是平等。社会不平等的危害超过社会不自由的危害。赫斯认为社会不平等在当时的德国社会已经达到登峰造极的地步，贫富差距已经达到无法容忍的地步，金钱法则代替了以前的门阀政治，并且把人的不平等归咎于私有制。赫斯认为财富的集中和垄断必然导致人民的日益贫困，革命将是最终的出路。但这种革命不是仅仅限定在政治领域中的革命，而是有广大人民参与的社会革命。革命的目标并不是仅仅更换政治领导人，而是废除私有制和继承权，从而铲除社会不平等的根源，建立人人平等和谐的社会主义制度。

赫斯的另一个贡献在于摆脱青年黑格尔派的思辨，转向行动哲学，使政治斗争与社会斗争相联系。赫斯借助了契希考茨基的行动哲学，看到了青年黑格尔派独断论的弊端，认为从实践上实现人的自由平等的时机已经到来。为了实践的成功，赫斯与卢格一样希望借助外力的支撑，主张普鲁士与自由主义的英国和法国联合起来，共同对付专制国家俄国和奥地利。

在欧洲实现彻底的革命是十分困难的事，虽然欧洲爆发了英国革命、德国革命和法国革命，但是仍然面临强大的反动势力的阻挠。首先是反动势力最为强大的俄国，试图逼迫普鲁士与英国、法国决裂，阻止自由主义的联盟在欧洲的形成。其次是教会的死灰复燃，教会不愿意丧失对人类的精神控制和经济盘剥。最后是社会的不平等，社会经济政治上的不平等极大地影响了人与人之间的关系，如果革命仅仅是资产阶级革命，那么革命的成果必然会被资产阶级窃取，而普通民众在付出惨痛代价之后，仍然没有改变悲惨的命运。赫斯看到了自由主义的局限性，那就是少数资产阶级获益，而广大社会普通成员只能承受代价。人的自由本质必须以实现人的平等为前提，所以赫斯把批判的矛头对准了利己主义和私有制。赫斯从契希考茨基的行动哲学出发，提出要把德国人的思辨精神与法国人的实干精神结合起来，才能推动社会的发展。他不同于大部分青年黑格尔派成员相信法国大革命的原则即自由主义的原则，而是指出自由主义的不足。人的本质不仅是自由，而是更是平等。自由主义对社会平等避而不谈，表明它的历史局限性。

可以看出，赫斯对人类自由本质的分析，已经深入到社会经济和政治层面，提出要实现人类平等的社会主义，大大超越了自由主义。但由于赫斯对人类行动的理解仍然是建立在抽象的道德批判的基础之上，所以貌似客观的社会政治分析只能建立在主观的道德评价之上，人的本质必须深入到内在的社会生产过程中才能得到正确的理解。

由于普鲁士国家的反动统治，青年黑格尔派已经很难把普鲁士国家与绝对精神和实现人的自由本质联系起来，这种难以自圆其说的尴尬境地导致他们和费尔巴哈的人道主义联系起来。费尔巴哈早在1839年就开始批判黑格尔哲学，他不是像青年黑格尔派那样，只是抓住黑格尔哲学的细枝末节，而是从根本上推翻黑格尔哲学。"黑格尔学派虽然解体了，但是黑格尔哲学并没有被批判地克服。施特劳斯和鲍威尔各自抓住黑格尔哲学的一个方面，在论战中互相攻击。"[①] 他认为黑格尔哲学的根本弊端在于颠倒了精神与存在、人的精神本质与人的自然本质的关系。精神并不能决定存在，人的精神本质不能脱离人的自然本质。具体体现为他对基督教的研究。他并不像黑格尔和鲍威尔那样，从人的精神本质出发来研究基督教，而是直接从唯物主义人本学出发来研究基督教。他并不像黑格尔那样研究宗教与哲学的关系，而是从人本质出发研究宗教的本质和起源问题。他认为上帝是人本质的异化，是人创造了上帝，而不是上帝创造了人。宗教的本质不是人脱离自然在观念上的反映，而是单个人与其类本质的分离在观念上的反映。所谓类本质就是抽

---

① 恩格斯：《路德维希·费尔巴哈和德国古典哲学的终结》，人民出版社1997年版，第14页。

象的人的共同性，是把人联系起来的自然本性。在现实生活中，人可以感到自身的有限性和不完善性，由于无法达到自身设定的类本质高度，他就给自己创造了神这样的一个观念的存在物。可见，神就是人自身类本质的异化。

宗教的弊端在于它把人与类本质的脱离和异化，当作不可避免和永恒的状态。因此，为了人在现实中过上符合他类本质的生活，就必须打破宗教的束缚，把异化为神的类本质返还给现实生活中的人，即用人对人的爱代替人对神的爱。所谓异化也不是黑格尔和青年黑格尔派式的绝对精神或自我意识创造现实世界的过程，而是现实人与设定的人本质的反差。

费尔巴哈的人本主义给青年黑格尔派提供了新的思想基础，用人的类本质代替黑格尔的国家。隐藏在黑格尔观念背后的人本质破茧而出，变成从人本身出发的类本质。并把青年黑格尔派关注的政治问题引向具有社会主义或共产主义倾向的社会问题。恩格斯在谈到费尔巴哈对青年黑格尔派的影响时说："这时，费尔巴哈的《基督教的本质》出版了。它直截了当地使唯物主义重新登上王座，这就一下子消除了这个矛盾。自然界是不依赖任何哲学而存在的；它是我们人类（本身就是自然界的产物）赖以生长的基础；在自然界和人以外不存在任何东西，我们的宗教幻想所创造出来的那些最高存在物只是我们自己的本质的虚幻反映。魔法被破除了；'体系'被炸开并被抛在一旁了，矛盾既然仅仅是存在于想象之中，也就解决了。——这部书的解放作用，只有亲身体验过的人才能想象得到。那时大家都很兴奋：我们一时都成为费尔巴哈派了。"[①] 有些青年黑格尔派成员并没有像马克思恩格斯认识那样深刻，他们欢迎费尔巴哈哲学，只是想借助费尔巴哈的人本质为无神论奠定基础，通过无神论批判基督教和基督教国家，捍卫人的自由本质。实际上并没有意识到费尔巴哈的人本主义已经颠覆了黑格尔哲学的基础。

———————

① 恩格斯：《路德维希·费尔巴哈和德国古典哲学的终结》，人民出版社1997年版，第13页。

二 青年黑格尔派人本思想的局限性

青年黑格尔派敢于向当时德意志帝国行政当局叫板，表现出他们超乎寻常的过人胆识和勇气。但是，他们仍然是从理论上来理解人的自由本质的，把人的自由本质局限在精神领域。仿佛不要触动真实的社会关系，而只要写几篇批判文章，政府就会自动照着他们所希望的方向进行改革，这只能是他们的一厢情愿。他们虽然对基督教和封建专制制度宣战，但他们仍旧和黑格尔哲学一样是普鲁士政府的拥护者，并真心指望普鲁士国家能够朝着理性和自由的方向发展。

卢格在《哈雷年鉴》上发表一些批判普鲁士政府的文章，政治反对派的立场越来越明显。但他与其他青年黑格尔派成员一样，并不主张彻底变革普鲁士政府，而是想按照资产阶级的意愿进行经济政治改革。卢格的反对派立场并不通向现实的政治斗争，而在于理论上的批判。青年黑格尔派的温和立场并没有换来普鲁士政府的理解和支持，反而遭到政府的猜忌和怀疑。政府要求卢格在普鲁士出版《哈雷年鉴》，因为在普鲁士，卢格写的文章必须接受预先检查。政府态度的转变使卢格放弃了任何妥协的希望，与鲍威尔一样期待着神学与哲学的斗争。

赫斯的社会主义虽然强调人的平等，但他对金钱和社会关系的理解仍然是从抽象的人道主义出发，所以他的思想充满了救世主义和不切实际的幻想。赫斯于1812年出版的《人类圣史》把犹太教的救世主义、德国的理性哲学以及追求平等的社会主义联系起来。他从救世主神的王国出发，神的王国在现实生活中异化为奴役和统治人的现实国家；在理性哲学的启发下，他不把神的王国的实现归结为神的旨意，而是归结为理性的发展；最后，为了实现他的共产主义，把理性的发展看成实现共产主义的决定力量。

赫斯为了实现他的行动哲学，按照黑格尔思辨哲学的样式把世界史理解为自由和平等产生的过程。他不认为在古代国家中可以实现人的自由和平等。人的自由平等本质只有在西欧发达国家即英国、法国和德国中逐步实现。德国爆发了宗教改革，使德国从教会的束缚中摆脱出来，逐步获得了精神上的自由。德国古典哲学就是沿着宗教改革的道路向前发展的，尤其是黑格尔哲学强调精神一定能够在现实中实现，把精神抬高到社会发展动力和基始的地位。但精神并不是独立存在物，精神在改造世界中的作用不能过分夸大，否则就会后撤到康德费希特的主观唯心主义。

由于德国资产阶级的软弱性，革命只停留在口头上。真正完成从口头革命到实际行动转变的是法国大革命。法国大革命继承了宗教改革的事业，把人的精神自由对象化为人在市民社会和政治国家中的自由，从而使人的自由本质有了客观内容。

由于法国只是一个地区性的大国，法国大革命的影响曾经席卷大半个欧洲，但并没有完成世界革命的使命。这个使命是由英国人担当的。由于大英帝国是个全球性的殖民地大国，而且英国已经完成了资产阶级革命，它就可以把人的自由本质带到全世界，实现全人类的解放。

可以看出，赫斯对资本主义国家和人本质的分析是建立在精神基础之上的，与真实的社会历史并不相符。比如，英国作为第一个资本主义国家，第一个实现人的自由本质的国家，为什么支持俄国和奥匈这样的专制国家，而打击自由主义国家的代表法国？可见，从精神分析国家是不能解释真正的社会历史的，英国国家政策的制定并不是建立在精神的基础之上，而是建立在国家利益之上，英国并不想在它身边出现一个资本主义大国法国来与它竞争，英国支持俄国和奥匈的目的在于削弱法国，进而夺取法国的海外殖民地，从而维护其全球性大国的地位。

费尔巴哈的人本主义对青年黑格尔派产生巨大影响，但他们并没有认识到费尔巴哈哲学的弊端，也就说还没有真正从黑格尔哲学抽象的方法论中走出来。费尔巴哈把无限的东西归结为有限的东西，把神的本质归结为人的自然本质，他直截了当地指出黑格尔哲学的绝对精神与基督教的神属于同一性质，所以他颠覆了黑格尔哲学的唯心主义，恢复了存在是不依赖精神而存在的客观事实，并从这个基础出发，把具体的人和自然界看成是世界的本质，把人的自然本性看成是人的本质。可以说，费尔巴哈的人本主义对黑格尔哲学的超越是最彻底的，没有像青年黑格尔派那样拘泥于黑格尔哲学的细节之中，而是从方法论角度整体推倒黑格尔哲学。但费尔巴哈正确地提出了问题，但他没有能力解决这个问题。费尔巴哈轻视政治斗争和经济斗争，把经济活动当作卑鄙的贩卖行为，他孤独地住在乡间，只能关注到人与自然的关系，而没有认识到人与社会的关系对人本质形成和发展的巨大意义。对神本质和来世生活的否定，使他力图肯定人的类本质，并且借助人的类本质改造现实的异化。但他看不到无产阶级的巨大历史作用，看不到社会发展动力蕴藏在社会历史本身，看不到人本质的解放不是思想运动而是现实地解放运动。虽然他也力图消灭贫困建立符合人本质的理性社会，但找不到现实的出路，只能描绘出一幅伤感模糊的改革图画，把社会改革寄托在人的类本质实现上。

第二节　马克思《莱茵报》时期人本思想的实践

大学毕业之后，马克思采纳鲍威尔的建议试图在波恩大学谋求一个教职，但当时的普鲁士政府政治风云突变，对青年黑格尔派的思想进行打压。尽管马克思付出了很多努力，但求职的愿望最后还是无果而终。从 1842 年 4 月开始，马克思真正投身于现实的社会实践，到 1843 年 3 月退出《莱茵报》，这段时间被称为马克思的《莱茵报》时期。《莱茵报》时期是马克思思想与社会实践激烈碰撞，并急剧发展的关键阶段。马克思通过对新闻出版自由、林木盗窃法以及摩泽尔河沿岸地区贫困等社会政治问题的研究，深刻阐释了他的人本思想。具体表现为他试图变革不平等的社会政治关系，实现人民的自由本质。理性自由和物质利益的矛盾成为马克思人本思想变革的重要契机。

一　反对书报检查令与人的自由本质

《莱茵报》是在莱茵地区经济最发达的中心城市科伦出版，经济的快速发展使得科伦焕然一新，1841 年科伦到阿亨的铁路通车，整个城市兴起了大办工商企业之风。资产阶级在经济上的成功必然在意识形态领域内有所体现，他们纷纷资助报纸刊物，提出经济改革、修筑铁路和扩大关税同盟等建议。但是普鲁士国王弗里德里希·威廉四世却在1841 年颁布了新的书报检查令，以自由主义的名义推行文化专制主义。马克思随即发表文章批判这一限制新闻出版自由的书报检查令，阐明自由的新闻报道对实现人类自由本质的重要意义。

《莱茵报》是一家战斗气氛比较浓厚的报纸，青年黑格尔派的主要成员是这家报纸的撰稿人，鲍威尔曾经担任这家报纸的主编，这些青年黑格尔派成员经常写文章与政府的反动倾向做斗争。马克思就是在这种背景下加入《莱茵报》的，与写《博士论文》这样纯理论的文章不同，《莱茵报》的文章主要是针对具体的现实政治问题发表评论。论书报检查令的文章就是针对当时普鲁士政府压制出版自由这一现象而写的。

1842 年的马克思在思想方面仍然受到黑格尔哲学的影响，他把人的本质归结为精神，人是能思想的存在物。马克思不是不承认人的肉体存在，而是把人与动物的本质区别归结为精神，动物是纯粹受本能驱使的被动存在，而人是可以借助理性主动地改变自然。从精神方面来区分人与动物的本质有一定的合理性，但是也应该看到把精神归结为本质的局限性，忽视了物质生产的作用，没有真正摆脱思辨哲学的束缚。

人的本质是精神，那么精神的本质又是什么？马克思认为是自由。"难道自由不是全部精神存在的类本质"？[①] 而自由的属性又是理性，自由是指"合乎理性的本质"。[②] 所以理性主义和自由主义本质上是一样的。书报检查令限制了人的自由、违背了理性，所以应该废除。可以看出，此时马克思对人的本质的理解还是黑格尔式的，人的本质不可能局限在理性范围之内而得到科学的说明，必须把人的本质与人的社会关系联系起来。

尽管马克思认为人的本质是精神自由，但具体到现实的出版自由，马克思并没有把自由仅仅当作一个抽象的概念来分析，而是把出版自由与当时的社会政治关系联系起来。莱茵省议会本身就是一个受地主阶级操控的反动议会，它由三个等级组成，分别由贵族、市民和农民的代表组成，议会的主要任务在于维护地主阶级的特权。他们经常为一些鸡毛蒜皮的小事儿喋喋不休，而对于关乎人的自由等大问题默不作声或极力反对。省议会并不是独立的立法机构，它本身还要受到检察机关的制约。省议会在讨论宗教、宪法和自由等问题时总是与检察机关步调一

---

① 《马克思恩格斯全集》第 1 卷，人民出版社 1995 年版，第 171 页。

② 同上书，第 233 页。

致。他们并没有动力提出出版自由和宗教自由问题，只是在涉及地主阶级利益时才会发声，坚定地维护本阶级的利益。

马克思把国家和法当作绝对精神的体现，认为书报检查令这一明显违反自由精神的法令不应通过，但现实却恰恰相反。一方面，马克思用人的精神自由批判书报检查令；另一方面，马克思也从"历史观察者的身份"分析不同政党对出版自由的态度。"我们现在从省议会'关于新闻出版自由的辩论'开始谈起，并且事先必须指出，在讨论这一问题时，我们间或将以参加者的身份发表我们自己的实际看法，而在以后的几篇论文中，我们将更多地以历史观察者的身份来注意并叙述辩论的进程。"①

通常在辩论其他无关痛痒的问题时，省议会的各方代表对各种意见的辩护基本上是势均力敌的。而在辩论新闻出版自由问题时则不然，反对派占优势。反对派的辩论基本上是一些空洞的流行言论和老生常谈，或者是一种病态的激动和强烈的偏见。而支持者也没有把出版自由当作一种现实的需要，只是把出版自由当作"异国的植物"来看待，只当作业余爱好来处理。可见，议员们根本不知意志自由是人的天性，议会本身根本不能胜任对新闻自由的辩护。

虽然如此，马克思还是看到了一般自由与特殊自由、一般精神与特殊精神的区别。反对派的议员们把自己打扮成一般精神的代表，其实他们只是根据自己的特殊精神来行事。"在关于新闻出版的辩论中，特殊等级精神比在其他任何场合都表现得清楚、明确而充分。新闻出版自由的反对派尤其是如此，正如在一般自由的反对派中，特定领域的精神、特殊等级的个人利益、品格的先天的片面性表现得最为强烈、明显，露出一副狰狞的面孔。"② 由此可见，马克思还是把人的本质当作精神，议员们的行为方式取决于他们的特殊精神，以及由此产生的特殊的个人利益。但马克思正确指出议员们的虚伪，议员们是打着整体的旗号，行特殊之实。

在马克思看来，省议会反对新闻自由的辩论依据是站不住脚的。这

---

① 《马克思恩格斯全集》第 1 卷，人民出版社 1995 年版，第 144 页。
② 同上书，第 146 页。

些辩论人不是从现实中寻找理性，而是从不合时宜的历史故纸堆里寻找有利于自己的论据。他们认为过去对新闻自由的限制本身就证明了新闻出版的使命不是自由。马克思反驳道："有人曾经命令人们相信太阳是围绕地球运转的。伽利略被驳倒了吗？"① 从更深层来看，这些辩论人抹杀了书报检查制度与精神发展的关系，看不到书报检查令违背了客观精神，违背了人的自由本性，而只关注自身的等级利益。"这位辩论人以满不在乎的傲慢和外交式的冷静抹杀了书报检查制度和精神发展的关系问题。他在对新闻出版自由的历史形态展开进攻的时候，就更明确地表现了本等级的消极方面。"②

马克思不仅把出版自由与精神相联系，而且与历史和具体的政治斗争相联系。马克思不同于青年黑格尔派，不是口头的革命派，而是真正希望在现实中取得突破。与历史相联系就是实现其意图的必然路径。马克思历史地分析了英国新闻自由的产生，英国报刊的自由并不是建立在一般精神的基础之上，而是建立在社会历史之上。从亨利八世、天主教徒玛丽、伊丽莎白到詹姆斯一世，英国报刊之所以能够享受自由，是因为英国人民经过了严酷的、野蛮的政治斗争。③ 英国报刊在不受束缚的情况下促进历史发展的事实恰好证明新闻出版自由的好处。可见，辩论人把新闻自由与社会历史发展对立起来只是借口。

马克思认识到报刊的发展是与特定国家的历史和特殊环境相联系的。"在英国，报刊是同本国的历史和特殊环境紧密联结在一起的，荷兰和瑞士的情况也是一样。"④ 这表明马克思试图跳出一般自由的概念，而深入到具体历史环境来解决人的自由问题。马克思认为不能把路易十四的出现、英国舰队称霸欧洲、金融投机和社会革命归咎为自由的报刊。这种责难是毫无道理的。"正像一位作者总是暴跳如雷地责怪他的医生只是给他治好了病，却没有同时使他的作品不印错字一样。新闻出版自由同医生一样，并不能使一个人或一个民族变得完美无缺。"⑤ 法

① 《马克思恩格斯全集》第1卷，人民出版社1995年版，第147页。
② 同上书，第150页。
③ 同上书，第151页。
④ 同上。
⑤ 同上书，第152页。

国大革命的原因并不是新闻出版自由，而恰恰是书报检查制度。法国行政当局意识不到书报检查制度是违背客观精神的，也看不到自由报刊的人民性。"自由报刊的人民性（大家知道，就连艺术家也是不用水彩来画巨大的历史画卷的），以及它所具有的那种使它成为体现它那独特的人民精神的独特报刊的历史个性——这一切对诸侯等级的辩论人说来都是不合心意的。"① 自由报刊是人民精神的慧眼，是人民自我信任的体现，是把个人同国家和世界联结起来的有声纽带。自由报刊是人民在自己面前的毫无顾虑的忏悔，是人民用来观察自己的一面精神上的镜子，自由报刊是观念的世界，不断从现实世界中涌出，又流回现实世界唤起新的生机。自由报刊虽然不符合统治阶级的心意，但体现人民的自由本性，统治阶级如果不能顺应人民的自由本性，必然就会爆发革命。马克思在这里实际上是以法国革命和比利时革命来影射普鲁士政府，普鲁士政府如果不能顺应人民的自由诉求，必然会走上革命的道路。马克思认为青年黑格尔派太过于尊重自由概念，把任何理想同日常现实的任何接触都看成是亵渎神明。不敢把自由从幻想的太空移植到现实的土地上，导致德国人的自由到现在仍然只是一种幻想和伤感的愿望。

普鲁士政府对新闻自由的批判恰恰暴露了自身的等级特权本质。他们认为自由只是普鲁士统治阶级少数人享有的特权，普通人民不应享有。因为人民的思想还不够成熟，人民的思想充满任性。"在形形色色反对新闻出版自由的辩论人进行论战时，实际上进行论战的是他们的特殊等级。"② "诸侯等级的辩护人"为了证明新闻自由的不合理，总是提出一些滑稽的理由，"为了反对新闻出版自由，就必须维护人类永远不成熟这一论点。如果不自由是人的本质，那么自由就同人的本质相矛盾；这种断语纯粹是同义反复。"③ 自由报刊的本质是自由所具有的刚毅的、理性的、道德的本质。受检查的报刊的本质是不自由所固有的怯懦的丑恶本质，这种报刊是文明化的怪物，洒上香水的畸形儿。反对出版自由的实质在于反对人的自由、反对自由是全体人民的固有本质。

---

① 《马克思恩格斯全集》第 1 卷，人民出版社 1995 年版，第 153 页。

② 同上书，第 155 页。

③ 同上书，第 164 页。

"自由确实是人的本质，因此就连自由的反对者在反对自由的现实的同时也实现着自由"。①

是否新闻出版自由需要省议会的讨论，这是问题的关键。省议会并不体现人民的权利和省的权利，而蜕变成为等级会议的特权。议员们从私人利益出发，害怕新闻出版自由。"省等级会议的特权并不是省的权利。恰恰相反，省的权利自从变成省等级会议的特权后，就不再存在了。"② 在这种情况下，人的自由本质变成少数人的特权。省议会就像中世纪的等级会议一样把国家的一切权利都集中在自己手里，反对省的权利和维护等级特权是无所顾忌的。"这些先生们不愿把自由看作是理性的普遍阳光所赐予的自然礼物，而想把自由看作是明星的特别吉祥的组合所带来的超自然的礼物，因为他们认为自由仅仅是某些人物和某些等级的个人特性，所以他们就不可避免地要得出结论说，普遍理性和普遍自由是有害的思想，是'有逻辑次序的体系'的幻想。为了拯救特权的特殊自由，他们就斥责人类本性的普遍自由。"③ 提案的目的不在于把公众的信念化为事实，而是把少数统治阶级内在的信念化为外在的事实。等级制的辩论人把等级特权妄称为普遍权利，十分中肯地表现了本等级的特殊精神，相反，对省和人民的自由本质横加曲解，把省的普遍要求变成个人的欲望并且大加斥责。省议会作为人民的代表机关，本应该体现人民的自由本性。但现实情况是人民是被代表的，省议会这一等级议会并不是体现人民自由本性的人在起作用，而是别人在越俎代庖，这种代表机构完全丧失了一切意义。

二 特权制度、私人利益与马克思人本思想的对立

马克思站在劳苦大众的立场之上，反对莱茵省等级议会通过林木盗窃法。省议会本来是国家理性的体现，但实际上已经沦为特权等级和私人利益压迫贫困大众自由平等权利的工具。马克思提出只有废除等级特权，扬弃私人利益的自私本性，才能实现人的自由本质。

---

① 《马克思恩格斯全集》第 1 卷，人民出版社 1995 年版，第 167 页。
② 同上书，第 156 页。
③ 同上书，第 163 页。

马克思首先指出捡拾枯树与盗窃林木是本质不同的两回事。所谓盗窃林木就必须用暴力截断树枝与树的联系，这是一种明显侵害树木的行为，也是明显侵犯树木所有者的行为。另外，如果砍伐的树木是从别人那偷来的，那么砍伐的树木就是属于树木所有者的财产，那么谁偷窃砍伐的树木，谁就是偷窃财产。而捡拾枯树的情况恰好相反，捡枯树枝的人并没有采取暴力或者偷盗手段把枯树枝与树木脱离关系，而是捡了已经与树木失去联系的树枝，树枝与树之间已经失去了所有关系。如果把捡枯树枝叫作盗窃，那么这种法律本身就包含着弊病。

区分捡拾枯树、违反林木管理条例的行为和盗窃林木并不困难，而省议会故意抹杀这些区别，是私人利益在作祟。省议会的认真程度与私人利益直接相关，"当问题涉及自身的利益时，这些明达的立法者就如此认真地把斧头和锯子也区分开来，而当问题涉及他人的利益时，他们就毫无心肝，连枯树和活树都不加区别了。"①

特权者的习惯是与体现自由的法相抵触的。这些习惯产生于人类史还是自然史的时期，人类的划分与动物的种属相类似，决定人与人之间的联系是不平等，而且是法律确定的不平等。"不自由的世界要求不自由的法，因为这种动物的法是不自由的体现，而人类的法是自由的体现。"② 在封建社会，人的精神是不自由的，人简直是按抽屉来分类的，实现严格的等级制度，人的自由本质无从实现，马克思称之为"精神的动物王国"。"那里伟大圣者（即神圣的人类）的高贵的、彼此自由联系的肢体被割裂、隔绝和强行拆散，因此，在这样的国家里我们也发现动物崇拜，即原始形式的动物宗教，因为人总是把构成其真正本质的东西当作最高的本质。"③ 在封建社会，人与人的关系是依赖的，等级高的人最终都是依附在最底层劳苦大众身上为生，劳苦大众专为上等人攀摘地上的果实，而自身却靠尘土为生。动物世界里面的工蜂要杀死不劳而获的雄蜂，而在封建社会却恰恰相反，不劳而食的雄蜂通过劳动折磨死工蜂。当特权者按照自己的习惯来制定法律时，其实这种法律已经

---

① 《马克思恩格斯全集》第1卷，人民出版社1995年版，第246页。

② 同上书，第248页。

③ 同上。

丧失了人类的本质内容，而堕落成为法的动物形式，变成了纯粹的动物假面具。

不是理性的法战胜私人利益，而是私人利益战胜理性的法。如果法的后果不能为林木所有者带来好处，那么这种法就会被宣布为有害的法。私人利益把自己当作世界发展的目的，如果法不能实现私人利益的目的，那么这种法就被宣布为不合目的的法。总之，基本原则就是"要确保林木所有者的利益，即使法和自由的世界会因此而毁灭也在所不惜。"① 私人利益是如此强大，以至于审判形式成了累赘和多余的障碍。诉讼只不过是负责把敌人押解到牢狱去的护送队，如果诉讼想公平地处理案情，那么它就会被人封住嘴巴。既然立法者都偏袒私人利益，那么期待公正的法官和判决都是愚蠢和不切实际的幻想。所谓公正只是判决的形式，而不是判决的内容，内容已经被自私的法律预先规定了。

省议会不是把追求普遍利益当作自己的使命，而是把特殊利益作为最终目的。从法律上讲，省议会不仅体现代表们的私人利益，也代表全省的利益。当全省利益与私人利益相冲突时，省议会应该毫不犹豫地为了代表全省利益而牺牲私人利益。私人利益就其本性来说是盲目的、无节制和片面的，它具有无视法律的天生本能。任凭私人利益无节制的发展，必然导致人受物质利益的统治，最终形成拜物教。"特殊利益会消灭一切自然差别和精神差别，因为这样做会把特定的物质和特定的奴隶般地屈从于物质的意识的不道德、不理智和无感情的抽象物抬上王位，用以代替这些差别。"②

改变等级议会的方法在于建立人民代表制。人的本质是自由平等，广大的劳苦大众都有权利参加省级议会，讨论与他们利益相关的法案。只有人民代表制才能反映人民的普遍利益和普遍意志。等级议会偏袒私人利益就是因为议会本身的构成不合理，大量代表私人利益的代表混入了省议会。这种议会是不可能对林木盗窃法案进行公正合理的辩论，案件的判决已经被预先设定了。

---

① 《马克思恩格斯全集》第 1 卷，人民出版社 1995 年版，第 282 页。

② 同上书，第 289 页。

总之，当马克思论述省议会通过林木盗窃法的原因时，他从客观角度论述了省议会代表们自身的私人利益和特殊利益起到重要作用。当马克思把私人利益占上风作为个别现象，试图批判私人利益时，他又从普遍理性和人的自由本质出发批判私人利益的有害性。马克思此时尚不能把人的本质与社会经济活动分析统一起来。

三　贫困、官僚机构与马克思的人本思想

在 1842 年 12 月至 1843 年 1 月间，马克思在实践考察的基础上，写下了《摩泽尔记者的辩护》。文中分析了广大种植葡萄的农民受到利益损害、陷入贫困状态的事实，揭露了普鲁士政府的"官僚本质"。马克思仍然从人的自由平等本质出发，认为种植葡萄的农民陷入贫困是不符合国际理性和人类本质的。但在寻找农民陷入贫困的具体原因时，马克思试图采取客观分析方法，揭示贫困与官僚机构的关系，脱离人民的官僚机构是造成人民贫困的主要原因。与《关于林木盗窃法的辩论》不同，马克思的人本思想不是表现为批判省议会代表和林木所有者的私人利益，而是表现为支持葡萄园种植者和经营者的私人利益，反对官员们的自私自利。可见，马克思人本思想的实质就是以广大受压迫的、受剥削的贫苦大众的利益为根本。

葡萄园经营者的贫困与政府官员的漠视直接相关。政府把葡萄园种植者的贫困和灭亡看作是一种"自然现象"，认为人在这种现象面前只能听天由命，所以没有必要消除这些贫困，葡萄园种植者也不值得通过"想点办法"来挽救。这种先入为主的观点，阻止官员对摩泽尔河沿岸农民进行实际调查。面对农民的请愿书，官员往往抱着"敌对的态度"。官员不是试图分析农民提供的材料，而是简单否定这些材料。没有文化的贫苦农民没有能力表述自己的贫困，而受过教育的经营者又显得不够贫困，所以官员并不把他们的表述当作根据。当葡萄园的种植者和经营者意识到贫困正悄悄向自己逼近时，他们就被迫反对狂妄自大的官僚，揭露现实世界与官僚设想的世界之间的矛盾，用实际的数据反对官员掌握的数据。但由于官员们的自私自利和手握大权，通常市民的理性无法抵挡官员的理智。

农民的贫困与官员的自恃过高有关。官员始终认为自身的管理原

则和管理方法是高人一筹的。"在官僚界内部，这种认为官方的认识更加高明的观点，以及管理机构和它的管理对象之间的这种互相对立的现象是屡见不鲜的。"① 官员在评定摩泽尔河沿岸情况时，总是强调他们的记载是多么准确。财政部官员则断定贫困不是税收的问题，而是其他原因造成的。总之，管理机构从来没有从自身范围内寻找原因，而总是推诿于他人。部分负责任的官员也只是考虑到他自身辖区内的问题，而对于根本的管理制度和管理原则问题，他们是无法过问的，因为只有上级才能对此作出判断，而上级总是理直气壮地相信自己管理得很好。

摩泽尔地区农民的贫困是由于管理制度与这个地区的实际不相符造成的。管理工作应该与这个地区的习俗、权利、劳动形式和财产形式相符，而不是这个地区为管理工作而存在。"人们一旦要求这个地区改变它的习俗、权利、劳动形式和财产形式以适应管理工作，这种关系就被颠倒了。因此，摩泽尔河沿岸地区的居民就提出了这样的要求：既然他们是在自然和习俗所决定的条件下进行劳动，国家就应当为他们创造一个使他们能够发展、繁荣和生存的环境。"② 而官员们为了维持自己的地位，把管理原则和制度当作一成不变的既定事实，不可能修改自己的管理制度去适应摩泽尔河沿岸地区的实际，而只能在既定管理制度下设法增进摩泽尔河沿岸地区的福利。比如，在葡萄歉收年份豁免捐税；劝告农民转而从事其他经营活动；最后，是建议限制地产分析。这些措施都是治标不治本的短期行为，只能减轻，而不能消除贫困。管理机构由于自己的官僚本质，不可能在管理工作范围内发现造成贫困的原因。即使怀有最善良意图、最热忱博爱精神和最高超智力的官员也不可能消除现实与管理原则之间的经常性冲突。

为了解决现实与管理者之间的冲突，就需要第三独立因素即自由报刊。"为了解决这种困难，管理机构和被管理者都同样需要有第三个因素，这个因素是政治的因素，但同时又不是官方的因素，这就是说，它不是以官僚的前提为出发点；这个因素也是市民的因素，但同时又不直

---

① 《马克思恩格斯全集》第 1 卷，人民出版社 1995 年版，第 373 页。
② 同上书，第 376 页。

接同私人利益及其迫切需要纠缠在一起。这个具有公民头脑和市民胸怀的补充因素就是自由报刊。"① 自由报刊作为独立的一方,与管理者不是从属关系,可以平等地对待管理机构和被管理者。自由报刊是社会舆论的产物,它可以制造社会舆论使一种特殊利益成为普遍利益、使摩泽尔河地区的贫困成为祖国普遍关注和同情的对象。自由报刊不仅有理智的分析,而且对人民的贫困充满同情。自由报刊不通过任何官僚中介,可以原原本本地反映人民的贫困状况。在自由报刊面前,没有管理者和被管理者的区别,而只有不分亲疏的公民。

四 物质利益难题与马克思的人本思想

马克思的人本思想始终体现为对社会弱势群体的关注和支持。正是从这一前提出发,造成了对物质利益理解的难题。在物质利益的论述方面出现前后不一致、甚至自相矛盾的问题。根据马克思此时对物质利益的理解,无法消除这种矛盾,因此马克思陷入了苦恼之中。

马克思在《关于林木盗窃法的辩论》和《摩泽尔记者的辩护》两篇文章中对物质利益的理解不尽相同。前者尖锐地批判省议会代表和林木所有者的私人利益,后者倾向于承认葡萄种植者和经营者的私人利益。即使在《摩泽尔记者的辩护》中,马克思对物质利益的理解也不尽相同,马克思对官员们自私自利持批判态度,但又支持葡萄园经营者维护自身的利益。

马克思对私人利益的理解与关注弱势群体的人本思想、特定的实际情况相关。在具体探讨拾捡枯树枝的人是否违法时,很显然林木所有者处在强势的位置,捡枯树枝的穷人是弱势群体。林木所有者不仅自身衣食无忧,而且在省议会里还有支持他们的议员,而捡枯树枝的人连自身的温饱都成问题。在这种情况下,把捡枯枝当作违法与马克思的人本思想强烈冲突,马克思毫不犹豫地批判林木所有者的贪婪。可以看出,这种批判是建立在抽象人本质的基础之上,而并没有分析物质利益本身的客观发展。在具体分析葡萄园经营者和官员们的利益冲突时,马克思基本上是站在客观的立场之上,认为官员们对葡萄

---

① 《马克思恩格斯全集》第 1 卷,人民出版社 1995 年版,第 378 页。

的管理需要符合葡萄园的实际情况，而不能削足适履，把两者的关系颠倒过来。官员们依靠自己的强势地位，不顾实际地、强硬地要求葡萄园经营者符合他们制定的规则，结果导致葡萄园经营者的贫困。所以，从客观利益角度来分析，可以得到批判官员利益和支持葡萄园经营者利益的结论。与此同时，从马克思人本思想出发也可以得到同样的结论。与官员们的强势地位相比，葡萄园经营者处在弱势地位，马克思的人本思想决定他必然支持葡萄园经营者的利益。由此可见，此时马克思的人本分析与物质利益分析是基本吻合的。马克思的难题在于人本分析和物质利益分析有时是无法统一的，而此时的马克思通常是把人本分析放在第一位，物质利益分析放在第二位。当人本分析与物质利益分析发生冲突时，马克思会认定人本分析的基础地位，而放弃物质利益分析。这种分析方法的倾向性导致马克思对物质利益的理解常常出现前后不一致的问题。

当然，马克思对葡萄园经营者的私人利益也不是完全赞同。尤其对其利益的私人性质，马克思时时提醒私人利益有冒充普遍利益的动机和欲望，从而影响到私人利益的真实性。"此外还必须补充一点，个人，甚至数量很多的个人，都不能把自己的呼声说成人民的呼声，相反，他们的陈述总是带有私人申诉书的性质。"① 同时，马克思也承认管理机构在认识普遍利益时，比普通的私人更有优势。"管理机构能够比谁都正确地判断国家的福利在多大程度上受到了威胁，因而必须承认，管理机构对整体和整体中的各个部分之间的关系的认识，要比这些部分本身对这种关系的认识更加深刻。"②

总之，《莱茵报》的切身实践使得马克思的人本思想发生了急剧的转变，逐渐摆脱了思辨色彩浓重的人本质分析，开始关注现实生活中人的处境问题。具体表现为：关注拾捡枯树枝的穷人的生计问题和摩泽尔河地区葡萄园经营者的贫困问题。但马克思的人本思想并没有完全转变过来，仍然从人的自由本质出发批判林木所有者的贪婪和官员们的自私自利，这就导致对物质利益分析的前后不一。马克思已经意识到这一

---

① 《马克思恩格斯全集》第 1 卷，人民出版社 1995 年版，第 377 页。
② 同上。

点，所以感到困惑。马克思此时还没有能力解决这个问题，因为人本分析与客观物质利益分析没有统一起来。但正是这种困惑推动马克思寻找出路，实现人本思想的彻底转变。

第四章　马克思人本思想的最初确立

《莱茵报》时期的社会实践，尤其是物质利益问题的困扰，使马克思意识到黑格尔哲学的理性原则在冷峻的社会现实面前非常脆弱，无法实现"人类的幸福和我们自身的完美"的人生理想，他迫切需要一种能够指导和解决社会现实问题的哲学。马克思开始退回书斋寻找答案，在克罗茨纳赫潜心研究英法的各种历史文献。通过对历史学和费尔巴哈人本学唯物主义的精心研究，马克思的世界观摆脱了理念的牵绊，逐渐向研究具体现实问题的唯物主义转变。随着世界观的转变，马克思人本思想必然要发生相应的转变。在《博士论文》阶段，马克思关注的人本质是通过自我意识表现出来的，强调自我意识对外部现实的能动作用，通过原子偏斜表达对自由人的渴望。在《莱茵报》时期，马克思第一次接触到具体的社会实践。当他满怀信心地实践自己的人本思想时，结果却屡屡碰壁，最后连《莱茵报》都被行政当局封杀。人的自由本质和理性原则在现实的物质利益面前无能为力，相反物质利益总是占上风。马克思感觉到这种与现实严重不符、甚至相反的理性哲学出现了根本性的错误，需要彻底清算。为了彻底与唯心主义划清界限，马克思决定清算理性哲学的最高峰即黑格尔哲学，尤其是他的法哲学和方法论。通过批判黑格尔法哲学，进而批判整个近代传统人本思想，初步确立起唯物主义的人本思想是马克思这段时间的理论旨趣。马克思站在唯物主义的立场之上，并不意味着他能够唯物主义地解决人本质问题，因为马克思此时还缺少对经济学的系统研究，对人的本质的理解仍然是一种实体性的认识，而没有把握人本质背后的经济社会关系。

第一节　黑格尔法哲学批判与马克思 人本思想的转变

《莱茵报》的政治实践使马克思切身感觉到理性哲学在现实面前的无力，马克思的坚强性格和崇高的人生理想决定了他不会回避矛盾，而是勇敢地面对矛盾，即便是面对自己曾经蔑视的物质利益。对私人物质利益的分析自然导向市民社会的重新定位，市民社会就是私人利益互相竞争的地方。马克思借助历史研究和自身的政治实践经验，在费尔巴哈唯物主义哲学的启发下，自主地完成了向唯物主义的转变，彻底颠覆了黑格尔唯心主义哲学。不是国家决定市民社会，而是市民社会决定国家。人的本质不是精神自由，而是人在实际的政治经济生活中的自由。但是，人在市民社会中恰恰是不自由和不平等的，总是受到金钱的支配和奴役，所谓人的自由平等实质上是私有财产的自由平等。马克思的人本思想戳穿了近代人本思想的物质外衣，认为只有通过无产阶级革命，才能扬弃金钱异化，实现政治解放到人类解放的转变。

一　黑格尔对近代西方人本思想的认同与批判

黑格尔是德国古典哲学的集大成者，批判性地继承了康德和费希特哲学，在客观唯心主义的基础之上论证了思维与存在的统一性，系统地发展了辩证法思想，弘扬了人的主体性。

黑格尔于1770年出生在德国南部符腾堡公国斯图加特城的一个税务局书记官的家庭，当时的欧洲和德国处在一个社会急剧动荡的时代。1789年，法国爆发资产阶级革命，推翻了波旁王朝。几经周折，法国社会的统治权最后落到拿破仑身上。拿破仑为了保住法国大革命的历史成果，抵抗欧洲封建专制势力的围剿，进行了20年的对外战争，黑格尔就是在这样的背景下成长起来的。

黑格尔面对拿破仑的征服行动，心情是复杂的。一方面，他认识到拿破仑所宣言的人的自由平等标志着一个新时期的降生，好似一次壮丽的日出。法国大革命"也就是以洛克式自然权利之名发动的革命，也就是以自由主义、自由社会之名产生的革命。"① 法国共和制度所聚集的力量必然摧毁还处于封建专制制度的德国。作为德国人，黑格尔也毫不掩饰对拿破仑的敬慕之情，把他称之为"世界精神"的代理人。另一方面，他又为德国担心，希望德国能够走上法国共和的道路，建立以代议制民主为基础的、保障人自由平等的政治制度，实现德国的统一。总体上看，黑格尔对近代人本思想的自由原则是认同和支持的。"人就是自由意志"。②

黑格尔对近代人本思想的肯定并不是无条件的，人的自由本质是要受到社会理性、国家和社会其他条件的制约。"人既是高贵的东西同时又是完全低微的东西。他包含着无限的东西和完全有限的东西的统一、一定界限和完全无界限的统一。人的高贵之处就在于能保持这种矛盾，而这种矛盾是任何自然东西在自身中所没有的也不是它所能忍受的。"③黑格尔坚持认为对人的自由并不能采取放任的态度，否则就会走向反面，法国大革命中出现的恐怖屠杀就是明证。黑格尔之所以认为国家决定市民社会，并不仅仅因为他是唯心主义哲学家，更重要的是因为他认为个人本位有严重缺陷，国家不是个人的任意结合，国家的存在具有客观必然性，国家可以调整市民社会的利益冲突。"如果把国家同市民社会混淆起来，而把它的使命规定为保证和保护所有权和个人自由，那么单个人本身的利益就成为这些人结合的最后目的。由此产生的结果是，成为国家成员是任意的事。但是国家对个人的关系，完全不是这样。由于国家是客观精神，所以个人本身只有成为国家成员才具有客观性、真理性和伦理性。结合本身是真实的内容和目的，而人是被规定着过普遍生活的；他们进一步的特殊满足、活动和行为方式，都是以这个实体性的和普遍有效的东西为其出发点和结果。"④ 所以黑格尔的人本思想总是把人与社会、国家和其他客观条件联系起来，突破了近代西方人本思想的狭隘性。尽管有这些区别，但他们共同的特点在于是从人的本质

---

① ［英］约翰·麦克利兰：《西方政治思想史》，彭淮栋译，海南出版社 2003 年版，第578 页。

② ［德］黑格尔：《法哲学原理》，商务印书馆 1982 年版，第 53 页。

③ 同上书，第 46 页。

④ 同上书，第 254 页。

（理性和自由）出发，引出国家和社会的需要，排斥神的干预。

黑格尔哲学把人与社会看成是绝对精神异化和外化的产物，毫无疑问是彻底的唯心主义，但其论证方法以及对社会现实的合理抽象仍是当时德国哲学的最高点。

黑格尔的人本思想吸收了古典政治经济学尤其是劳动价值论的合理内容。古典政治经济学是资本主义发展到一定阶段的产物，黑格尔哲学把它作为人本思想的基础，实际上是突破近代西方人本思想"天赋人权"的理论框架，赋予人本思想现实历史的含义。在自然经济时期，人的劳动并不是创造财富到主导力量，而是土地和自然地附庸即所谓"靠天吃饭"，这个时候劳动创造价值无从谈起。但资本主义诞生之后，尤其是工业革命之后，人和自然的关系发生了改变，人从依附自然中解放出来，人可以通过自身的劳动来认识和改造自然，人在一定程度上可以看作是自然的"主人"。劳动价值论正是在这种背景下诞生的，它标志着人的劳动在创造财富的过程中占据主导地位。人与自然关系的改变直接影响到人与社会的关系，为了改变自然，人们必须组织起来。在自然经济时期，人与社会的关系体现为人依附于各种血缘、地缘共同体，离开了共同体，个人无法单独生存，共同体内部又是通过血缘和地缘的自然关系连接在一起。资本主义工业革命之后，人的劳动能力得到大幅度的提升，大幅度地创造出来剩余产品，为人与人之间的互相交换奠定了基础，人与人的频繁交换逐渐打破了血缘和地缘的束缚，使得社会交换关系总体得以形成。人与共同体的关系演变为个人与社会总体的关系。黑格尔在耶拿时期通过古典经济学的学习准确地把握到个人与社会的这种质的变化。"具体的人作为特殊的人本身就是目的；作为各种需要的整体以及自然必然性与任性的混合体来说，他是市民社会的一个原则。但是特殊的人在本质上是同另一些这种特殊性相关的，所以每一个特殊的人都是通过他人的中介，同时也无条件地通过普遍性的形式的中介，而肯定自己并且得到满足。这一普遍性的形式是市民社会的另一个原则。"① 黑格尔的社会就是指个人与个人之间形成的普遍依赖关系而不再是一种实体，这是对资本主义社会发展到一定阶段的合理抽象，而

---

① ［德］黑格尔：《法哲学原理》，商务印书馆 1982 年版，第 197 页。

不再是道德哲学的"应该"，正是在这一点上黑格尔哲学超越了康德哲学。黑格尔人本思想的历史感都出自以经济学为基础的个人与社会关系的把握。

黑格尔依据个人与社会的关系依此区分了人类社会结合的三种形式：家庭、市民社会和国家。家庭的联系是以伦理性的爱为基础的实体性的统一。家庭以身为家长的男子为代表，男子主要是出外谋生，关心家庭需要，以及支配和管理家庭财产。所以家庭成员的特殊性还没有得到区分。因而，家庭成员与家庭的统一是一种低级的形式。家庭成员的个性和权利还没有得到承认。在市民社会中，人的个性和权利得到了承认，人的相互联系需要通过社会来中介，人的社会性和普遍性构成了市民社会另一个原则。但个人与社会之间却产生了分离和对立，它们之间的联系是外在的联系，没有达到内在的统一。个人与社会的内在统一要通过国家来实现。

黑格尔的人本思想是建立在古典政治经济学基础之上，但并没有陷入古典政治经济学对市民社会的盲目崇拜之中。社会契约论思想家和古典经济学家无不把市民社会看作永恒的、美好的社会。所谓市民社会之前是有历史的，而市民社会之后就没有历史了，历史被市民社会终结了。在对市民社会的一片叫好声之中，黑格尔第一次看到市民社会不可克服的矛盾。"市民社会是个人私利的战场，是一切人反对一切人的战场，同样，市民社会也是私人利益跟特殊公共事务冲突的舞台"。①市民社会具有不可克服的矛盾。"特殊性本身是没有节制的，没有尺度的，而这种无节制所采取的诸形式本身也是没有尺度的。……另一方面，匮乏和贫困也是没有尺度的。这种混乱状态只有通过有权控制它的国家才能达到调和。"②特殊和个人具有局限性，但并不意味着回到特殊和普遍、个人与社会的原始同一之中。"柏拉图的理想国要把特殊性排除出去，但这是徒劳的，因为这种办法与解放特殊性的这种理念的无限权利相矛盾的。"③黑格尔肯定特殊和个人的历史作用，同时又强调国家来

---

① ［德］黑格尔：《法哲学原理》，商务印书馆1982年版，第309页。
② 同上书，第200页。
③ 同上。

引导和规范普遍与特殊、个人与社会的相互关系。黑格尔虽然承认市民社会产生的历史必然性和巨大的历史作用，但并没有把它永恒化和理想化，只是把它当作绝对精神发展的一个特定阶段，而必然被更高一级的国家理念所代替。

黑格尔虽然是唯心主义哲学家，但他的人本思想是立足于对当时资本主义社会现实的合理抽象，尤其是法国大革命之后的资本主义的发展。正是这种历史主义的立场和辩证法的思想使得黑格尔超越社会契约论思想家陷入的个人与社会的抽象对立。黑格尔没有把个人与社会的矛盾看成是无法解决的二律背反，而是把它当作社会发展的动力，个人与社会的矛盾是在社会历史发展中被解决的。黑格尔对社会规律和国家的抽象不是康德的道德抽象，而是深扎在市民社会快速发展基础之上的客观合理的抽象。

但黑格尔终究是唯心主义哲学家，无论什么有价值的观点，他都要披上绝对理性的外衣，所以他把人、自然和社会看成是决定精神的外化和异化。黑格尔准确发现人的自我意识在劳动中的决定作用，市民社会中的物质生产劳动主要依靠科学和技术，而科学和技术都是人的意识的产物。但这并不意味着人的意识可以超越自然和社会而变成世界的本源。人的劳动无论如何膨胀都不能创造出来一个自然界，黑格尔就是在这一点上滑向彻底的唯心主义。人本质的实现也不是客观精神的体现，而是历史发展的产物。黑格尔混淆了人的客观认知结构和真实社会历史的关系，体现为社会历史发展规律的客观精神一定是社会历史本身发展的体现，而不是颠倒过来用绝对精神的发展来代替社会历史本身的发展，这是马克思之所以要批判黑格尔的原因之一。

二 黑格尔法哲学批判：马克思人本思想确立的方法论基础

马克思在大学时代曾经经历过从康德费希特哲学向黑格尔哲学的转变，转变的目的在于解决人本质实现问题。康德费希特哲学都弘扬人的主体性和自由本质，但他们的自由本质太过于空洞和虚幻，脱离实际太远。当时的马克思认为，黑格尔哲学是德国古典哲学的总结，综合解决了困扰康德和费希特哲学多年的人本质实现问题，代表当时德国哲学的最高水平。马克思认可黑格尔哲学的前提在于它能够解决自己的世界观问题。黑格尔哲学确实通过绝对精神的外化和异化，解决了人本质实现问题，但解决的前提和过程是唯心主义性质的。大学时代的马克思并没有认识到这一点。

当马克思来到《莱茵报》，满怀激情地把黑格尔哲学应用到现实政治生活时，却发现黑格尔的国家理性和精神自由无法抵挡现实的物质利益。刚开始的时候，马克思也只是把这种不相符当作偶然情况，但经过多次试验，结果都让马克思大失所望，人的自由和国家理性在现实生活中寸步难行，黑格尔解决人本质实现的方案在现实中是无效的。马克思对黑格尔哲学产生了动摇，《莱茵报》的被查封使得马克思有时间冷静地思考问题的所在。《黑格尔法哲学批判》就是这段时间思考的结果，马克思在这篇文章里试图揭示黑格尔的国家理性无法解决人本质实现问题的原因。一旦找到了原因，就能认清近代西方哲学的缺陷，并在此基础之上能够找到人本质实现的现实道路。为此，马克思集中揭露了黑格尔法哲学的唯心主义思辨本质，颠倒了国家与市民社会的关系，这为解决市民社会批判和人类解放问题奠定基础。

马克思的第一次思想转变不仅是对《莱茵报》时期社会实践的直接回应，而且是自己消化吸收费尔巴哈哲学以及英法等国历史文献的内化过程。马克思接受了费尔巴哈的唯物主义立场，并且支持他对宗教和唯心主义所作的批判，但马克思并没有成为一个费尔巴哈主义者，而是在社会政治领域表现出与费尔巴哈不同的理论倾向。他说道："费尔巴哈的警句只有一点不能使我满意，他过多地强调自然而过少地强调政治。"① 马克思批判黑格尔的唯心主义国家观，但黑格尔哲学强烈的历史感还是深深地感染了他，这就预示了马克思必然关注人的社会历史性，与只对人的自然属性感兴趣的费尔巴哈分道扬镳。

黑格尔颠倒了国家与市民社会的关系。黑格尔把观念当作主体，而把家庭和市民社会理解为观念的想象活动。其实，"家庭和市民社会都是国家的前提，它们才是真正活动着的；而在思辨的思维中这一切却是颠倒的。可是，如果观念变成了主体，那么现实的主体，市民社会、家庭、'情况、任意等等'，在这里就变成观念的非现实的、另有含义的

---

① 《马克思恩格斯全集》第27卷，人民出版社1972年版，第442—443页。

客观因素。"① 可以看出，马克思同意费尔巴哈关于黑格尔颠倒了主词和宾词的论断，试图分析实际的政治经济制度来证明黑格尔哲学方法论的错误。

黑格尔颠倒了人格与人的关系。所谓人格就是人的规定性，黑格尔不把人格看作成人的谓语，反而把这些谓语变成某种独立存在的东西，然后以神秘的方式把这些谓语变成主体。所以马克思认为："这也是神秘化。"② 国家与人的联系不是外在偶然的，而是实质性的联系。国家的各种职能都必须与人发生联系，这里的人不是指肉体的人，而是指处在各种政治关系中的个人。人不是像黑格尔所说的那样，通过特殊的人格联系在一起，而是通过"个人的基本特质而同个人联系在一起。它们是个人的基本特质的自然行动。"③ 之所以会出现这样的错误，是因为黑格尔抽象地、孤立地考察国家各种职能，忘记了特殊的个体性就是人的个体性，国家的各种职能就是人的职能。所谓"特殊的人格"不是人的胡子、血液、肉体，而是人的社会特质，国家的职能只不过是人的社会特质的存在方式和活动方式。可见，马克思反对从抽象的概念来考察人，要求把人还原到真实的社会关系中。马克思敏锐地意识到人的本质在于人的社会特质。但马克思此时并没有深入社会关系，所以人的社会特质还缺乏现实的内容。

黑格尔哲学的根本错误在于方法。黑格尔把各种谓语、各种客体变成独立的东西，同它们的主体彻底分开了，把现实的主体当作结果来看待。神秘的实体成了现实的主体，而实在的主体则成了神秘实体的一个环节。"黑格尔不是从实在的存在物出发，而是从谓语、从一般规定性出发，而且毕竟应该有这种规定的体现者，于是神秘的观念便成了这种体现者。黑格尔没有把普遍东西看作现实有限物的即存在的东西的、被规定的东西的现实本质，或者说，他没有把现实的存在物看作无限物的真正主体。"④ 对于黑格尔来说，重要的不是考察人的活动，而是追寻逻辑概念的历史再现。

---

① 《马克思恩格斯全集》第3卷，人民出版社2002年版，第10页。
② 同上书，第31页。
③ 同上书，第29页。
④ 同上书，第32页。

三　马克思对费尔巴哈人本思想的继承和发展

马克思从黑格尔的观念论向一般唯物主义的转变不仅是对《莱茵报》时期社会实践的思想总结，也是费尔巴哈人本学唯物主义对其影响的结果。这种影响表现在马克思 1843 年 3 月 13 日致卢格的信和 1843 年 10 月 3 日致费尔巴哈本人的信中。①

批判黑格尔哲学的思想有很多，但马克思认为他们都只是抓住了黑格尔哲学中的一部分反对另一部分，没有从整体和方法的角度对黑格尔哲学进行彻底的批判。而费尔巴哈恰恰抓住了黑格尔哲学颠倒思维与存在的方法论要害，第一次从整体上彻底地批判黑格尔哲学，并且把黑格尔哲学比作神学，把绝对精神比作上帝。这种彻底的批判使其他思想黯然无光，马克思也正是因为这一点才深刻体会到批判黑格尔哲学的紧迫性和必要性。

《莱茵报》时期的社会实践使马克思认识到实现人的自由本质，仅有正确的理念是不够的，必须在现实生活中寻找物质力量。青年黑格尔派和"自由人"的错误在于割裂了思维与存在的关系，把人从外部现实世界中分离出来，仅仅从纯个人的角度来看人，把人局限在自身的思想范围之内，抛弃了与人直接相关的外部世界，把个人与社会对立起来，这实际是把自己变成孤家寡人，彻底丧失变革世界的基本可能性。

费尔巴哈最能打动马克思的论点在于人与世界的统一。实现应然与实然的统一、实现人的自由平等，必须要由现实生活中的人去争取。而现实生活中的人一定不是孤立的个人，而是与世界相统一的人，是具有共同类本质的人。只有通过类本质才能凝聚所有人的力量，为改造不合理的世界奠定现实基础。费尔巴哈在《关于哲学改造的临时纲要》和作为纲要补充的《未来哲学原理》中，都试图在思维与存在、人与世界、人与人之间建立更为密切的联系。

费尔巴哈唯物主义哲学最初是从批判基督教开始的。他认为不是上帝创造了人，而是人创造了上帝，上帝是人本质异化的产物，宗教颠倒了人与上帝的关系。费尔巴哈把对宗教神学的批判与对唯心主义的批判

---

① 　参见《马克思恩格斯全集》第 27 卷，人民出版社 1972 年版，第 440、443 页。

联系起来，把黑格尔唯心主义哲学当作神学的最完美形式。证明的方法与批判宗教一样，费尔巴哈认为黑格尔颠倒了绝对观念与物质世界的关系，把人与自然界的本质转化为具有创造力的绝对精神，而把失去实体的人与自然界作为绝对精神的宾词。黑格尔是在具体的概念中实现了物质与精神、思维与存在的统一。但是，这种观念中的统一是虚妄的，现实生活中具体的事物与概念中的具体事物无法相互替代，完美的逻辑形式只是事物发展之后的理论总结，并不能把形式逻辑当作事物发展的预定模式。逻辑只能面对过去，而不能面向未来。

费尔巴哈要求把黑格尔颠倒的世界观重新颠倒过来，恢复以自然为基础的现实人的主体性。寻找思维与存在统一的路径不应从观念出发，而应从人本身以及人与自然界的关系出发。人的本质不是客观精神，而是人的现实生活，是有感觉、需要、欢乐和痛苦的具体的人。费尔巴哈继青年黑格尔派之后，进一步摧毁了黑格尔哲学，从根基上揭露其唯心主义本质，造成黑格尔哲学的彻底破产。

费尔巴哈哲学对宗教和黑格尔哲学的批判，彻底颠覆了思维与存在的关系，从而确立了唯物主义的世界观。但是，这种唯物主义与18世纪的法国唯物主义一样，并没有脱离形而上学的束缚。费尔巴哈恢复了现实人的权威，但他所指的现实人只是从人与自然的关系中引发出来的，而脱离了人与社会的关系。所以，这种人本质仍然带有形而上学的思辨色彩，落入半截子唯物主义的境地。

费尔巴哈对人本质的理解局限在类本质的范围之内。所谓类就是自然人的公共属性，他只能看到人与人之间相互关爱的关系，而无法看到人与人之间更为基本的经济政治联系。相对于黑格尔哲学的历史感，费尔巴哈对人的理解是极其贫乏的，陷入对人的绝对的、形而上学的理解之中。他力求具体地考察人的本质，但因为看不见人的经济活动关系，最终只是对唯心主义做了些许改造，并没有超出唯心主义的范围，也没有彻底驳倒黑格尔哲学。

马克思在《黑格尔法哲学批判》中发展了费尔巴哈哲学，把对人的理解推进到社会层面。费尔巴哈把人归结为纯粹的自然本质，消极地应对外部世界的挑战，脱离社会历史发展的轨道。这样，费尔巴哈就抛弃了黑格尔最为宝贵的辩证法思想，陷入空想和感伤的世界观之中。马克思同意费尔巴哈把精神还原成人，但对于费尔巴哈把人局限在自然领域并不满意。对马克思来说，人不是感性的、直观的、消极的自然本质，而是可以通过具体的实际活动改变外部世界的能动因素，这就保留了黑格尔把人看成是一个历史发展过程的辩证法思想。人的辩证发展不是精神异化和复归的过程，而是人本质在现实社会中异化和扬弃异化的过程。马克思把黑格尔的精神异化和费尔巴哈的宗教异化，发展成为政治异化。人本质异化的原因不在于宗教和精神，而在于政治国家，所以只有批判政治国家，人才能扬弃这种异化。

四　马克思人本思想的确立

《莱茵报》被查封后，马克思从社会舞台退到书房，冷静思考《莱茵报》所遭遇的社会实践问题。既然黑格尔的国家理性无法解决人的贫困问题，那么究竟什么哲学才能解决这个问题？在筹办《德法年鉴》的过程中，费尔巴哈的人本主义给予马克思以新的思路。费尔巴哈在《关于哲学改造的临时纲要》中写道：“真正的与生活、与人同一的哲学家，必须有法国人和德国人的混合血统。”[①] 法国哲学重视人的情感，德国哲学关注人的理性，两者结合有助于理解活生生的感性的人。马克思同意这种观点，而且进一步要求与政治联盟，把宗教批判引向政治批判。在《关于哲学改造的临时纲要》发表之前，马克思虽然已经超越青年黑格尔和自由人的视野，强调理性与现实关联，但在阐释改变现实的主体时，马克思仍然沿用了自我意识、国家理性、人类精神等旧哲学范畴，而现在这些范畴逐渐被人的本质所取代。

马克思以前把人的本质规定为精神，而现在越来越多地把国家、市民社会规定为人的本质外化。“在阐述家庭、市民社会、国家等等时把人的这些社会存在方式看作人的本质的实现，看作人的本质的客体化，那么家庭等等就表现为主体所固有的特质。人始终是这一切实体性东西的本质，但这些实体性东西也表现为人的现实普遍性，因而也就是一切

---

① 《费尔巴哈哲学著作选集》上卷，生活·读书·新知三联书店 1959 年版，第 111—112 页。

人共有的东西。"① 在《莱茵报》时期，他经常谴责普鲁士国家的行为不符合理性，而现在直接用人本质的异化批判市民社会。

市民社会和国家并不是绝对精神发展的产物，而是社会历史发展到特定阶段的产物。在资本主义条件下，市民社会得到最充分的发展，个人利益与社会利益的冲突也最极端。当资本主义生产关系无法容纳市民社会内部的矛盾冲突时，就需要新的社会形态即共产主义社会来代替资本主义社会。共产主义消灭的阶级和国家，实现了个人利益与社会利益的直接统一，所以市民社会也随之消亡。

马克思从理性世界转向人的世界之后，急需从现实角度对人的世界进行解剖。马克思此时对市民社会和政治国家中的人进行解剖是对《莱茵报》时期研究捡枯树枝的人和摩泽尔河沿岸葡萄种植者的继续和发展，是马克思人本思想出发点——"现实的人"形成的关键环节。

市民社会与政治国家的同一。在中世纪，市民社会依赖于政治国家，人的经济活动局限在政治共同体范围之内。人没有独立和自由的权利。在政治共同体内部，人与人之间没有所有权的差别，人的实践能力和交往范围受到政治共同体的限制。政治的等级依附原则凌驾于经济上的平等交换原则。"中世纪的精神可以表述如下：市民社会的等级和政治意义上的等级是同一的，因为市民社会就是政治社会，因为市民社会的有机原则就是国家的原则。"②

市民社会与国家的分离。法国大革命标志着市民社会的产生，市民社会正式从政治国家中分离，由此产生的市民社会与国家的关系成为德国思想界争论的话题。其中主要分为两种观点即自由主义和国家主义。"自由主义者认为，政治国家与市民社会之间必须有明确的界限；市民社会是目的，政治国家是市民社会的工具；个人在市民社会中享有广泛的自由权利；国家必须保护而不得侵犯市民社会的活动自由；社会的活动范围越大，国家的活动范围越小，就越民主。"③ 英法的人本思想主要遵循这种进路，但这种人本思想过于强调个人的自由，忽视了个人的

---

① 《马克思恩格斯全集》第3卷，人民出版社2002年版，第52页。
② 同上书，第90页。
③ 俞可平：《马克思的市民社会理论及其历史地位》，载《马克思主义研究论丛》第2辑，中央编译出版社2006年版，第15页。

任性和无所节制，以及国家在调整个人利益方面的作用，最终导致法国大革命的恐怖统治。国家主义者也认为"市民社会代表个人的私人利益，而政治社会代表普遍的公共利益，但同时又认为个人的私人利益唯有通过国家才能真正实现。市民社会基于人们的契约，而政治国家则基于人们的理性。因此，国家是对市民社会的超越，是市民社会的归宿。"① 黑格尔吸取了法国大革命的教训，试图用国家理性调和个人利益与社会利益的关系。

与自由主义和黑格尔肯定市民社会与国家的分离不同，马克思主要强调市民社会与国家的分离所带来人的异化问题。"我们的时代即文明时代，却犯了一个相反的错误。它使人的对象性本质作为某种仅仅是外在的、物质的东西同人分离，它不认为人的内容是人的真正现实。"② 市民社会与国家的分离导致人的世界的二重化，现实的人被分割为市民社会中的人和政治社会中的人。与此相对应，现实人的权利也被分割为人权和公民权。在政治层面，由于人享有公民权，所以政治国家中的人是平等的；在社会层面，虽然人享有人权，但人在市民社会中是不平等的。人在市民社会中的不平等也直接导致人在政治生活中平等的虚幻性。"人不仅在思想中，在意识中，而且在现实中，在生活中，都过着双重的生活——天国的生活和尘世的生活。前一种是政治共同体中的生活，在这个共同体中，人把自己看作社会存在物；后一种是市民社会中的生活，在这个社会中，人作为私人进行活动，把他人看作工具，把自己也降为工具，并成为异己力量的玩物。"③ 克服现实生活中的人与人的类本质异化是马克思人本思想的出发点。

第二节　批判原子式的个人：现代国家 解放仅是政治解放

马克思借助黑格尔法哲学批判，确立了一般唯物主义的方法论，为

---

① 俞可平：《马克思的市民社会理论及其历史地位》，载《马克思主义研究论丛》第2辑，中央编译出版社2006年版，第16页。

② 《马克思恩格斯全集》第3卷，人民出版社2002年版，第102页。

③ 同上书，第172—173页。

挖掘人在现实生活中的本质奠定了基础。既然市民社会决定国家，那么人的现实本质只能到市民社会中寻找。法国大革命之后，市民社会从国家中分离出来，确立了原子式个人的基本权利。西方近代人本思想包括黑格尔哲学本质上都是对这种原子式个人的肯定，而马克思的人本思想主要体现为从人的类本质出发对这种原子式个人的否定。现代国家的解放仅仅是政治解放，仅仅是确立了利己主义的个人，市民社会不过是利己主义经济活动的总和，其基本原则不是人与人之间相互关爱的类本质，而是以赚取金钱为目的的物质交换。

一 原子式的个人无法实现宗教解放

马克思对原子式个人的批判是从宗教领域开始的。在 1843 年 10 月至 12 月撰写的《论犹太人问题》中，马克思深刻地批判了青年黑格尔派的主要代表人物布鲁诺·鲍威尔混淆了宗教解放与个人解放。

犹太人在德国处在十分尴尬的地位。一方面，犹太人十分富有，在经济方面具有发言权；另一方面，由于宗教和历史的原因，德国普鲁士政府压制犹太人在政治方面的正当权利，规定犹太人不能从事公职。犹太人为此一直进行斗争，但遭到普鲁士政府的镇压。在鲍威尔看来，犹太人未能获得宗教解放是因为他们不能克服自身宗教的狭隘性，固执地坚持自身的宗教信仰，无法融入基督教世界。他认为，只要通过政治解放，把个人从宗教共同体中解放出来成为原子式的个人，实现教派与教派、教徒与教徒之间的平等，取消不同宗教在政治、经济等方面的待遇差别，把国家从宗教领域解放出来，打造成为普遍利益的代表，犹太人就能实现人的解放。显然，鲍威尔混淆了政治解放与人的解放，人成为原子式的个人并不意味着能摆脱宗教的束缚。

与鲍威尔不同，马克思认为宗教解放并不是政治解放，因而也不是人本质的真正实现。"宗教是人的本质在幻想中的实现，因为人的本质不具有真正的现实性。因此，反宗教的斗争间接地就是反对以宗教为精神抚慰的那个世界的斗争。"[①] 宗教问题的解决并不能脱离人、国家和社会。"反宗教的批判的根据是：人创造了宗教，而不是宗教创造人。

① 《马克思恩格斯全集》第 3 卷，人民出版社 2002 年版，第 199—200 页。

就是说，宗教是还没有获得自身或已经再度丧失自身的人的自我意识和自我感觉。但是，人不是抽象的蛰居于世界之外的存在物。人就是人的世界，就是国家，社会。这个国家、这个社会产生了宗教，一种颠倒的世界意识，因为它们就是颠倒的世界。"①

马克思认为宗教问题根源于世俗世界，宗教问题的解决应该在社会历史中寻找原因。在德国，基督教是国教，而且只有国君才享有与上帝对话的权利，国君是上帝在现实世界的代言人，普通人只有通过国君才能领会上帝的旨意。犹太人的问题本质上是对宗教神圣性的批判和超越问题。只有当国家建立在人民主权和意志的基础之上，才能摆脱宗教束缚，成为世俗国家。法国大革命之后，国家建立在人民立法的基础之上，人民成为国家政策制定的主要参与人。虽然还保留君主和宗教的名誉，但君主和宗教对国家不再具有决定性的影响力。而在美国，许多州已经完全废除宗教，宗教成为个人的私事。宗教在国家层面的废除，并不意味着人可以摆脱宗教的困扰。在争夺世俗利益的过程中，宗教仍然对个人产生巨大的影响。由于人们无法掌握市场这只"看不见的手"，经常利用宗教来克服内心的恐惧和慌张。这充分暴露原子式个人无法超越宗教束缚的缺陷。

鲍威尔只关注国家摆脱宗教的束缚，但对大多数原子式的美国人仍然信仰宗教熟视无睹。马克思承认个人从政治共同体中分离出来是人类解放的重要一步，但它的意义不仅在于取消了宗教的王者地位，而且在于取消了政治阶层凌驾于经济活动之上的特权行为。"政治革命打倒了这种统治者的权力，把国家事务提升为人民事务，把政治国家组成为普遍事务，就是说，组成为现实的国家；这种革命必然要摧毁一切等级、同业公会、行帮和特权，因为这些是人民同自己的共同体相分离的众多表现。于是，政治革命消灭了市民社会的政治性质。"② 这是政治解放的进步方面，但政治解放并没有实现人的解放。个人从国家共同体分离出来，成为实现自己利益的独立主体，个人与个人之间存在物质利益的差别和冲突，失去了类本质的相互关爱。与此相适应，宗教并没有消

---

① 《马克思恩格斯全集》第 3 卷，人民出版社 2002 年版，第 199 页。

② 同上书，第 187 页。

失，而是从国家领域转移到市民社会领域。"人把宗教从公法领域驱逐到私法领域中去，这样人就在政治上从宗教中解放出来。宗教不再是国家的精神；因为在国家中，人——虽然是以有限的方式，以特殊的形式，在特殊的领域内——是作为类存在物和他人共同行动的；宗教成了市民社会的、利己主义领域的、一切人反对一切人的战争的精神。"①这就是说人在市民社会中成为利己主义的个人，物质利益从满足人生存的手段变成人生存的主要目的。宗教已经不是国家共同体的集体信仰，而变成为市民社会中原子式个人的私人信仰，由于物质利益的对立，必然导致各种宗教信仰的对立。可见，原子式的个人非但没有摆脱宗教的困扰，反而需要面对更加错综复杂的宗教问题。

二　原子式个人导致国家崇拜

鲍威尔把政治国家看作是人与人自由联系的共同体，是实现人的自由本质的政治保证。马克思认为鲍威尔陷入国家崇拜的根本原因在于没有认识到国家并不是人的类本质体现，而是人的类本质异化，国家并不能实现人的自由本质。

鲍威尔的国家崇拜是建立在批判宗教的基础上。他承认人只有在与他者的关系中才能认识自身，但在基督教国家，这个他者就是人所想象出来的神。人与神的联系其实就是人与自己的异化物相联系，这充分说明了人受宗教的支配而不能自拔。鲍威尔相信，一旦政治解放废除了宗教，国家就摆脱了宗教的束缚，成为人与人自由联系的共同体。马克思虽然批判黑格尔哲学，但还是保留他的辩证法思想，所以承认自由是定在，人的自由离不开人与他人的关系。但马克思所规定的他者并不是鲍威尔所说的国家，而是类本质。人只有与人的类本质相符，人才是自由的。而经过《莱茵报》时期的实践，马克思不可能认可国家符合人的类本质或理性，所谓国家和宗教只是人本质的异化。马克思也区分了政治解放的进步性和局限性，政治解放是人类解放的必要中介，相对于基督教对人的全面控制，政治解放至少在政治领域给予人一定的自主权利。"人通过国家这个中介得到解放，他在政治上从某种限制中解放出

---

① 《马克思恩格斯全集》第3卷，人民出版社2002年版，第174页。

来，是因为他与自身相矛盾，他以抽象的、有限的、局限的方式超越了这一限制。"① 但政治国家并不是人们自愿连接的主动产物，而是市民社会中私人利益相互冲撞的产物，是被动调节私人物质利益冲突的阀门，它并不实现人的自由本质，相反是人本质异化的产物。"国家还是让私有财产、文化程度、职业以它们固有的方式，即作为私有财产、作为文化程度、作为职业来发挥作用并表现出它们的特殊本质。国家根本没有废除这些实际差别，相反，只有以这些差别为前提，它才存在，只有同自己的这些要素处于对立的状态，它才感到自己是政治国家，才会实现自己的普遍性。"②

政治国家与基督教具有某种同构性。在基督教国家中，人把自己的美好愿望寄托在神上面。在政治国家中，人从基督教国家中分离出来，成为实现自己利益的主体。从表面上来看，人摆脱了政治国家的束缚，获得了自由。但实际上，人摆脱了政治的束缚，却又受到经济活动的束缚。人在市民社会中必须把自己变成逐利的经济动物，人丧失了人的类本质，人受自己创造的经济活动总体的控制。当人发现自己在市民社会中丧失了类本质时，就把人的美好愿望寄托在国家身上。政治国家在实际上起着上帝安抚人受伤心灵的作用。"政治民主制之所以是基督教的，是因为在这里，人，不仅一个人，而且每一个人，是享有主权的，是最高的存在物，但这是具有无教养的非社会表现形式的人，是具有偶然存在形式的人，是本来样子的人，是由于我们整个社会组织而堕落了的人，丧失了自身的人，外化了的人，是受非人的关系和自然力控制的人，一句话，人还不是现实的类存在物。"③

鲍威尔认为人权不是自然的馈赠，而是历史上一代一代人同政治特权作斗争的奖赏。"只有争得和应该得到这种权利的人，才能享有。"④ 犹太人因为狭隘的本质，一定会偏离他作为人而同别人结合起来的人的本质，所以犹太人不应得到人权。马克思认为人权不仅指平等参与政治的权利，而且也是市民社会成员的权利。对于平等参与政治的人来说，

---

① 《马克思恩格斯全集》第 3 卷，人民出版社 2002 年版，第 171 页。
② 同上书，第 172 页。
③ 同上书，第 179 页。
④ 同上书，第 181 页。

人权是人们共同行使的普遍权利。但对于市民社会中的人来说，人权是人们相互竞争、相互分离、相互倾轧的权利。"市民社会的成员的权利，就是说，无非是利己的人的权利、同其他人并同共同体分离开来的人的权利。"① 人的自由权利不是建立在人与人相结合的基础上，而是建立在孤立的、人与人相分割的基础之上。说到底，人的自由权利就是私有财产的权利。"私有财产这一人权是任意地、同他人无关地、不受社会影响地享用和处理自己的财产的权利；这一权利是自私自利的权利。这种个人自由和对这种自由的应用构成了市民社会的基础。这种自由使每个人不是把他人看作自己自由的实现，而是看作自己自由的限制。"②

原子式个人在政治领域享有平等的权利，享受着与类本质相符的生活，而在经济领域却不得不陷入互相竞争的境地，忍受着与类本质不符的异化生活，这就造成了人的二重性。市民社会决定国家，国家沦为调节市民社会私利的补充和手段，这就注定国家的虚幻性和局限性。马克思主张破除市民社会的利己本质，扬弃国家的虚幻性，恢复人的类本质，实现人的真正解放。"只有当现实的个人把抽象的公民复归于自身，并且作为个人，在自己的经验生活、自己的个体劳动、自己的个体关系中间，成为类存在物的时候，只有当人认识到自身'固有的力量'是社会力量，并把这种力量组织起来因而不再把社会力量以政治力量的形式同自身分离的时候，只有到了那个时候，人的解放才能完成。"③

三　原子式个人导致金钱崇拜

个人从政治共同体分离出来的时候，并没有真正实现人的自由本质，而是陷入金钱崇拜的窠臼。鲍威尔的视野里只有宗教，而没有世俗社会，他理解的人总是信仰某种宗教的人，而不是市民社会中的人。他讨论的问题是犹太人与基督徒谁更自由，这种脱离实际的提问注定找不到答案。马克思认为犹太人的解放问题必须放在现实生活中才能解决。

---

① 《马克思恩格斯全集》第 3 卷，人民出版社 2002 年版，第 182 页。
② 同上书，第 184 页。
③ 同上书，第 189 页。

"犹太人获得解放的能力就是犹太教和现代世界解放的关系。这种关系是由于犹太教在现代被奴役的世界中的特殊地位而必然产生的。"① 马克思不是在犹太教里面寻找犹太人的秘密，而是从现实世界寻找犹太教的秘密。犹太教的世俗基础是实际需要和自私自利。犹太人日常做的事情是生意，他们顶礼膜拜的神是金钱。犹太人解放的问题实际上是如何摆脱金钱崇拜，恢复人的类本质。

鲍威尔认为犹太人的解放是个宗教信仰的问题，只要克服犹太教的狭隘性，即可获得人的自由。"如果犹太人想要获得自由，那么他们不应该信奉基督教，而应该信奉解体了的基督教，信奉解体了的宗教，即信奉启蒙、批判及其结果——自由的人性。"② 马克思认为犹太人的解放是"从做生意和金钱中解放出来——因而从实际的、实在的犹太教中解放出来——就会是现代的自我解放了。"③ 犹太人虽然被普鲁士政府压制，而实际上这种压制是无效的，因为犹太人凭借金钱势力，早已形成横扫欧洲的权力。"在德国一个最小的邦中可能是毫无权利的犹太人，决定着欧洲的命运。"④ 金钱在现实生活中的巨大作用，使得犹太人把金钱当作现实中的神。

金钱之所以具有这么大的魔力，其原因在于金钱具有普遍的、独立的价值。原子式的个人必须通过交换才能获得自己生存发展所需的物品，物品是人类劳动的外化，物品的交换就是人类劳动的交换。但交换并不是直接的人与人之间的交换，而是通过金钱的中介。金钱的中介作用在市民社会中异化为本质和目的，人必须向它顶礼膜拜。"金钱是一切事物的普遍的、独立自在的价值。因此它剥夺了整个世界——人的世界和自然界——固有的价值。金钱是人的劳动和人的存在的同人相异化的本质；这种异己的本质统治了人，而人则向它顶礼膜拜。"⑤

基督教只是表面上制服了实在的犹太教，实质上犹太教实现着普遍的统治。犹太人通过金钱把外化的人和自然界变成可让渡的、可出售

---

① 《马克思恩格斯全集》第 3 卷，人民出版社 2002 年版，第 191 页。
② 同上书，第 190 页。
③ 同上书，第 192 页。
④ 同上。
⑤ 同上书，第 194 页。

的、屈从利己需要的对象。犹太人是卑鄙的功利主义者，他们看到，在追逐私人利益的市民社会中，人只有使自己的产品和自己的活动处于异己本质金钱的支配之下，才能实际进行活动，才能实际生产出物品。犹太人掌握金钱，其实就控制着人的本质外化和异化的整个过程。在现代社会，犹太人对金钱的崇拜已经扩散到整个市民社会。原子式的个人都变成了以实际需要和自私自利为基础的犹太人。"犹太人的实际精神成了基督教各国人民的实际精神。基督徒在多大程度上成为犹太人，犹太人就在多大程度上解放了自己。"① 金钱撕扯了人的类本质，把人变成了相互对立的原子式的个人，而原子式的个人不但不怨恨金钱，而且把金钱当作崇拜的对象。马克思强烈要求唤醒人的类本质，从金钱的谜团中惊醒出来。

第三节　马克思人本思想的旨归：实现人的解放

原子式的个人只是实现了政治解放，人仍然受到金钱的统治和支配。马克思人本思想的旨归在于超越政治解放，实现人的解放，恢复人的类本质。马克思从两方面寻找人类解放的路径，一是理论批判即批判的武器，宗教批判是一切批判的前提，人只有从宗教和彼岸世界中解放出来，才能从此岸世界中寻找出路。二是现实批判即武器的批判，推翻现行制度，必须找到革命的主体即无产阶级。无产阶级是现行制度的牺牲品，是最具反抗精神的现实力量。

一　批判的武器：人类解放的思想基础

马克思在《〈黑格尔法哲学批判〉导言》中，进一步明确了宗教批判的重要性。"就德国来说，对宗教的批判基本上已经结束；而对宗教的批判是其他一切批判的前提。"② 人创造了宗教，而不是宗教创造了人，宗教是人本质的异化，不能从宗教来说明人的本质，而应从国家和社会的角度来说明人的本质。

---

① 《马克思恩格斯全集》第 3 卷，人民出版社 2002 年版，第 193 页。
② 同上书，第 199 页。

对宗教批判的意义在于确立真理的此岸世界。宗教是人民的鸦片，总是让人在天国中寻找幸福，而忽视现实世界。废除宗教就是要求人民在现实中寻找幸福。"废除作为人民的虚幻幸福的宗教，就是要求人民的现实幸福。要求抛弃关于人民处境的幻觉，就是要求抛弃那需要幻觉的处境。"①

人虽然从宗教异化中摆脱出来，但人在现实生活中仍然是异化的。这种异化丧失了神圣的形象，取而代之的是非神圣性的外表，比如采取法、国家和金钱等形式。揭示人在法、国家和市民社会中非神圣性的自我异化就是历史哲学的迫切任务。对天国的批判就变成了尘世的批判，对宗教的批判就变成了对法和对政治的批判。

从德国现实出发，就会发现德国现行政治制度的落后。相比于英法的资本主义的发展以及政治制度的转变，德国实在是太落后了，没有同现代各国一起经历革命，而是经历复辟，始终保留封建专制制度。所以要向德国制度开火，向这种低于历史发展水平的制度开火。这种批判不仅是把手术刀，而是武器。不是要解剖德国政治制度，而是给人以启迪，解放人的头脑，为彻底推翻现行制度做准备。"批判已经不再是目的本身，而只是一种手段。"②

为了激起人民的勇气，必须揭露德国政治制度的卑劣。德国统治者把人分为各色人等，让人们处在相互对立、相互猜忌的状态，以此来保障自己的统治。人民处在受压迫的状态，而毫不自知，还以为自己的被奴役、被支配状态是上天的恩准。所以"应当让受现实压迫的人意识到压迫，从而使现实的压迫更加沉重；应当公开耻辱，从而使耻辱更加耻辱。"③ 必须通过批判使德国人民大吃一惊，这样才能唤起他们的勇气，实现推翻现行制度的要求。

批判一旦提高到真正人的层面，就超出了德国现状。政治经济学在英国和法国得到了快速发展，而在德国才刚刚起步。"在法国和英国，问题是政治经济学或社会对财富的统治；在德国，问题却是国民经济学

---

① 《马克思恩格斯全集》第3卷，人民出版社2002年版，第200页。
② 同上书，第202页。
③ 同上书，第203页。

或私有财产对国民的统治。"① 唯一和英法同步的就是德国的哲学，尤其是黑格尔哲学。黑格尔哲学对国家和法进行了最系统、最丰富和最终的表述，但其最大的问题在于"置现实的人于不顾"，是一种思辨哲学。解决问题的方法在于实践，德国政治实践派正确地提出了问题，但是错在仅仅提出实践的要求，而没有认真地实现它。马克思认为只有从人的高度出发，才能解决革命实践问题。只有从人是人的最高本质出发，才能彻底唤起人民的革命意识，才能发动群众推翻"那些使人成为被侮辱、被奴役、被遗弃和被蔑视的东西的一切关系"。②

二 武器的批判：人类解放的物质力量

批判的武器不能代替武器的批判，光有理论批判，而不触及社会现实，这种批判就像黑格尔哲学一样是虚伪的。经过《莱茵报》时期的社会实践，马克思认识到仅仅依靠自身的力量是无法和反动的普鲁士政府相抗衡的，这就需要依靠群众的力量。如何取得群众的信任？马克思认为只有彻底的理论才能说服人，才能掌握群众。"理论只要说服人，就能掌握群众；而理论只要彻底，就能说服人。所谓彻底，就是抓住事物的根本。但是，人的根本就是人本身。"③ 马克思认为只有人的类本质才能唤醒群众的革命激情，群众在宗教和普鲁士政府的反动统治之下已经变得麻木，无法认识到自己已经背离了人的类本质。马克思非常肯定地认为只要揭示普鲁士政府不把人当人的反动本质，一定会激发德国普通民众起来推翻普鲁士反人类的腐败统治。

政治解放只是解放了人的肉体，而没有解放人的心灵。原子式的个人之所以无法认识到人的异化，是因为他们的心灵被禁锢了。路德的宗教改革破除了对权威的信仰，但他同时恢复了信仰的权威。他把僧侣变成俗人，但同时又把俗人变成僧侣。他把人从外在的宗教里解放出来，但又把宗教变成人的内心世界。他把人的肉体从锁链中解放出来，但同时给人的心灵套上锁链。

---

① 《马克思恩格斯全集》第3卷，人民出版社2002年版，第204页。
② 同上书，第208页。
③ 同上书，第207页。

革命需要物质基础和群众力量。在《〈黑格尔法哲学批判〉导言》中，马克思总是围绕如何获得群众的支持来展开论述。在他看来，黑格尔哲学之所以应该批判，就在于他的理论不能获得群众的理解和支持，而变成了知识分子的智力游戏。理论的发展方向应是面向大众和贴近现实。"理论在一个国家实现的程度，总是决定于理论满足这个国家的需要的程度。""光是思想力求成为现实是不够的，现实本身应当力求趋向思想。"①

马克思试图从阶级的角度来剖析法国大革命。法国大革命是由当时的法国社会结构所决定的。法国大革命的基础在于市民社会，资产阶级在市民社会中取得了"普遍统治"，实际上是以普遍的名义，为自己的特殊利益服务。但资产阶级的宣传和要求具有欺骗性和蛊惑性，始终坚持"为了社会的普遍权利"，把自己打扮成被奴役的等级，这就在"自身和群众中激起瞬间的狂热"，使"人民革命同市民社会特殊阶级的解放完全一致"，② 从而取得了政治解放的领导权。"法国贵族和法国僧侣的消极普遍意义决定了同他们最接近却又截然对立的阶级即资产阶级的积极普遍意义。"③

德国的国情决定德国资产阶级的软弱性，无法领导德国革命。德国比法国落后，德国的资产阶级也比法国的资产阶级弱小，缺乏斗争经验和胆识。"在德国，任何一个特殊阶级所缺乏的不仅是能标明自己是社会消极代表的那种坚毅、尖锐、胆识、无情。同样，任何一个等级也还缺乏和人民魂魄相同的，哪怕是瞬间相同的那种开阔胸怀，缺乏鼓舞物质力量去实行政治暴力的天赋，缺乏革命的大无畏精神"。④ 德国的资产阶级表现出来的是一种有节制的利己主义，这种利己主义表现出自己的狭隘性，这种狭隘性反而束缚自己。德国资产阶级的犹豫不决错失了很多机会，"未等庆祝胜利，就遭到失败，未等克服面前的障碍，就有了自己的障碍，未等表现出自己的宽宏大度的本质，就表现了自己心胸

---

① 《马克思恩格斯全集》第 3 卷，人民出版社 2002 年版，第 209 页。
② 同上书，第 211 页。
③ 同上。
④ 同上。

狭隘的本质"。① 德国资产阶级面对的形势比较复杂，在传统的封建势力之外，又多出富有朝气的无产阶级，这种复杂的形势决定了德国资产阶级不敢提出自己的观点。"当诸侯同君王斗争，官僚同贵族斗争，资产者同所有这些人斗争的时候，无产者已经开始了反对资产者的斗争。"②

无产阶级是人类解放的革命主体。德国资产阶级缺乏精神活力，精神生活也无实际内容。它们如果不是由于直接地位、由于物质需要、由于自己锁链的强迫，是不会有普遍解放的需要和能力的。德国资产阶级这种地位决定了它只会与封建统治者妥协，不可能担当德国解放的重任，这个重担历史性地落在无产阶级的肩头。无产阶级是与地主阶级、资产阶级相对的阶级。它的革命性来自市民社会的普遍不公，无产阶级是个普遍受难的阶级，付出的最多，收获的最少，在市民社会中毫无权利可言。它与德国国家制度不是处在片面的对立，而是全面的对立。由于这种全面的对立使得无产阶级不可能像资产阶级那样可以和地主阶级苟合，而是要彻底推翻这个旧制度，重新建立符合人的类本质的新制度。

由于德国正在兴起工业运动，无产阶级的规模在不断壮大。无产阶级不是自然形成的，而是伴随工业运动形成的。工业运动摧毁了旧的社会结构，社会急剧解体。原来处在社会最底层的贫民被制造成无产阶级，许多中间阶层的人也被转化成为无产阶级，总之，无产阶级的队伍正在逐渐扩大。

无产阶级不仅要推翻地主阶级，而且要推翻资产阶级。政治解放是不彻底的，金钱统治代替了宗教和政治统治，人始终处在异化的境地。只有彻底废除私有制，废除异化的根源，人才能从利己主义中解放出来，恢复人与人相互关爱的类本质。"彻底的德国不从根本上进行革命，就不可能完成革命。德国人的解放就是人的解放。这个解放的头脑是哲学，它的心脏是无产阶级。"③

---

① 《马克思恩格斯全集》第 3 卷，人民出版社 2002 年版，第 212 页。
② 同上。
③ 同上书，第 214 页。

可以看出，马克思在《〈黑格尔法哲学批判〉导言》中深化了他的人本思想，提出人本思想的旨归在于人的解放，这是马克思贯彻一生的逻辑线索。在论证人类解放的路径时，马克思一方面从社会结构和阶级对立的角度，唯物主义地分析德国社会结构、资产阶级的软弱性、无产阶级的革命性和人类解放的必然性。另一方面，马克思把人的本质规定为人本身，认为人的类本质可以最大限度地凝聚人心，获得广大人民群众的支持。只要揭示普鲁士政府不把人民当人，就会激发人民的勇气和斗志。这两条思路都是以最大限度地争取群众、积累物质力量、孤立敌人为目的。但两者的论证方法明显不同，市民社会的唯物主义分析与人本主义的异化批判恰恰是不相容的，正是这种矛盾引导马克思开始研究经济学。

第五章　经济学研究视域中人本思想

经过克罗茨纳赫的历史文献学习和费尔巴哈唯物主义哲学的深入研究，马克思已经确认人的本质不可能在理性的范围内实现，而只能深入到社会历史领域，用无产阶级革命的方法唯物主义的实现，所以他果断地批判黑格尔哲学，确立一般唯物主义的世界观，完成向共产主义政治立场的转变。在《论犹太人问题》中，马克思开始深入市民社会内部，寻求类本质异化的原因以及恢复类本质的现实路径。当马克思接触到市民社会时，私有制、劳动、金钱和货币等经济学字眼不断涌入他的视野，这标志着马克思已经走到哲学与经济学的连接点上。1843 年 10 月到 1845 年 1 月，马克思在巴黎开始了经济学的研究，大量阅读了斯密、李嘉图、穆勒、西斯蒙第、萨伊和舒尔茨等经济学家的著作，写下了10 本研究笔记即《巴黎笔记》。笔记创造性地提出异化劳动理论，并以此为基础论述马克思人本思想的现实表现、逻辑起点、基本内容和历史发展。

马克思人本思想存在一个历史发展过程。在《博士论文》中，马克思把人的本质归结为自我意识，人本思想表现为自我意识与外部环境的关系。在《莱茵报》时期，马克思把人的本质归结为理性自由，人本思想表现为国家理性与物质利益的关系。在《〈黑格尔法哲学批判〉导言》中，马克思对人的理解从精神恢复到人本身，人本思想表现为人本质在资本主义社会中的政治异化和金钱异化，以及扬弃异化实现共产主义的过程。在《1844 年经济学哲学手稿》中，马克思明确地把人的本质规定为自由自觉的活动，人本思想表现为人在资本主义社会中的劳动异化，以及扬弃异化恢复到人与类本质相符的共产主义社会。与赫斯停留在金钱异化和交换领域不同，马克思在黑格尔劳动辩证法的启发下，透过交换层面深入到劳动层面，把人的本质规定为自由自觉的劳动，把私有制与异化劳动联系起来，把共产主义与扬弃异化劳动联系起来，第一次实现了哲学、经济学和科学社会主义的联合。

第一节　马克思人本思想与经济学的接近

在《黑格尔法哲学批判》中，马克思已经转移到一般唯物主义的立场之上，把人的本质从精神恢复到人本身。与费尔巴哈注重人的自然本质不同，马克思非常重视人的社会本质，试图在市民社会中寻求人的本质。由于经济学所限，马克思尚无法从社会关系中分析人的本质，而是从人本质异化的角度批判市民社会。在《〈黑格尔法哲学批判〉导言》中，马克思认识到群众和物质力量对于无产阶级革命的重要性，试图把经济异化、私有制与无产阶级革命联系在一起，认为只要彻底地揭示群众和无产阶级在私有制社会中的异化和苦难，就能够获得群众和无产阶级的支持，推翻资本主义社会，实现人的解放。对私有制的批判引导马克思逐步深入经济学，在研究经济学的过程中，马克思认识到只有分析资产阶级社会本身才能实现人的本质。马克思在综合黑格尔的劳动辩证法、古典政治经济学以及赫斯的金钱异化的基础上，突破了私有产品相互交换的层面，深入到异化劳动层面。

一　恩格斯经济学成果对马克思的影响

恩格斯由于家庭出身和职业的缘故，比马克思更早地接触到经济学。他的《政治经济学批判大纲》是马克思转向经济学研究的重要一环。

早在1842年9月，青年恩格斯在科伦与赫斯有过接触。后来在伦敦，两人交往频繁，所以青年恩格斯的经济学研究与赫斯有关。在《政治经济学批判大纲》中，恩格斯赞成赫斯把资产阶级经济学比作一门通过堂而皇之的欺诈而发财致富的学问。"国民经济学的产生是商业扩展的自然结果，随着它的出现，一个成熟的允许欺诈的体系、一门完整的发财致富的科学代替了简单的不科学的生意经。"① 与赫斯不同的是青年恩格斯没有堕入伤感的共产主义之中，而是相信从阶级分析和资产阶级社会的客观分析中能够导出实现共产主义的历史必然性。恩格斯认为被资产阶级经济学家神话的资本主义制度并不是天生合理和美好的社会，而是一种具有反理性和反人道性质的特定社会。私有制在资产阶级社会中具有支配地位，它决定竞争、价格、价值、商业和生产费用等范畴。

恩格斯客观分析了私有制导致的一系列恶果。竞争导致生产者之间关系的紧张，在破产的压力下，生产者之间的关系好比战争。贫富差距越来越大，社会对立日趋尖锐。"所有这些微妙的分裂和划分，都产生于资本和劳动的最初的分开和这一分开的完成，即人类分裂为资本家和工人。这一分裂正日益加剧，而且我们将看到，它必定会不断加剧。"② 资本主义制度无法消除这些危机，这些危机的产生是必然的。"在生产发展过程中必定会出现这样一个阶段，在这个阶段，生产力大大过剩，结果，广大人民群众无以为生，人们纯粹由于过剩而饿死。"③ 随着资本主义危机的不断蔓延，无产阶级的人数不断扩大，受剥削的程度不断加深，最终必然引发无产阶级革命，推翻资本主义制度。

恩格斯客观分析资本主义的生产过程，看到资本主义无法克服自身的危机。但由于经济学所限，此时的恩格斯还无法对资本主义生产过程进行精确的抽象，无法在抽象劳动层面上分析资本主义的固有的、无法克服的矛盾。所以，恩格斯仍然使用异化逻辑，通过揭示私有制的非人性，来批判资本主义社会。恩格斯认为劳动是"人的自由活动"。在资产阶级社会，劳动分裂了，"劳动的产物以工资的形式与劳动相对立，它与劳动分开，并且通常又由竞争决定"。恩格斯认为由于"没有一个固定的尺度来确定劳动在生产中所占的比重"，所以只有"消灭了私有制，这种反常的分离就会消失；劳动就会成为它自己的报酬"。④

资本主义的竞争使人丧失了人的真正目的，人在工作中必须全力以

---

① 《马克思恩格斯全集》第 3 卷，人民出版社 2002 年版，第 442 页。
② 同上书，第 457 页。
③ 同上书，第 463 页。
④ 同上书，第 458 页。

赴，始终处在过分紧张的氛围之中。"要是工人不把自己的全部力量用于工作，他就对付不了自己的竞争者。总之，卷入竞争斗争的人，如果不全力以赴，不放弃一切真正人的目的，就经不住这种斗争。"①

受到《政治经济学批判大纲》的影响，马克思认为不应当把资本主义经济关系当作某种永恒的、自在自为的东西，而应当看成是历史的产物。为了获得人民群众的支持，必须揭示他们在资产阶级社会中所遭受的异化和不公。通过分析资本主义经济现实可以激发人民群众的阶级意识，共产主义和人的解放必须建立在阶级斗争和资本主义经济现实分析之中。

二　赫斯的经济学研究对马克思的影响

赫斯由于家庭的影响，比较早地将费尔巴哈的人道主义异化史观运用到社会现实中来，提出用人的活动来弥合人与类本质之间的距离，对于马克思的异化劳动概念的形成具有重要意义。

赫斯宣扬的是一种带有感伤情绪的空想社会主义。他把费尔巴哈的人本质与社会主义进行嫁接，提出一种关于"真正的社会主义"的学说，试图通过民主社会主义来实现人的真正本质。费尔巴哈的人道主义本身确实存在感伤社会主义的萌芽，因为它总是力图用理想的本质来弥补现实本质的缺陷，力图消除非人的现实存在与理想的本质之间的矛盾。

赫斯与马克思、恩格斯面临同样的问题，即人的本质实现问题。但他看不到资本主义制度本身的内在矛盾必然引发自身的倾覆，总是局限在类本质的意识范围之内，把社会改造看成是精神和道德的问题。研究的焦点不是怎样从社会关系和经济关系本身引出对资本主义的批判和改造，而是像空想社会主义者一样，把社会理想和现存的社会关系对立起来。赫斯的"真正的人"是超脱了一切阶级、社会关系的、无差别的、虚幻的人。

赫斯把费尔巴哈的人道主义引向社会经济领域时，发现了劳动的积极意义。费尔巴哈的类本质只是单个人固有的自然本质，是单个人直观的产物。而在经济领域，古典政治经济学和黑格尔的劳动辩证法已经看

---

① 《马克思恩格斯全集》第3卷，人民出版社2002年版，第463页。

到了劳动在经济生活中的积极意义，离开劳动不可能理解人与社会的本质。但赫斯的劳动没有摆脱费尔巴哈的弊端，仍然是一个伦理概念。他把人的本质规定为自由的活动，理想社会应该可以把劳动与享乐结合起来，他看到劳动的历史必然性，但他认为劳动必然是摆脱了任何强制的活动，因为强制意味着享乐的丧失。从这种享乐的劳动出发，可以发现资本主义社会是一个异化的社会，工人总是在强制下劳动，总是受到竞争和破产的威胁。劳动非人化的原因在于金钱万能，金钱迫使人出卖自己的劳动力，金钱成为衡量人的生命的尺度。资本主义私有制使人忘记了人的生命意义和类本质，成为利己主义的个人，完全沦为金钱的奴隶。人为了追逐金钱，使人处在彼此分离和对立的关系之中，人与类本质的和谐关系颠倒为人与金钱的异化关系。"人们通过把人确认为单个的个体，通过把抽象的、赤裸裸的人宣布为真正的人，通过宣告人权、独立的人的权利，因而把人与人之间的独立性、分离和孤立宣布为生活和自由的本质，证明孤立的人就是自由的、真正的、自然的人，也就确认了实践的利己主义"。①

他深刻地指出，在资产阶级社会，私有制、竞争和利己主义导致人与类本质的分离和对立、个人成为目的，社会成为手段。正像宗教中，人把自己的本质异化为神一样，失去私有财产的无产阶级把体现自己本质和生命的劳动产品异化为商品，这些商品不属于劳动者，而是属于资本和私有财产，并且与劳动者相对立。"政治经济学同神学一样，关心的根本不是人。国民经济学是尘世的发财致富的科学，正如神学是天国的发财致富的科学一样。"② 在资产阶级社会，金钱就是宗教中的上帝，人在拼命追逐金钱的时候，实际上是向自己异化的本质顶礼膜拜。金钱把工人非人化，把工人和工人生产的产品都变成可以自由买卖的商品。资产阶级社会是人与类本质异化颠倒的社会，为了恢复人与类本质的统一，必须要消灭私有制，取消金钱的统治，用共产主义社会代替资产阶级社会。在共产主义社会，人们消除了利己主义，人与人直接的互相关

---

① ［德］赫斯：《金钱的本质》，《国际共运史研究资料》第7辑，人民出版社1981年版，第193页。

② 同上书，第136页。

爱成为社会的基本规律和调节原则。

三　马克思对英国古典政治经济学的认识和批判

在赫斯和恩格斯的启发下，马克思意识到必须解剖市民社会。只有从市民社会本身揭示人民群众和无产阶级的异化，才能真正唤起他们的革命意识，实现人的类本质。面对研究市民社会的古典政治经济学，马克思由于阶级立场和研究背景的不同，并没有认同经济学的基础即劳动价值论。

英国古典政治经济学从威廉·配第开始，一直发展到大卫·李嘉图，其最高理论成果就是劳动价值论。劳动价值论的发现与当时英国资本主义的发展密切相关。英国资本主义发展的特点就是工业的高速增长，工业逐渐从农业中分离出来，成为主要的生产方式，并且引起财产关系和社会关系的深刻变化。工业生产带来的巨大财富增长逐渐使经济学家不再从客观形式认识财富，而是从主观形式来认识财富，这种主观形式就是人的劳动，这使得彻底分析资本主义成为可能。

马克思对英国古典政治经济学的研究从魁奈的重农主义开始，经过亚当·斯密和李嘉图，再到麦克库洛赫和詹姆斯·穆勒。货币主义把贵金属金银当作财富的存在形式，重商主义则要求通过低买高卖的贸易顺差来积累财富。与这两者相反，重农主义把财富归结为土地和农业劳动。由于土地只有通过人的劳动、通过农耕才能创造财富，所以重农主义已经开始从主观形式来看待财富。但是这种农业劳动只是土地的附庸，只是一种特殊的劳动，还无法成为独立的抽象劳动。

随着工业劳动逐渐取代农业劳动成为物质生产的主要形式。完全把劳动作为财富的普遍性质并且把普遍的抽象劳动作为财富的最高准则，成为劳动价值论发展的必然趋势。亚当·斯密第一个把劳动直截了当地表述为财富的本质。李嘉图继承了斯密的思路，摆脱了地租的困扰，宣称一切财富都是工业财富，都是以工业劳动为基础的财富。斯密和李嘉图把劳动作为财富的本质，把财富的本质归之于人本身，打破了把财富归之于人之外的拜物教幻想。

在英国古典政治经济学的影响下，马克思已经开始从生产的变化来研究社会历史。马克思在分析封建社会被资本主义社会代替的过程中，区分了封建社会的地租与资本主义社会地租的不同。由于工业的发展，地产已经失去了封建社会的特殊性，而成为资本运作的一般领域。封建社会条件下的农业劳动还不具备普遍性，而在资本主义社会，农业劳动也离不开机器设备，工业劳动已经超越农业劳动，占据主导地位。劳动的历史性变化也带来了社会关系的改变，这就是资产阶级与无产阶级的对立和冲突，这是马克思关注的重点。

工业生产与私有财产制度密切相关，工业资本家基本上都是拥有大量私有财产的富豪。马克思试图揭示劳动与私有财产运动的内在关系。马克思认为国民经济学家站在资本家的立场之上，把财富当作私有财产，把人的劳动编排到私有财产实现的轨道上，背离了人的本质是自由自觉劳动的基本原则。

国民经济学只研究资本主义商品交换层面上的客观关系，而对这种客观关系对人的类本质的压迫避而不谈，这种有选择性的研究视角暴露了国民经济学的阶级性和非人性。国民经济学的研究前提是私有财产神圣而不可侵犯，把私有财产的运动规律当作不可改变的自然规律，把私有财产运动规律对人的压迫和异化当作理所当然的事情。

国民经济学掩盖异化的手法在于集中注意力研究生产过程。他们只研究劳动和劳动产品，根本不考虑生产过程中的人。把商品交换关系当作社会关系的总和，抹杀人与劳动产品的对立关系，忽视人与人之间的冲突，把资本主义制度美化成为天经地义的事情。

为了揭示人在生产过程中的异化和苦难，马克思决定反其道而行之，否定英国古典政治经济学的劳动价值论，在异化劳动的基础上批判资产阶级社会的非人性。马克思不是把社会关系当作私有财产等物的关系，而是人通过劳动创造的符合人本质的关系。只有这样，才能发现资本主义条件下，人是如何被物异化和统治的。

第二节 《穆勒评注》中的人本思想

马克思用人本质的异化来批判资产阶级社会是把双刃剑：一方面，可以站在道义的制高点上强烈地批判资产阶级社会的异化和非人性；但另一方面，从抽象的人本质出发无法探究社会发展的客观规律，不可避免地陷入历史唯心主义。所以，去除人本质的抽象性，回归人的社会关系本质是马克思前进的方向。

一　从人的类本质向社会关系本质的转变

人本质异化逻辑可以追溯到费尔巴哈，他批判的对象是宗教神学和黑格尔哲学。他认为是人创造了神，而不是神创造了人，神是人本质的异化，黑格尔的绝对精神只不过是神的变种。这样异化的主体就不再是神或是绝对精神，而是人的类本质。后来的鲍威尔、赫斯和施蒂纳都继承了这一点，把人本质异化的批判逻辑延伸到政治、经济和社会领域，国家、市民社会和金钱货币虽然都有神一样的魔力，但归根结底都是人的类本质的异化。费尔巴哈的类本质始终是一种脱离历史进程，一种内在的、无声的、把许多个人自然联系起来的共同性。费尔巴哈虽然把绝对精神还原为现实的人，但在他看来，现实的人只是单个的人，"现实的人类活动也就是一群单个的人的活动"。① 其实这种人是资本主义孤立人的反映，从这种孤立人和抽象类本质出发，恰恰没有脱离资产阶级社会的视域。作为曾经青年黑格尔派的一员，青年马克思也自然经历过类本质的异化逻辑和单个人视域的阶段，虽然他把类本质异化逻辑推进到劳动层面，但仍然没有摆脱类本质的抽象性和单个人的非社会性。

马克思在分析异化劳动的四重规定时，他的主要目的在于揭示资本主义社会的不合理性和颠倒性，由于深入到劳动层面，具有很强的说服力和批判力。但马克思此时设置的场景基本上是"资本主义工厂里的直接劳动过程。在这样一种场景中，有一个孤立的劳动者就足够了"。② 在这种场景中，我们看到的是工人恶劣的生存状况，但看不到由于分工和交换建立起来的市民社会运行过程。这就导致"不能科学地说明市民社会，当然也就无法揭示社会历史的发展，那么也就谈不上创立唯物史观。"③ 马克思在论述第四条规定时，只是简短地说道："人同自己的劳动产品、自己的生命活动、自己的类本质相异化的直接

---

① 《马克思恩格斯全集》第 2 卷，人民出版社 1957 年版，第 108 页。
② 韩立新：《〈穆勒评注〉中的交往异化：马克思的转折点》，《现代哲学》2007 年第 5 期。
③ 同上。

结果就是人同人相异化。当人同自身相对立的时候，他也同他人相对立。"① 并没有展开说明人同人相异化的原因，也没有说明这里的"人"具体指的是谁？与其他三条规定相比，显得比较简单。唐正东教授认为马克思在这里因为没有阅读李嘉图等人的经济学著作，所以"实际上是写不下去了"。② 其实这种失语现象表明马克思意识到需要从人本质视域向社会关系视域转换，马克思在论述"人同自己的劳动产品、自己的生命活动、自己的类本质异化"时，仅仅涉及单个人的问题，也就是工人与自己生产的劳动产品、自己的生命活动以及自己的类本质的异化关系问题，都可以从抽象的类本质出发加以批判，因为类本质本身也是凝结在单个人身上的共同性。但涉及人与人相异化的问题，就不能简单地用类本质加以批判，类本质无法消融他人身上的独特个性。可见，马克思开始从客观视角来看待人与他人的社会关系，这不再是马克思所熟悉的哲学范围内的类关系，而是一种客观存在于市民社会之中的交换关系。

马克思认识到局限在单个人视域中无法解决人与自身类本质的异化问题，必须把人与自身的关系问题扩展到他人与他人、人与社会的关系范围内来客观地解决。"人对自身的关系只有通过他对他人的关系，才成为对他来说是对象性的、现实的关系。"③ 这种他人与他人的关系不再是由抽象的类本质产生，而是像产品一样由工人的异化劳动生产出来。"通过异化劳动，人不仅生产出他对作为异己的、敌对的力量的生产对象和生产行为的关系，而且还生产出他人对他的生产和他的产品的关系，以及他对这些他人的关系。"④ 从表面上看，马克思是在说明异化劳动的负面作用，其实他已经点出社会关系的基础是人的劳动。也就是说异化劳动具有两重性：一方面，异化劳动生产出人与自身的异化关系；另一方面，异化劳动也生产出他人与他人的客观的社会关系。马克思已经跳出单个人的视域，开始从他人与他人的社会关系层面来考虑异

---

① 《1844 年经济学哲学手稿》，人民出版社 2000 年版，第 59 页。

② 唐正东：《斯密到马克思——经济哲学方法的历史性诠释》，南京大学出版社 2002 年版，第 279 页。

③ 《1844 年经济学哲学手稿》，人民出版社 2000 年版，第 60 页。

④ 同上书，第 60—61 页。

化劳动。如果撇开异化逻辑，就已经非常接近马克思在《德意志意识形态》中表述的物质生产的二重性。

人在社会关系中的地位是不平等的。有的人是这种社会关系的奴隶，有的人是这种社会关系的主人。"如果人对自己的劳动产品即对象化劳动的关系，就是对一个异己的、敌对的、强有力的、不依赖于他的对象的关系，那么他对这一对象所以发生这种关系就在于有另一个异己的、敌对的、强有力的、不依赖于他的人是这一对象的主人。"①这里马克思用的是哲学化的语言，具体来讲就是工人是市民社会的奴隶，资本家是市民社会的主人。马克思把这种不平等的社会分配关系归结为工人的生产。"正像他把他自己的生产变成自己的非现实化，变成对自己的惩罚一样，正像他丧失掉自己的产品并使它变成不属于他的产品一样，他也生产出不生产的人对生产和产品的支配。"② 生产的人指的是工人，不生产反而支配生产的人指的是资本家。

工人与资本家的不平等必须深入市民社会内部来寻找原因，而不能求助于人的类本质。马克思所说的"人与人相异化"实际上就是指市民社会内部市民与市民或者是私有者与私有者之间的社会关系。面对客观的社会关系，马克思以前的哲学概念显然不够用，他必须学习新的经济学的概念比如"竞争、资本、货币"，这些概念都是对社会关系的抽象，以社会关系的存在为前提。人的本质问题只能立足于这种客观的社会关系才能得到科学的解答。"从私人财产对真正人的和社会的财产的关系来规定作为异化劳动结果的私人财产的普遍本质。"③ 马克思已经开始从客观的财产关系来界定人与社会的关系，"私人财产的普遍本质"只能立足客观的经济交换关系才能得到解释：私有者通过社会交换关系转让私有财产，使得私有财产不仅满足私人的需要而且满足社会他人的需要，从而私有财产获得了"普遍本质"，成为"人的和社会的财产"。可见，马克思研究的重心不再是人与自身的关系，而是人与人的社会关系。

---

① 《1844 年经济学哲学手稿》，人民出版社 2000 年版，第 60 页。
② 同上。
③ 同上书，第 63 页。

二 人的直接交往关系异化为以货币为中介的间接关系

异化劳动不仅生产出人与自身类本质的异己关系，而且也生产出人与他人的社会关系。马克思在异化劳动章节着重分析了人与自身类本质的三重规定，而对第四重规定"人与人的异化关系"泼墨不多。但摆脱"人与自身的关系"进入"他人与他人的关系"是科学解决人本质问题的前提。因此，马克思钻研英法两国经济学家的著作，试图找到答案。其刻苦程度曾经让他的同行卢格大为吃惊，因为他发现马克思为阅读这些著作常常连续几天彻夜不眠。马克思辛勤的经济学研究结下了硕果，"人与人的异化关系"在经济学基础上获得了新的发展，集中体现为《穆勒摘要》中人的社会关系。

马克思在《论犹太人问题》中认为金钱崇拜扯断了人与类本质的关系，人成为原子式个体。在《穆勒摘要》中，马克思开始修正这种原子式的单个人，认为人不可能脱离社会而存在。"不论是生产本身中人的活动的交换，还是人的产品的交换，其意义都相当于类活动和类精神——它们的现实的、有意识的、真正的存在是社会的活动和社会的享受。"① 马克思认为人的生产和交换都是"类精神"和"社会本质"的体现。现实社会中单个人的生产能力是有限的，无法生产出自己需要的所有产品，必须被纳入到整个社会交换系统，用自己生产的产品与他人生产的产品进行交换来满足自身的客观需要。这种社会交换关系的存在不是可有可无的，而是历史发展的必然。"有没有这种社会联系，是不以人为转移的"。② 具体到国民经济学，社会关系的重要意义在于通过"交换和贸易的形式"来满足人们在"生活中的相互补充"。

承认社会关系的客观性对马克思创建历史唯物主义具有重大历史作用，但仅仅停留在社会关系的客观性上是不够的，还必须把人本质的创造过程放到客观社会关系之中才能最终通向历史唯物主义。而此时的马克思显然把人的本质的创造作用置于社会关系的制约作用之上，"人的本质是人的真正的社会联系，所以人在积极实现自己本质的过程中创

---

① 《1844 年经济学哲学手稿》，人民出版社 2000 年版，第 170 页。
② 同上书，第 171 页。

造、生产人的社会联系、社会本质"。①"这些个人是怎样的，这种社会联系本身就是怎样的。"② 按照这种逻辑，社会关系如果不以符合人的类本质来组织安排，那么社会关系必然产生异化。"只要人不承认自己是人，因而不按人的方式来组织世界，这种社会联系就以异化的形式出现。"③

那么什么是"按人的方式来组织"的社会关系呢？马克思说道："在你享受或使用我的产品时，我直接享受到的是：既直接意识到我的劳动满足了人的需要，从而使人的本质对象化，又创造了与另一个人的本质的需要相符的物品。对你来说，我是你与类之间的中介，你自己认识到和感觉到我是你自己本质的补充，是你自己不可分割的一部分，从而我认识到我自己被你的思想和你的爱所证实。"④ 从这段话可以看出马克思所说的"按人的方式来组织"的社会关系至少包括两重含义：一是社会关系实质上是人的本质之间的交往。虽然表面上人与人的社会交往表现为产品之间的交换，但产品交换的目的是为了满足人的需要，人的对象化劳动和人的本质实现决定产品之间的交换。二是社会关系是人与人的直接交往。社会交往不掺杂任何物的中介，我直接就是你与社会联系的中介，我直接就是你不可或缺的一部分。

但在现实生活中，社会关系的表现却恰恰相反，人的社会交往以货币为中介，"货币的本质，首先不在于财产通过它转让，而在于人的产品赖以互相补充的中介活动或中介运动，人的、社会的行动异化了并成为在人之外的物质东西的属性，成为货币的属性。"⑤ 而且这种物的中介跃升为社会关系的主导，不是人的本质交往决定物的交往，而是物的交往决定人的直接交往，货币转化为异己的中介，这个中介成为了真正的上帝，社会关系被彻底异化了。"人使这种中介活动本身外化，他在这里只能作为丧失了自身的人、非人化的人而活动；物的相互关系本身、人用物进行的活动变成某种在人之外的、在人之上的本质所进行的

---

① 《1844 年经济学哲学手稿》，人民出版社 2000 年版，第 170 页。
② 同上书，第 171 页。
③ 同上。
④ 同上书，第 184 页。
⑤ 同上书，第 164—165 页。

活动。"①

马克思追溯了货币的历史起源。货币起源于私有财产，"这个中介是私有财产的丧失了自身的、异化的本质，是在自身之外的、外化的私有财产"。② 在私有财产存在的前提下，人们之间的社会关系就不再是为了人、属于人的直接关系，而是私有者之间为了实现私人利益进行的物质交换关系。既然交换不是为了人的需要，而是为了实现私人利益，那么就出现了交换公平问题，因为私有者都不希望自己的私有财产被低估，这样就需要社会认可的衡量标准，这种标准就是价值，货币就是这种价值的物质存在。"这种关系的独立存在，即货币，是私有财产的外化，是排除了私有财产的特殊个性的抽象。"③ 人与社会的直接交往关系就异化为以货币为中介的间接关系，由于货币可以和任何有形的私有财产相交换，所以货币就获得了"真正的权力"，成为私有者眼中的"上帝"，人在货币面前只能扮演奴仆的角色。

随着商品交换的发展，人与社会的异化关系被人的直接信用关系所掩盖。国民经济学对货币本质的理解已经超越了货币主义，货币主义仅仅从贵金属这种具体感性形式的角度来理解货币本质，从而陷入对货币的盲目信仰。国民经济学已经透过具体感性形式的外观把握住货币的抽象性和普遍性本质。因为货币的本质在于其抽象性和普遍性，所以货币的发展越来越弱化其作为具体有形的感性物质的作用。"它的作为货币的价值越是同交换价值或者同它存在于其中的物质的货币价值成反比例"。④ 按照这种逻辑的发展，本身并无价值但更加方便交易的纸币、汇票、支票借据等必然成为货币"较为完善的存在"。由于国民经济学没有意识到货币敌视人的异化本质，所以它与货币主义在本质上是一样的，只不过"它用精致的盲目信仰代替粗陋的盲目信仰。"⑤ 圣西门主义者正是没有看到这一点，才把纸币、汇票、信贷、银行的出现看作是逐渐扬弃资本同劳动、私有财产同货币、人同社会分离的阶段。货币的

①　《1844 年经济学哲学手稿》，人民出版社 2000 年版，第 165 页。

②　同上。

③　同上书，第 166 页。

④　同上书，第 167 页。

⑤　同上。

抽象化并没有改变其异己的本质，所以这种所谓的扬弃异化和复归仅仅是一个假象。

信贷的发展不仅是恢复类本质的假象，而且是"更加卑劣的和极端的自我异化"。[①] 在资产阶级社会，甲把某种价值贷给乙，这表明甲对乙的信任，相信乙是一个诚实的人，但这里的前提是"诚实的人"必须是"有支付能力的人"。只有在这种情况下，信贷才直接成为交换的中介，即被提高到纯粹观念形式的货币本身。可见在信贷关系中，不是用人的道德本质来衡量一个人，而是用货币来估价一个人。人本身代替了金属货币，成为交换的中介，但人不是作为人而存在，而是作为某种"资本和利息的存在"。从表面上看，交换的媒介从物质形式返回到人，只不过是"人把自己移到自身之外并成了某种外在的物质形式。"[②] 在信贷关系中，不是人取消了货币，而是人变成了货币。"构成货币灵魂的物质、躯体的，是我自己的个人存在、我的肉体和血液、我的社会美德和声誉，而不是货币、纸币。"[③] 因为货币已经成为观念性的存在渗透到人的心灵，所以已经不再需要用任何物质材料来伪造货币，只要伪造人自身就行了，所以人与人之间的尔虞我诈和假仁假义达到了无以复加的程度，"人不得不把自己变成赝币，以狡诈、谎言等手段来骗取信任，这种信贷关系——不论对表示信任的人来说，还是对需要这种信任的人来说——成了买卖的对象，成了相互欺骗和相互滥用的对象。"[④]

三　人的社会关系异化为私有者之间的交换关系

在马克思看来，人的社会关系是指人在社会中按照人本身的需要进行人与类本质之间的直接交往关系。但在市民社会中，人的社会关系异化为私有者之间的交换关系。

马克思所说的社会关系不是脱离生产而存在的抽象物，而是生产发展的具体结果。如果每个人的生产只是为了满足自身的需要，那么就无法生产出来人的社会关系。换句话说，"我们的生产并不是人为了作为

---

① 《1844年经济学哲学手稿》，人民出版社2000年版，第168页。
② 同上书，第169页。
③ 同上。
④ 同上书，第170页。

人的人而从事的生产，即不是社会的生产。"① 因为人与人之间就没有产品的交换，无法证明"我的产品是你自己的本质即你需要的对象化。"② 只有生产的发展超出自己直接需要的量，相互交换剩余产品才成为可能。

在市民社会，人的生产是为了自己拥有，"生产不仅有这样一种功利的目的，而且有一种利己的目的。"③ 即使出现剩余产品，拥有剩余产品的私有者不会因为他人的需要而白送于人，而是要根据"利己的需要"进行交换，所以不是人的本质，而是个人利益构成人们之间生产和交往的纽带。马克思认为，当市场中的你需要我生产的产品时，我的产品就成为你的愿望和你意志的对象，但你的愿望和意志并不构成你对我产品的支配权和所有权，因为我的产品所承认的并不是人的本质特性，也不是人的本质权力。相反，你的愿望和意志倒是使你依赖于我的纽带，是一种赋予我支配你的权力手段。

私有者关心的并不是人的意志、愿望等本质，而是实实在在的物质占有，"我生产的产品"只能由"你生产出的产品"来交换，无数私有者为了实现自己物质利益而进行的交换就构成了巨大的商品交换系统。人的社会交往就异化为私有者之间、单个私有者与整个社会的关系。"我同你的社会关系，我为你的需要所进行的劳动只不过是假象，我们的相互补充，也只是一种以相互掠夺为基础的假象。"④ 因为交换双方都是利己的，每一个人都力图使自己的私利超过其他人并且获得他人的承认，正常的交易活动就演化为一场掠夺和欺骗的斗争。"在这场斗争中，谁更有毅力，更有力量，更高明，或者说，更狡猾，谁就胜利。如果身强力壮，我就直接掠夺你。如果用不上体力了，我们就相互诓诈，比较狡猾的人就欺骗不太狡猾的人。"⑤

人在商品交换中不是作为人而存在，而是作为物而存在。物虽然是由人生产出来的，但是在交换系统中，"我们自己的产品顽强地不服从

---

① 《1844年经济学哲学手稿》，人民出版社2000年版，第180页。
② 同上书，第180—181页。
③ 同上书，第180页。
④ 同上书，第181页。
⑤ 同上书，第182页。

我们自己，它似乎是我们的财产，但事实上我们是它的财产。我们自己被排斥于真正的财产之外，因为我们的财产排斥他人。"① 如果我生产的产品，他人可以随便占有，那么就不会出现交换，所以交换的前提就是"彼此排斥对方对自己产品的占有"。原本是由我生产出来的产品在社会交换中却成为对方唯一关心的存在，那么我的产品就成为制约他人的手段、工具甚至是"公认的权力"，他人的产品对我来说也具有同样的意义。产品虽然是人生产出来的，但是在社会交换中却变成不属于人、甚至是支配人的权力。"你作为人，同我的物品毫无关系，因为我自己同我的物品也不具有人的关系。但是，手段是支配物品的真正的权力。"② 人们在交换中唯一能听懂的不是人的语言，而是人们彼此发生关系的物品，可见，人的社会关系异化已经达到侮辱人类尊严的程度。

四　扬弃谋生劳动实现人与类本质的统一

异化劳动是从人的主观愿望和心理感受出发对劳动的主观描述，而谋生劳动是从人的生存环境出发对劳动的客观描述。《穆勒摘要》中，马克思采用谋生劳动而不是异化劳动来解析人的社会关系，表明马克思深化了对经济学客观逻辑的理解，以及对异化逻辑的某种弱化。

马克思明确否定国民经济学把人的生产和交换分割开来的观点，认为人的生产和交换密不可分，生产是交换的前提。从交换关系出发，把握人的社会关系异化只是表面现象，更深层的本质原因需从劳动层面来寻找。"交换关系的前提是劳动成为直接谋生的劳动。"③ 马克思认为在简单的物物交换中，私有者生产的任何东西都是由人的客观需要、人的主观劳动以及客观上能够取得的自然材料共同作用的结果。生产的大部分产品主要满足自身的需要，剩余少数部分只进行小范围内的交换。在这个过程中，"劳动是劳动者的直接的生活来源，但同时也是他的个人存在的积极实现。"④ 随着交换范围的扩大，劳动产品不再是仅仅满足自身的需要，而是成为主要的收入来源。此时，劳动的目的就已经不同

① 《1844年经济学哲学手稿》，人民出版社2000年版，第182页。
② 同上。
③ 同上书，第174页。
④ 同上。

了，劳动的目的在于实现产品的价值，而不再是为了实现人的本质。个人为了生产更多的产品，就必须提高效率，生产变得越来越单一化和专业化，这就导致个人生产的单一性与个人需要的多样性之间的矛盾。"一方面，需要越是多方面的；另一方面，生产者完成的制品越是单方面的，他的劳动就越是陷入谋生的劳动范畴"。① 为了解决这个矛盾，个人就必须借助于物化的交换系统出卖自己生产的产品，并且购买自己需要的其他产品，人的社会关系就异化为以货币为中介的私有者与整个社会的关系。劳动的目的仅仅在于谋生，丝毫不在意劳动产品是不是满足劳动者的个人需要，也不关心劳动过程对于劳动者本人来说是否自愿。实际上，工人的劳动不仅不是自愿，而且是种强制，它取决于社会需要。而社会需要对工人来说完全是异己的，只是由于工人的贫困而不得不服从这种强制，工人沦为"社会需要的奴隶"。

从个人生存角度来看，工人的劳动是种被迫的谋生劳动，而从社会角度来看，不同部门工人之间相互补充的谋生劳动就构成了分工，"活动本身的相互补充和相互交换表现为分工"。② 从谋生劳动到社会分工的推进表明马克思对经济学客观逻辑的深化。但此时马克思分析的重点并不是分工的客观作用和历史必然性，而是分工引起的人的异化。"分工使人成为高度抽象的存在物，成为旋床等等，直至变成精神上和肉体上畸形的人。"③ 分工的发展促进了生产的单一化和专业化，这就导致生产效率的提高，生产的方式和目的也随之改变。原来用来交换的余额产品只是作为生产的副产品偶然生产出来的，而此时的"余额产品"本身就是生产的全部目的，生产者真正关心的就是如何把这些产品等价交换出去获得价值，"在分工的前提下，产品、私有财产的材料对单个人来说越来越获得等价物的意义"。④ 由于货币成为一般等价物的物质形式，所以货币就成为谋生劳动追求的直接目的。劳动的目的完全是为了获取货币，而不是实现人的本质，工人不能把劳动产品作为自己的精神个性的物质外化来对待和享受，劳动就成为与工人的"天然禀赋和

① 《1844年经济学哲学手稿》，人民出版社2000年版，第174页。
② 同上书，第175页。
③ 同上。
④ 同上。

精神目的"格格不入的活动。货币抹杀了私有财产的特殊性质和私有者的独特个性，表现为异化的物对人的全面统治。"过去表现为个人对个人的统治的东西，现在则是物对个人、产品对生产者的普遍统治。"①这样，马克思就全面揭示了人的社会关系异化，揭示了工人劳动的异己性。可以看出，马克思在整个分析过程中，大部分内容采用的是经济学的客观逻辑，只是在批判市民社会的时候，使用人的异化逻辑，这表明马克思已经意识到必须把批判市民社会建立在经济学的客观逻辑之上，但还没有找到合适的链接点。只有把异化劳动推进到社会历史实践层面才能找到科学的链接点，这是《德意志意识形态》需要解决的主要问题，而在《穆勒摘要》中，马克思还没有完成这个转变。

马克思批判谋生劳动的异己性，目的在于建立一种能够真正实现类本质的新社会。在这里，人的劳动不是生命的外化，而是自由生命的表现，"是生活的乐趣"。人的劳动不是被生活所迫的谋生劳动，而是人的"内在的必然的需要"。人的劳动过程体现了人与社会的统一，"双重地肯定了自己和另一个人"，我的生产使我的个性对象化，我的生产不是背离自己本质的痛苦，而是展现自己生命活力的享受和乐趣。当社会中的他人使用我的产品时，我不是因为实现交换价值而高兴，而是"意识到我的劳动满足了人的需要"而享受。人在社会中的互通有无，不是以货币为中介，而是"我是你与类之间的中介"。我的劳动产品满足你的需要的同时，也是"直接证实和实现了我的真正的本质，即我的人的本质，我的社会的本质。"②

马克思在《穆勒笔记》中逐渐用社会概念来取代类概念，为科学解决人的本质问题开辟了道路。从分工和谋生劳动层面分析人的社会关系异化问题，表明马克思超越了国民经济学仅仅从交换层面分析社会关系的非批判性。从货币、价值和等价物角度来分析人的社会关系异化，表明马克思对国民经济学理解的深化，为科学批判市民社会奠定了经济学基础。但由于马克思没有找到异化逻辑和经济学客观逻辑的链接点，无法从社会关系层面找到扬弃谋生劳动恢复人的类本质的现实路径。

① 《1844年经济学哲学手稿》，人民出版社2000年版，第176页。
② 同上书，第184页。

第三节　人在市民社会中的异化

马克思一直关注人的社会本质，所以他不可能像费尔巴哈那样局限在自然领域，而是把人本质问题延伸到社会历史领域。一旦来到社会历史领域，费尔巴哈哲学立刻显露出来内容上的贫乏，远远比不上黑格尔哲学。卢卡奇曾经指出黑格尔哲学的本质是对法国大革命和资产阶级古典政治经济学的理论反映，包含丰富的社会历史内容。[①] 马克思由于经济学所限，当时并没有关注到黑格尔哲学唯心主义外衣下面的社会历史内容。费尔巴哈哲学的贫乏和黑格尔哲学的唯心主义外衣决定两者都不能为马克思提供批判市民社会的坚实理论基础，马克思需要寻求新的理论资源。这对于已经深入到德国理论界前沿的马克思来说并不困难，他可以随时从周围许多思想家身上汲取营养。赫斯、恩格斯和蒲鲁东的观点都曾经影响马克思，经过深入分析，马克思发现他们共同的特点是都与国民经济学密切相关，这意味着马克思要获得共同讨论的平台就必须进入国民经济学领域。一旦进入国民经济学，马克思对人本质异化的讨论立刻变得具体清晰起来，他不再抽象地分析人的政治异化和金钱异化，而是具体地分析人在现实生活中的异化。《1844年经济学哲学手稿》的第一笔记本把工资、资本和地租分成三个栏目，通过对它们的比较分析，马克思揭示出这三种收入形式的所有者即工人、资本家和土地所有者在资本主义社会中的现实生存状况。

一　工人的异化

马克思无法选择自己研究经济学的起点，当他刚刚踏上经济学的征途，他的思维框架仍然停留在哲学层面，尤其是费尔巴哈的人本主义框架内，"对国民经济学的批判，以及整个实证的批判，全靠费尔巴哈的发现给它打下真正的基础。"[②] 但马克思研究的内容远远超过了费尔巴哈，具体工人的生存境遇成为马克思考虑的重点，这种研究对象的扩

---

① ［匈牙利］卢卡奇：《青年黑格尔》（节选本），商务印书馆1963年版，第23页。

② 《1844年经济学哲学手稿》，人民出版社2000年版，第4页。

展，一方面是批判国民经济学的需要；另一方面也为马克思真正了解人的本质内容打下基础。

国民经济学的发展有自己的客观逻辑，它的方法论前提是培根—洛克的经验论。与费尔巴哈的自然唯物主义研究具体自然物质不同，它着重研究社会生活中非直观的各种关系，所以国民经济学与人本主义并不能直接对接。马克思当时并没有揭示这一点，所以他没有分析工人和资本家的内在联系，而是对比工人与资本家的生活境遇来说明工人的异化和社会的不公。但这已经远远超过费尔巴哈抽象的人，开始触及人的社会关系本质。

在工人与资本家之间，工人永远处在不公的弱势地位。"当资本家盈利时工人不一定有利可得，而当资本家亏损时工人就一定跟着吃亏。"① 资本家和工人之间的斗争，"胜利必定属于资本家。资本家没有工人能比工人没有资本家活得长久。资本家的联合是常见的和有效的，工人的联合则遭到禁止并会给他们招来恶果。"② 这种弱势地位的根源在于"资本、地产和劳动的分离"，资本家和土地所有者可以通过自己掌握的生产资料获得收入，而工人除了劳动所得，什么都没有。马克思已经看到劳动者与生产资料的分离给工人造成的伤害，这是一个可以通向历史唯物主义的深刻观点，但此时的马克思并没有分析这种分离的历史原因和现实发展，仅仅把它当作"有害的分离"加以批判。

通过对萨伊、斯卡尔贝克和斯密经济学的学习，马克思对工人工资的分析已经深入到生产费用领域。"最低的和惟一必要的工资额就是工人在劳动期间的生活费用，再加上使工人能够养家糊口并使工人种族不致死绝的费用。"③ 成熟时期的马克思是从价值角度而不是生产费用角度来定义工人的工资，他认为在资本主义制度下，工人的工资就是劳动力的价值，"劳动力的价值，是由生产、发展、维持和延续劳动力所必需的生活必需品的价值决定的。"④ 撇开生产费用和价值不谈，马克思前后两个时期对工资的分析具有某种相似性，后者只比前者多出劳动者

① 《1844年经济学哲学手稿》，人民出版社2000年版，第8页。
② 同上书，第7页。
③ 同上。
④ 《马克思恩格斯选集》第2卷，人民出版社1995年版，第76—77页。

接受教育和培训的费用。生产费用概念的使用表明马克思此时并没有把握人的生产本质，而是像他批判的国民经济学们一样，停留在物的交换层面。

市场调节和供需关系并不能改变工人受资本家奴役的悲惨地位。市场调节是资本主义社会配置资源的基本方式，其效率远远超过人为配置资源的封建社会，是资本主义社会比封建社会先进的集中体现。供需关系是价格形成的关键环节，直接决定市场交易是否能够完成。深入到市场价格和供需条件层面，表明马克思已经摆脱哲学理论领域内的抽象分析，开始触及资本主义社会的现实。但马克思并没有顺着市场价格和供需条件这条唯物主义逻辑进一步深入，而是再次以工人的非人待遇为尺度批判资本主义社会。"工人成了商品，如果他能找到买主，那就是他的幸运了。工人的生活取决于需求，而需求取决于富人和资本家的兴致。""当市场价格倾向于自然价格时，工人遭到的损失是最大的而且是绝对的。"① 马克思没有沿着市场和供需这条唯物主义逻辑往前走，是因为他还没有深入研究经济学，他无法从这条唯物主义逻辑中引出对资本主义社会的批判。从表面上看，资本主义社会的市场调节的确比封建社会的人为调节先进。

社会关系客观逻辑之显现。马克思此时没有抽象出劳动力价值概念，而是把工资等同于劳动价格。马克思为了论证工人生活的悲惨，必须论证劳动价格的不合理。此时马克思没有采取抽象的类本质异化逻辑，而是从社会客观视角分析工人劳动价格。首先，把劳动价格与社会生活资料联系起来。"劳动价格要比生活资料的价格远为稳定。二者往往成反比。在物价腾贵的年代，工资因对劳动的需求下降而下降，因生活资料价格提高而提高。"② 其次，把劳动价格与社会不同行业、社会不同投资部门联系起来。"不同行业的工人的劳动价格的差别，比不同投资部门的利润的差别要大得多。在劳动中，个人活动的全部自然的、精神的和社会的差别会表现出来，因而所得的报酬也各不相同"。③ 这

---

① 《1844年经济学哲学手稿》，人民出版社2000年版，第8页。
② 同上。
③ 同上书，第9页。

里的社会概念远远超出费尔巴哈的类本质概念，人的类本质完全是一个抽象的哲学概念，而此时马克思已经赋予社会概念以丰富的客观内涵。

国民经济学只把工人当作劳动的动物，无视工人悲惨的生存境遇。国民经济学是资产阶级研究发财致富的学问，他关注的焦点是物质财富的增长，至于工人的生存境遇是完全可以忽略的，因为工人除了劳动之外别无选择，资本家没有可能也不必要去关心工人的死活。马克思强烈抗议这种把工人不当"人"、把工人的劳动当作"物"和无视工人生命的做法。"工人只有牺牲自己的精神和肉体才能满足这种欲望。工资的提高以资本的积累为前提并且导致资本的积累，从而使劳动产品越来越作为异己的东西与工人相对立。"①

马克思通过经济学的研究深入到工人所处的社会关系之中，通过工人与资本家生存境遇的经验对比关系，揭示出工人的悲惨地位以及资本主义社会敌视人的本质，这已经远远超过仍然停留在自然领域中的费尔巴哈。"马克思的人的解放理论从费尔巴哈走出来并超越费尔巴哈，其重要桥梁不是费尔巴哈的类本质，而是黑格尔的劳动理论。"② 黑格尔把人本质的实现当作一个历史过程，劳动在其中发挥着重要作用。但黑格尔把对象化劳动当作异化劳动，只看到对象化劳动对人本质实现的积极作用，而没有看到异化劳动对人本质实现的负面作用，没有看到工人在资本主义条件下所遭受到的非人待遇。异化逻辑从深层来看，它不是从社会生产层面来审视工人和工人的劳动，而是从哲学和道德层面来评价工人的非人待遇，这仍然没有脱离人本主义的逻辑框架。

二　资本家的异化

马克思不仅认为工人遭受异化，而且认为资本家虽然表面上光鲜，实质上也违背了人的类本质。马克思对资本家异化的分析是以资本为基础的，这已经超出费尔巴哈人本主义的视域，"资本家拥有这种权力并不是由于他的个人的或人的特性，而只是由于他是资本的所有者。他的

① 《1844年经济学哲学手稿》，人民出版社2000年版，第11页。
② 谭培文：《科学发展观视域中的人的解放理论研究》，《江海学刊》2009年第1期。

权力就是他的资本的那种不可抗拒的购买的权力。"① 资本家的个性取决于资本的性质,这种观点已经开始接近"资本家是资本的人格化"的历史唯物主义观点。但马克思此时对资本的分析仍然没有超出经验唯物主义的范畴,他把资本理解为支配他人劳动的权力而不是带来剩余价值的价值。"资本是对劳动及其产品的支配权力。"② 马克思把资本的落脚点归结为劳动,是对资本本质的深层次认识,为下一步批判资本主义条件下的异化劳动做好准备,但他还没有区分不同社会关系下劳动本质的不同,资本主义条件下的劳动不仅仅是人的类本质的异化,更重要的是能够带来剩余价值。

资本家雇佣工人不是为了补偿工人的劳动而是为了提高资本的利润。工人要获取工资就必须付出劳动,而资本家获取利润并不一定要付出劳动,而只要付出资本就可以,而且利润和资本要成正比关系。"如果资本家从出卖工人生产的产品中,除了用于补偿他预付在工资上的基金所必需的数额以外,不指望再多得一些,他就不会有兴趣雇佣这些工人了"。③ 资本家为了保障自己的生存,制定出最低利润率和最高利润率的概念,为了实现最高利润率避免最低利润率,资本家总是想方设法把工人的工资压到最低,"使供应的商品中所包含的工资降到最低价格,即仅够工人在劳动期间糊口。"④ 工人只能在劳动中获得工资,而资本家是双重获利:"第一,通过分工;第二,一般地通过对自然产品加工时人的劳动的增加。"⑤

为了追逐最高利润率,资本不可避免地逐步积累,资本的积累加剧了资本家之间的竞争。因为资本与利润成正比关系,所以资本家开始的时候是通过积累的方式来追逐利润。但资本家马上发现通过自己省吃俭用和降低工人工资的方式来积累资本远远比不上以垄断方式积累来得省力和快捷。"垄断价格是尽可能高的价格"。⑥ 所以资本家积累的目的一

① 《1844年经济学哲学手稿》,人民出版社2000年版,第21页。
② 同上。
③ 同上书,第22页。
④ 同上书,第23页。
⑤ 同上书,第24页。
⑥ 同上书,第26页。

方面为了获得利润；另一方面为了击垮竞争对手获得垄断地位，所以资本家之间的竞争关系日益加剧，这是资本发展的"自然趋向"和"必然的结果"。"对大资本家来说，较少的利润可以由他的较大量的资本来补偿；他甚至可以容忍暂时的亏损，直至小资本家破产，直至他摆脱小资本家的竞争。他就是这样把小资本家的利润积累在自己手里。"①马克思对资本积累和资本竞争的分析已经赋予社会关系以客观的内容，这远比费尔巴哈的类本质生动具体。但这仍然是国民经济学客观逻辑的延续，没有超出社会关系的经验层面，而且在这种层面上的分析无法生发出对资本主义社会的批判，这就与马克思的出发点相抵触，这也是马克思立刻转入异化劳动分析的原因。

三 土地所有者的异化

马克思认为，"土地所有者的权利来源于掠夺。"② 因为所有者不仅不劳而获，而且非常贪婪。"喜欢在他们未曾播种的地方有所收获，甚至对土地的自然成果也索取地租。"③ 可以看出，马克思对土地所有者持批判态度，而且试图从地租、行为方式等客观方面来解读其特性。马克思指出地租的本质是一种关系而不是实体，"地租是通过租地农场主和土地所有者之间的斗争确定的。"④ 但是仅仅把地租看成是农场主和土地所有者之间的争斗，并不能揭示出资本主义社会条件下地租的本质。其实在资本主义条件下，农场主与土地所有者之间是有共同利益和合作关系的，这种共同利益在于农场主与土地所有者共同对无产阶级的剥削。"租地农场主支付的工资越少，土地所有者向租地农场主能够索取的地租就越高，因为土地所有者向租地农场主索取的地租越高，租地农场主就把工资压得越低，所以土地所有者的利益同雇农的利益是敌对的"。⑤

地产所有者为了获得高额的垄断利益，不可避免地要进行残酷的土

---

① 《1844 年经济学哲学手稿》，人民出版社 2000 年版，第 28 页。
② 同上书，第 35 页。
③ 同上。
④ 同上书，第 37 页。
⑤ 同上书，第 41 页。

地兼并，这一点与资本家是一样的。"大地产和小地产之间的相互关系一般是与大资本和小资本之间的相互关系一样的。但是，还有些特殊情况必然引起大地产的积累和大地产对小地产的吞并。"① 竞争和土地兼并的结果就是"使一大部分地产落入资本家手中，资本家同时也成为土地所有者，正如较小的土地所有者一般来说现在已经仅仅是资本家一样。同样，一部分大土地所有者同时也成为工业家。"② 土地所有者与资本家的合流必然导致资本主义社会日益分裂为两大对立阶级："工人阶级和资本家阶级。"

为了更加准确地把握土地所有者与资本家的关系，马克思采用了更加深刻的历史分析。在封建社会，农奴是土地的附属物，所谓的长子继承制也是根源于土地，土地占有是私有财产的基础，"占有者和土地之间还存在着比单纯实物财富的关系更为密切的关系的外观。"③ 这表明封建统治是与土地占有结合在一起的，"地产的统治在这里并不直接表现为单纯的资本的统治。"④ 但在资本主义社会，这种关系完全颠倒过来，"土地这个私有财产的根源必然完全卷入私有财产的运动而成为商品；所有者的统治必然要失去一切政治色彩而表现为私有财产的、资本的单纯统治；所有者和劳动者之间的关系必然归结为剥削者和被剥削者的经济关系；所有者和他的财产之间的一切人格的关系必然终止，而这个财产必然成为纯实物的、物质的财富；与土地的荣誉联姻必然被利益的联姻所代替，而土地也像人一样必然降低到牟利价值的水平。"⑤ 可以看出，马克思不仅摆脱了费尔巴哈人本主义的空洞逻辑，而且开始超越国民经济学的实证分析进入到历史分析，黑格尔的历史辩证法被马克思在新的基点上加以批判的运用。

马克思分析工人、资本家和土地所有者的异化，目的在于突出工人与非工人、无产者与有产者的对立，表明资本主义社会的非人性，最大限度地联合无产者推翻不符合类本质的资本主义社会。马克思自从在

---

① 《1844 年经济学哲学手稿》，人民出版社 2000 年版，第 42 页。

② 同上书，第 44 页。

③ 同上。

④ 同上书，第 45 页。

⑤ 同上。

《莱茵报》实践自己的人本思想碰壁之后，始终围绕如何在现实生活中实现人的本质来开展工作。在《德法年鉴》中，马克思意识到只有获得占人口大多数的、普遍受难的无产阶级的支持，才能在现实生活中实现人之为人的类本质。如何获得无产阶级和人民群众的支持？马克思认为必须依靠理论的彻底性，彻底揭示人在市民社会中所遭受的异化。所以马克思接下来始终研究人的异化问题，从政治异化、金钱异化再到劳动异化。马克思对异化的论述，揭示了市民社会的不公和非人性，对于唤起无产阶级的阶级意识具有重大作用。但马克思没有认识到唤起无产阶级的阶级意识不能仅仅依靠道德批判，更应该依靠揭示无产阶级在资本主义社会受压迫和受剥削的历史必然性。只有揭示这一点，才能真正激发无产阶级的革命意识，真正团结最广大人民群众，推翻资本主义社会，实现人的自由平等的类本质。

第四节　异化劳动视域中的人本思想

从马克思对工人、资本家和土地所有者的分析可以看出，他试图超越费尔巴哈哲学，深入到国民经济学的"社会现实"中寻找人本质异化的原因以及克服异化的方法，但国民经济学的"社会现实"仅仅停留在"感性存在"的层面上，即它的前提是肯定资本主义社会现实的，这与马克思的理论旨趣大相径庭。新理论的产生总是伴随现实的需要而产生，为了克服费尔巴哈和国民经济学的缺陷，马克思在批判黑格尔哲学的基础上创造性地提出异化劳动理论，认为异化劳动才是各种异化的根本原因。从政治异化、金钱异化到劳动异化，表明马克思逐步深化对人本质的理解，表明马克思希望通过异化问题的深入研究，使无产阶级和人民群众意识到他们的异化程度在不断加深，从而获得无产阶级和人民群众的支持，推翻资本主义社会。但是，异化劳动本身已经预设了人的类本质即非异化的、本真的、自由自觉的劳动。在这种自由自觉劳动面前，对象化的劳动反而是不真实的，应该加以否定的。类本质的实现不是由现实对象化劳动内部客观矛盾推动的必然结果，反而是扬弃异化劳动、否定之否定辩证法的要求。只有从对象化劳动出发，把人的本质与对象化劳动、社会关系联系起来，才能获得对人本质的正确理解。

一 异化劳动的历史性建构

马克思大学毕业之后进入《莱茵报》当主编。他马上发现现实社会中的主题远不是高高在上的理性，而是平凡无奇的物质利益，这对于向往国家理性的马克思来说反而是件"难事"。经过对"林木盗窃法"和摩泽尔河沿岸葡萄种植者的分析后，马克思开始怀疑青年黑格尔派的"理性主义国家观"。经过克罗茨纳赫的历史研究，马克思逐渐转向了费尔巴哈的唯物主义，但他不太满意费尔巴哈"过分地注重自然界"，而是试图把费尔巴哈的异化理论引向社会政治领域。

马克思在克罗茨纳赫时期开始主动探寻社会政治异化的历史本质。从总体来看，《克罗茨纳赫笔记》主要记录了欧洲封建社会的历史，马克思希望借此厘清政治在历史中的作用。但在其后半部分，笔记集中研究资产阶级的政治经济利益对市民社会的决定作用。马克思开始认识到市民社会中"财产作为选举权和被选举权的条件"意义，被选举的"议会的成员不是人民的代表，大部分是他们自己利益的代表"，所以"代议制基于两重幻想：统一的公民权利的幻想和代表大会是全民代表的幻想。特别是等级选举法表现出人民主权的骗局"。① 这种民主政治并不是人民主权的体现，而是资本主义社会政治异化的表现。马克思并没有停留在这种具体层面的政治异化，而是通过资本主义金钱关系的分析进一步推进到经济异化层面。

赫斯是把费尔巴哈的异化理论推进到经济领域的先驱，他认为在市场交换中，个体与类的关系被倒置了，人与人不能进行直接的交往，而必须求助于金钱和货币。货币本来是人与人交换产品的中介，但在资本主义社会中却成为目的。"政治经济学同神学一样，关心的根本不是人。国民经济学是尘世的发财致富的科学，正如神学是天国的发财致富的科学一样"。② 人只有"不断地异化自己的本质、自己的生活、自己的生活能力，以便能够维持自己可怜的生存。我们不断地以丧失本身的

---

① 《马列主义编译资料》（第12辑），人民出版社1980年版，第160页。
② ［德］赫斯：《金钱的本质》，《国际共运史研究资料》第7辑，人民出版社1981年版，第188页。

自由为代价，来购取自己的生存"。①

马克思接受了赫斯的经济异化思想，但并没有像赫斯那样仅仅从交换角度来透视经济异化，而是开始关注比交换异化更为深层的劳动异化。在《论犹太人问题》中，马克思写道："金钱是人的劳动和人的存在的同人相异化的本质；这种异化的本质却统治了人，人则向它顶礼膜拜。"② 金钱异化是市民社会中宗教、政治等其他一切异化的基础，要想消除人的异化实现人类的解放，只有通过劳动和革命，废除金钱异化的根源即私有制。在《〈黑格尔法哲学批判〉导言》中，马克思认为："无产阶级要求否定私有财产，只不过是把社会已经提升为无产阶级的原则的东西，把未经无产阶级协助就已作为社会的否定结果而体现在它身上的东西提升为社会的原则。"③ 从否定私有财产的角度定义无产阶级，并认为这种特殊的地位使得无产阶级能够代表社会整体利益，从根本上消除人的异化。

当马克思把否定异化和私有制当作实现社会主义的前提时，展开深入的政治经济学批判就势在必行。马克思对异化的分析已经推进到私有制层面，科学解剖异化问题成为可能，但市民社会如何废除异化和私有制？这是马克思需要解决的问题。此时的马克思已经借助古典经济学的学习，试图深入到市民社会内部寻找异化的原因，但研究"社会现实"的国民经济学仅仅停留在"感性存在"的层面上，其理论前提是肯定资本主义社会的，这就违背了马克思的初衷。那么如何使具体的社会现实分析与资本主义社会批判相连？黑格尔哲学为马克思 提供这种链接点。

马克思早在1834年以前就研究过黑格尔哲学，《博士论文》更多关注的是青年黑格尔派的自我意识哲学，马克思当时还没有能力领会隐藏在黑格尔唯心主义外衣下的历史辩证法，尤其是劳动辩证法的社会历史含义。黑格尔从绝对精神异化的角度理解自然界和人类社会，毫无疑问是彻底的唯心主义。但他强调劳动在精神向物质转化中的作用，具有

① ［德］赫斯：《金钱的本质》，《国际共运史研究资料》第 7 辑，人民出版社 1981 年版，第 193 页。

② 《马克思恩格斯全集》第 3 卷，人民出版社 2002 年版，第 194 页。

③ 同上书，第 213 页。

强烈的历史感和启发意义。劳动把人的精神本质转化为物质性活动，并凝结在物质产品之中，劳动过程实现了人本质的转化。通过劳动把自然物质按照人的某种尺度进行重组，这实际上是精神对物质的超越，是人对自然异化的克服。但劳动又使精神在高于自然层面的社会层面陷入困境，社会是由人的劳动的产物，但人又无法支配自己创造出来的社会，相反人要受到社会规律的束缚，人又一次陷入异化，而且是更深一层的异化。

马克思的异化劳动思想显然受到黑格尔精神劳动异化的启发，异化劳动翻转了黑格尔的精神劳动。异化劳动不是精神劳动的异化，而是现实劳动的异化，是现实的工人在资本主义生产过程中的异化。异化劳动不是人与自然层面上的异化，而是人与社会关系层面的异化。工人运用自己的智慧，把自然物质生产成为能够满足社会需要的产品，这体现了人类劳动对自然物质的超越。但同时工人生产的产品并不属于工人自身，工人生产的产品越多，自身就越痛苦。工人生产产品的过程不是人本质的自由实现过程，而是被资本家奴役和压迫的过程。由于马克思推翻了黑格尔的"国家决定市民社会"的观点，自然也就无法理解"国家决定市民社会"背后的辩证法思想。黑格尔对市民社会的批判恰恰不是建立在纯粹的异化逻辑基础之上，他实际上看到了市民社会内部固有的个人利益与社会利益之间不可调和的矛盾，试图用国家理性来调节矛盾，最终实现绝对精神的复归。马克思此时更偏好用异化劳动批判市民社会，而不是用对象化劳动解剖市民社会。

由以上分析可以看出，国民经济学、费尔巴哈的人本主义以及黑格尔劳动辩证法都存在缺陷，不能满足马克思深入批判资本主义社会的需要。国民经济学虽然深入到社会现实，但无法胜任批判资本主义社会的功能。费尔巴哈的人本主义虽然能够批判资本主义社会，但不能深入解剖社会现实。黑格尔哲学通过劳动辩证法解剖了社会现实，但他却披上了唯心主义外衣，让人捉摸不透。马克思此时需要创造出一种既能深入解剖现实社会，又能批判现实社会的新理论，异化劳动理论就是这种理论需要的产物。但异化劳动理论实际上并没有把两个理论任务统一起来。异化劳动可以达到批判资本主义社会的目的，但不能完成解剖现实社会的目的。虽然异化劳动增添了一些经济学的唯物主义内容，为正确理解社会现实敞开了大门，但是异化劳动着重批判劳动的消极意义，而没有看到感性对象化劳动的社会历史意义。

二　人与类本质概念的演变

在《1844 年经济学哲学手稿》中，马克思在批判性吸收费尔巴哈的人本质理论和黑格尔劳动辩证法的基础上，把人的本质规定为自由自觉的活动，人本思想表现为人在资本主义社会中的劳动异化，以及扬弃异化恢复到人与类本质相符的共产主义社会。

首先，"人"概念的演变。在《博士论文》中，马克思把人的本质归结为自我意识。与青年黑格尔派不同，马克思没有脱离外部环境考察自我意识，而是考察人在定在中的自由。在《莱茵报》时期，马克思试图通过国家理性实现人的本质，却遇到物质利益的阻碍，马克思的理性世界观发生了动摇。在《黑格尔法哲学批判》中，马克思彻底颠倒了黑格尔哲学的唯心主义方法论，恢复了人本质的唯物主义特性，人的本质不再是精神，而是人本身。

用以自然为基础的现实的人取代思辨的绝对精神是费尔巴哈的一大功绩。在费尔巴哈看来，黑格尔是把人的理性畸变为绝对的主观实体，并把意识同人本身割裂开来。这样就使得黑格尔哲学具有一种神秘感。费尔巴哈就是要破除这种神秘感，明确指出意识不能脱离人而独立存在，明确绝对精神就是人的精神。他说："人的形象不再是局限的、有限的形象……人不再是一个特殊的、主观的实体，而是一个普遍的实体，因为人以宇宙为他的求知欲的对象；不过只有世界主义的人才能以宇宙为他的对象。"① 费尔巴哈把人从天上拉到地上，并不是要规定一个像英法唯物主义者所理解的那样——与感性自然世界相对立的抽象的人，而是人本身就存在于感性世界当中，也就是人与自然的统一。他说："不再彷徨于天上的神灵和地上的主人之间的人，一心一意转向现实的人。"需要说明的是此时的"现实的人"与《德意志意识形态》中"现实的人"还是有很大差距的，此时的"现实的人"还停留在自然关

---

① 《费尔巴哈哲学著作选集》上卷，商务印书馆1984年版，第83页。

系层面上，"跟那些生活在混乱中的人比较起来乃是另一种人。"① 他没有意识到恰恰是那些生活在现实混乱关系中的人才是人的本质规定，离开了现实生活，费尔巴哈只好求助于人的自然属性"理性、意志、爱"。费尔巴哈使用"混乱"一词，清楚地表明他看不到物质生产的基础性地位。而《德意志意识形态》中"现实的人"是以物质生产为基础的社会关系中的人，两者的距离不言而喻。

当费尔巴哈意识到"人与自然的统一"时，他已经向前迈了一大步，下一步的关键是"如何统一"。这一步本来可以走向实践唯物主义，可是费尔巴哈完全抛弃了黑格尔，不懂得辩证法，只停留在感性直观上，无法逾越人与自然之间的鸿沟。深受黑格尔影响的马克思，敏锐地抓住这一点。在《1844 年经济学哲学手稿》中，感性的人变成了从事感性对象性活动的人。马克思说："当现实的、肉体的、站在坚实的呈圆形的地球上呼出和吸入一切自然力的人通过自己的外化把自己现实的、对象性的本质力量设定为一己的对象时，设定并不是主体；它是对象性的本质力量的主体性，因此这些本质力量的活动也必须是对象性活动。"② 对象性活动明显是针对黑格尔的思辨劳动，人与自然的统一不是停留在思维领域，而是由感性对象性活动中介的客观现实的统一。此时的"人"已经超出了纯自然关系的人，而是有了一定社会关系的人。在此基础上，马克思进一步规定人的本质是人类主体即工人的劳动。

其次，"类"概念的演变。类概念是费尔巴哈在批判宗教的过程中提出来的，它是《基督教的本质》一书中的核心概念，该书主张用类来取代上帝。费尔巴哈不仅批判宗教，并且建立了自己的人本学唯物主义。类概念在人本学唯物主义中，又有新的含义。费尔巴哈认为人与动物的重要区别在于动物只有单一的生活，而人有双重生活即"内在生活"和"外在生活"。外在生活是人们与个体交往的生活，内在生活则是人们与类交往即与自己的类本质发生关系。从这两种生活中，可以看出人具有双重本质，一种是精神性的本质，另一种是物质性的本质。可是费尔巴哈由于感性直观的局限，看不到物质性的本质是人的活动。而

---

① 《费尔巴哈哲学著作选集》上卷，商务印书馆 1984 年版，第 97 页。
② 《马克思恩格斯全集》第 3 卷，人民出版社 2002 年版，第 324 页。

把类规定为人们在爱情、友谊、道德和法律中表现出来的关系。所以他说："思维力是认识之光，意志力是品性之能量，心力是爱。理性、爱、意志力，这就是完善性，这就是最高的力，这就是作为人的绝对本质，就是人生存的目的。"①

在《1844 年经济学哲学手稿》中，马克思同样是在论述人与动物的区别时，提出类本质概念的。他认为动物与它的生命活动是直接统一的，而人可以意识到他的生命活动，或者说人可以把自己的生命活动当作自我意识的对象，有意识的生命活动是使人区别于动物的本质规定。所以此时的类本质已不是理性、意志或爱，而是"有意识的生命活动"。他说："有意识的生命活动把人同动物的生命活动直接区别开来。正是由于这一点，人才是类存在物。或者说，正因为人是类存在物，它才是有意识的存在物，就是说，他自己的生活对他来说是对象。"② 这里可以看出，马克思虽然继承了费尔巴哈关于人是类存在物的观点，但是对于类本质的理解发生了不同。费尔巴哈把人理解为感性存在，而马克思把人理解为有意识的生命活动，而这种生命活动一旦进入社会领域，必然发展成为工人的劳动。这就使类的规定超出了自然的范围，赋予了社会存在的意义。所以马克思说："社会性质是整个运动的普遍性质；正像社会本身生产作为人的人一样，社会也是人生产的。活动和享受，无论就其内容或就其存在方式来说，都是社会的活动和社会的享受。"③ 这样，马克思就从生命活动走向了社会活动，从类本质走向了社会生活。这些研究成果已经远远地超过了费尔巴哈，本来马克思可以沿着这条道路，清除掉人的类本质的先验性和抽象性，过渡到"社会关系的总和"的科学规定。但是此时马克思显然还没有做好进入社会生活的准备，因为进入社会生活，需要实证性的国民经济学的支撑，可是此时的国民经济学恰恰是马克思批判的对象。所以这种批判主要是从哲学的视角进行的。这种哲学上的批判使马克思意识到研究国民经济学的必要性，向历史唯物主义又迈进了一步。正如马克思自己说的那样，

① 《费尔巴哈哲学著作选集》下卷，商务印书馆 1984 年版，第 28 页。
② 《马克思恩格斯全集》第 3 卷，人民出版社 2002 年版，第 273 页。
③ 同上书，第 301 页。

他自己也无法选择自己的起点，建立历史唯物主义需要一个过程。而哲学上的批判主要是从人与类的关系角度展开的。

三　人与类本质的统一

当马克思用人的感性活动来说明人与类本质的统一时，他已经超越了费尔巴哈。但最早用劳动来弥合现象与自在之物之间差距以及区分对象化和异化的人是黑格尔。所以马克思在超越费尔巴哈后，却要重新回到黑格尔。于是马克思在《1844年经济学哲学手稿》中第三笔记本的第六小节专门对黑格尔哲学进行批判。

人与类的统一问题实质上是一个古老的形而上学的问题。它要找出人背后那个不变的类本质，也就是要把握变动不居的现象背后永恒的本质。这种学说可以追溯到柏拉图的"洞喻说"，在近代，以笛卡儿的"我思故我在"最为典型。康德首先意识到理性的有限性，认为人的理性不能超出现象界，一旦超出就会产生"二律背反"。自在之物只能被信仰，而不能被认识，这就陷入了宗教信仰和道德批判的抽象之中。黑格尔没有把康德的二律背反当作认识活动的失败，而是把二律背反当作认识过程中的一个环节。为了回答康德的难题，黑格尔首先把现象与自在之物放进社会历史领域，抽象出个人与社会的关系问题，利用古典经济学的最新成果——劳动价值论加以解决。他说："单个的个人的劳动和财产，并不是它们对他个人来说所是的那种东西，而是它们对一切人来说所是的那种东西。需要的满足是一切特殊的个人在其相互关系中的一种普遍关系……每个虽然是具有需要的个人，却变成了一个普遍的东西。"① 在市民社会中，个人利益的实现必须通过社会交换体系的中介。也就是说，那个抽象的、凌驾在具体个人之上的社会关系不是无法认识的自在之物，而是可以被人理解和认识的为我之物。就像恩格斯所说的那样："既然我们自己能够制造出某一自然过程，按照它的条件把它生产出来，并使它为我们的目的服务，从而证明我们对这一过程的理解是

---

① 拉松编：《耶拿时期的实在哲学》第1卷，莱比锡，1932年，第328页，转引自孙伯鍨、张一兵：《走进马克思》，江苏人民出版社2001年版，第119页。

正确的，那么康德的不可捉摸的'自在之物'就完结了。"①

黑格尔在考察对象化时，是与异化联系在一起的，他认为对象化就是异化。人类主体通过自身的劳动，形成新的劳动成果，而这种劳动成果被认为是"第二自然"，以区别于完全物化的第一自然。在这个过程中，人通过劳动使精神成为自然物质的主人，也就是被提高到精神自觉创化的层面。但同时，黑格尔认为劳动使精神在更深一层上受到人造物的奴役。所以黑格尔认为对象化等同于异化。

但是黑格尔的自然、社会只不过是绝对精神发展的环节和手段，是绝对精神在世俗生活中的变形而已，历史还是绝对精神发展的历史。此时的马克思已经否定了理性主义世界观，不再会欣赏由绝对精神自导自演的历史长剧了，而是真实地面对自然和社会。他发现对象性劳动是连接人与自然、人与类、人与社会最好的桥梁，但劳动却无论如何也无法撼动自然的先在地位。马克思说道："没有自然界，没有感性的外部世界，工人什么也不能创造。他是工人的劳动得以实现、工人的劳动在其中活动、工人的劳动从中生产出和借以生产出自己的产品的材料。"②这就把劳动限制在人与自然、人与类之间中介的位置上，使它无法穿透自然的边界，从而避免了陷入黑格尔式的唯心主义的境地。

为了区别于黑格尔的精神劳动，马克思把劳动表述为对象化劳动或现实化劳动。通过对象化劳动，人们改造对象世界，人才真正地证明自己是类存在物。并且"通过这种生产，自然界才表现为他的作品和他的现实"。此时人不是在意识中使自己二重化，而是能动地、现实地使自己二重化，"从而在他所创造的世界中直观自身。"③达到人与自然、人与类的统一。

恢复了劳动创造出来的现实生活的二重性，马克思就需要明确劳动的含义。他认为劳动必然是人的自由自觉的劳动，并把这种劳动与动物的生产相区别，指明动物生产是片面的，是在直接的肉体需要的支配下，按照它所属的那个种的尺度，只生产自身的生产，而且产品也直接

---

① 《马克思恩格斯选集》第4卷，人民出版社1995年版，第226页。
② 《马克思恩格斯全集》第3卷，人民出版社2002年版，第269页。
③ 同上书，第274页。

属于动物的肉体。而人的生产是全面的，不受肉体需要的影响，按照任何一个种的尺度，甚至是美的尺度，生产整个自然界的生产。由此可以看出，马克思此时还带有费尔巴哈的痕迹，费尔巴哈把类本质规定为抽象的理性和自然的爱，马克思也主要是从价值方面和自然方面来规定人的劳动。

前面已经论述黑格尔首先用劳动来解释人与社会的关系，所以深受黑格尔影响的马克思不可能只满足于从自然方面和价值方面来规定感性对象性劳动，而是继承了黑格尔有关社会性劳动的论述。他认为人是特殊的个体，但这个体总是表现为单个的社会存在物，这样人就获得了双重身份，既是个体，又是总体。所以一个人的单个劳动，也必然是社会性劳动。他说："社会的活动和社会的享受决不仅仅存在于直接共同的活动和直接共同的享受这种形式中，虽然共同的活动和共同的享受，即直接通过同别人的实际交往表现出来和得到确证的那种活动和享受，在社会性的上述直接表现以这种活动的内容的本质为根据并且符合其本性的地方都会出现。"① 马克思需要批判黑格尔，但同时又离不开黑格尔。

四 人与类本质的分离

黑格尔认为对象化同时就是异化，费尔巴哈率先把对象化与异化区分开来，并且肯定对象化，否定异化。《1844 年经济学哲学手稿》从总体来看，没有突破费尔巴哈的思路，仍然是肯定对象化而否定异化。

在费尔巴哈批判黑格尔的过程中，他非常反对黑格尔那种用精神实体来消融感性的物质存在这种思辨哲学的做法，并且直接否定了黑格尔的对象化与异化，因为他认为这是一种自然与观念、主语与谓语的唯心主义颠倒。费尔巴哈直接颠倒了黑格尔哲学的前提之后，进而深入到黑格尔哲学的第二个层面——人的劳动。在他看来，对象化并不是等同于异化，而是现实的感性生活，唯心主义和宗教神学反而倒是一种类本质异化，而且在对象化过程中，主体和对象之间呈现出一种异己和反比的关系。他说："上帝的完善性同人的各种贫乏相对立：上帝所是和所拥有的，恰好是人所不是和所未有的。……上帝拥有的越少，人拥有的就

---

① 《马克思恩格斯全集》第 3 卷，人民出版社 2002 年版，第 301 页。

越多；人拥有的越少，上帝拥有的就越多。"① 马克思在给费尔巴哈的信中曾赞扬过这种观点，并在《1844年经济学哲学手稿》中发挥了这种观点，他肯定对象化劳动而否定异化劳动。他认为："工人生产的财富越多，他的产品的力量和数量越大，他就越贫困。工人创造的商品越多，他就越变成廉价的商品。物的世界的增值同人的世界的贬值成正比。"② 进而马克思分析了异化劳动的四重属性，分别是"物的异化"、劳动的"自我异化"、人的类本质的异化与人的总体异化。

马克思把人的类本质规定为人的自由自觉的劳动，也就是说从事自由自觉劳动的人才与它的类本质相符。而在资本主义的现实生活中，自由自觉的劳动变成了异化劳动，而异化劳动就意味着人与类本质的分离和对立。在《1844年经济学哲学手稿》中，马克思是通过分析具体的工人与资本家来论述这种分离和对立的。

按照马克思的类本质的定义，工人应该是最容易实现自己类本质的人。因为工人在资本主义社会中直接参与生产，劳动产品是工人劳动主体的对象化，他与劳动产品是最直接的一种关系，工人应该在劳动产品中实现自己的类本质。而在现实中并非如此，工人的劳动本身已是异化劳动，是负劳动，"他在自己的劳动中不是肯定自己，而是否定自己，不是感到幸福，而是感到不幸，不是自由地发挥自己的体力和智力，而是使自己的肉体受折磨、精神遭摧残"。③ 所以工人不仅不能占有劳动产品，而且他们越劳动，距离自己的类本质越远，越在产品中丧失自己。"工人在他的产品中的外化，不仅意味着他的劳动成为对象，成为外部的存在，而且意味着他的劳动作为一种与他相异的东西不依赖于他而在他之外存在，并成为同他对立的独立力量；意味着他给予对象的生命是作为敌对的和相异的东西同他相对立。"④ 劳动不再是类生活实现的方式，而是异化劳动，自由自觉的劳动被贬低为生存手段，是最低生

① 维·舒芬豪威尔编《费尔巴哈全集》德文版，柏林，1982年，第9卷，第354页，转引自侯才：《青年黑格尔派与马克思早期思想的发展——对马克思哲学本质的一种历史透视》，中国社会科学出版社1994年版，第102页。

② 《马克思恩格斯全集》第3卷，人民出版社2002年版，第267页。

③ 同上书，第270页。

④ 同上书，第268页。

活意义上维持肉体生存的劳动。从这个角度，马克思批判了国民经济学："国民经济学由于不考察工人（劳动）同产品的直接关系而掩盖劳动本质的异化。当然，劳动为富人生产了奇迹般的东西，但是为工人生产了赤贫。劳动生产了供电，但是给工人生产了棚舍。"[1]

反观与工人对应的资本家，资本家是劳动产品、生产资料的支配者。从表面上看，资本家的生活质量比工人要高得多，好像与自己的类本质比较相符。但是资本家是不劳而获，不是通过劳动的中介环节去实现自己的类本质，而是直接占有本来应属于工人的产品。所以无论他的生活好坏，都是一种与自身类本质分离和对立的、异化的存在。所以马克思说："凡是在工人那里表现为外化的、异化的活动的东西，在非工人那里都表现为外化的、异化的状态。"[2]

既然工人与资本家都处在与类本质分离的异化状态下，所以扬弃这种异化就具有了普遍意义。那么如何扬弃异化？马克思把矛头指向了私有制，并把目标定在共产主义身上。共产主义社会才是扬弃异化劳动，实现人与类本质最终统一的社会形态。

第五节　恢复人与类本质的统一：实现共产主义

近代形而上学思维模式是导致对马克思共产主义思想误读的理论根源，马克思的共产主义思想决不是这种思维模式所理解的伦理的、人性方面的外在补充，而是马克思哲学全部内容的一个侧面。只有理解马克思在《1844 年经济学哲学手稿》开辟的全新的存在论境域，才能真正理解马克思的共产主义学说。近代哲学的前提是笛卡儿的"我思故我在"开创的主客二分的思维模式，这种思维模式先验地设定了主体与客体、人与自然的对立之后，试图再把两者统一起来，这就需要主体释放自我的内在性和确定性，在两者之间架起一座桥梁。因为毕竟只是桥梁，所以两者的联系必定是外在的，而非内在的血肉关联，所以这样就形成了主体对客体无穷索取的以满足自身贪欲的世界。但人之所以为

---

[1]　《马克思恩格斯全集》第 3 卷，人民出版社 2002 年版，第 269 页。
[2]　同上书，第 280 页。

人，并不仅仅是因为这样的生物性需求的满足，而是马克思在《1844
年经济学哲学手稿》中所论述的人的"对象性活动"。以此为基础的共
产主义思想却因为主客二分思维模式的解读而被遮蔽。

一　近代形而上学思维模式下的共产主义思想

他们从近代形而上学的本体论境域出发，解读马克思的共产主义文
本，认为马克思《1844 年经济学哲学系手稿》中的共产主义观点还明
显带有费尔巴哈人本主义的思维色彩，尽管马克思赋予人的类本质以劳
动的内涵，但此时的劳动仍是抽象的劳动，因而马克思此时的理论建构
所能达到的只是一种抽象的人本主义，并与后来马克思创立的实证哲
学、实证经济学所论述的共产主义相对立。

这种解读实质上是把马克思的共产主义作为一种实体性目标，并为
之进行不懈的证实，而我们知道任何实证科学的前提都是主客二分的形
而上学思维模式。这样马克思的共产主义就成了一种经济唯物主义的共
产主义，成了一种与人无关、外在于人的逻辑推断。这种以"经济决
定论"为特征的实证化的证实是纯粹的形式主义的证实，他全然不顾
作为形式必然性背后最为根本的"人的活动"。造成这种解读的原因就
在于近代形而上学思维模式，遗忘了主客二分之前的存在，割裂了马克
思哲学的存在论根基，从近代形而上学的本体论视域出发，以对既成的
存在者的规定性的抽象研究，遮蔽了对存在者何以存在的哲学追问，从
而误读了马克思的共产主义的思想。然而他们却反过来指责马克思的共
产主义是抽象的人道主义，而不知自己已经跌入了近代形而上学的
陷阱。

二　马克思在《1844 年经济学哲学手稿》中开辟的存在论境域

以上已经说明近代形而上学思维模式下对共产主义的误读，而要让
真正的马克思在《1844 年经济学哲学手稿》中的共产主义思想出场，
必须先要理解马克思在《1844 年经济学哲学手稿》中开辟的完全不同
于近代形而上学本体论的存在境域，因为马克思的共产主义思想只能
在存在论境域中来把握。

众所周知，古代和近代西方哲学，一个是实体性哲学，一个是主体

性哲学，尽管形式上不同，实质都是一样的，都预先设置了一个实体。所谓作为物质的物质与精神的精神是一样的。马克思的哲学革命就在于从根基处超越了这一哲学，摒弃了一切形而上的预设，开创了一切主客体二元对立关系之前的哲学境域，一种前逻辑、前反思的存在论境域由此而打开，马克思的共产主义就是对这一领域中的生活世界的描述，而这一根基就是感性对象性活动。

在此我们必然要追问：马克思是如何开拓出一条以"感性活动"为基础的自己的哲学道路？这要从马克思哲学前的德国古典哲学说起，那时"活动"原则是极其丰富的，康德有"自发性"的"纯粹活动"，费希特有"非我"的"活动本身"，黑格尔有"自我活动"。而"感性对象性"原理我们要追溯到费尔巴哈，含义有两方面：（一）"没有了对象，人就成了无。"① （二）"主体必然与其发生本质关系的那个对象，不外是这个主体固有而客观的本质。"②

此时的问题就变成了马克思是如何将两者结合起来，从《1844年经济学哲学手稿》中可以清楚地看出其脉络。首先在批判异化劳动部分阐述劳动的对象化，"劳动的产品是固定在某个对象中的、物化的劳动，这就是劳动的对象化。"③ 这就是说劳动就是对象化，就是劳动者通过劳动，把自身的力量对象化到一个外部对象上去，从而形成产品，这是对劳动者本质力量的确认。然而这种劳动是有限制和前提的，"没有自然界，没有感性的外部世界，工人什么也不能创造。它是工人的劳动得以实现、工人的劳动在其中活动、工人的劳动从中生产出和借以生产出自己的产品的材料。"④ 因为感性的外部世界向劳动者提供肉体生存必需的生活资料和生产资料，劳动的对象化就是有目的改造外部自然，占有这两种资料。但在现实中，劳动的对象化却表现为异化，"劳动所生产的对象，即劳动的产品，作为一种异己的存在物，作为不依赖于生产者的力量，同劳动相对立。"⑤ "劳动的这种现实化表现为工人的

---

① 《费尔巴哈哲学著作选集：下集》，商务印书馆1984年版，第29页。
② 同上。
③ 《1844年经济学哲学手稿》，人民出版社2002年版，第52页。
④ 同上书，第53页。
⑤ 同上书，第52页。

非现实化，对象化表现为对象的丧失和被对象奴役，占有表现为异化、外化。"① 此时马克思敏锐地抓住被国民经济学家掩盖的工人同产品的关系，"劳动对它的产品的直接关系，是工人对他的生产的对象的关系。"② 这样就是说对象以不容置疑的客观实在性能够证明劳动过程和劳动主体的存在。人们所面对的不是别的，而是自己的"作品"，人们的生命活动过程成了人们的意识对象。在此意义上马克思完整地把"对象性活动"原理表述出来："当现实的、有形体的、站在稳固的地球上呼出和吸入一切自然力的人通过自己的外化把自己现实的、对象性的本质力量设定为异己的对象时，这种设定并不是主体；它是对象性的本质力量主体性，因而这些本质力量的活动也必须是对象性的活动。对象性的存在物是进行对象性活动的，而只要它的本质规定中不包含对象性的东西，它就不进行对象性的活动。"③

正是这种作为生命活动、生存活动的对象性活动才使现实主体与对象世界、人与自然、人与人的关系成为真正内在的关系，并因而成为原初的关联。作为对象的自然界就既不是与人无关旧唯物主义的自然界，也不再是费尔巴哈式的直观的自然界，而成了属人的自然界。这时，马克思所强调的属人的自然界或自然界的属人的性质，已经具有了完全不同于费尔巴哈式的意味，历史的维度已经本质地呈现出来：自然界已真正成为人的自然界，自然界已真正成为人的自然界，是在人类历史、人类活动中生成的自然界。正是在这一"原初关联"中，呈现出与一切以往的理智形而上学之"二元分立"的关于存在者何以存在的不同的哲学思考——对存在本身而不是对存在者抽象规定性的追问，从而诞生出主体与对象世界、人与自然界、人与人的真正和谐统一。这就是马克思以"对象性活动"为我们所开辟出的全新的存在论境域。

三　共产主义思想的真正出场

理解马克思的共产主义，不应从近代形而上学本体论的角度把马克

---

① 《1844 年经济学哲学手稿》，人民出版社 2002 年版，第 52 页。

② 同上。

③ 同上书，第 105 页。

思所说的共产主义理解为是人和社会发展的实体性目标。"社会主义人
的不再以宗教的扬弃为中介的积极的自我意识，正像现实生活是人的不
再以私有财产的扬弃即共产主义为中介的积极的现实一样。共产主义是
作为否定的否定的肯定，因此它是人的解放和复原的一个现实的、对下
一段历史发展说来是必然的环节。共产主义是最近将来的必然的形式和
有效的原则。但是，共产主义本身并不是人的发展的目标，并不是人的
社会的形式。"① 马克思的这些关于共产主义的说法，如果仅仅停留在
政治或是经济层面上去解读，则势必会把共产主义理解为以上我们已经
提到过的"经济决定论"。即使把共产主义用一些逻辑性很强的原理、
规则、条文加以表达，也掩饰不住与人分离的空虚，这样的共产主义与
马克思所批判的粗陋共产主义并没有本质上的差别，还会导致把共产主
义作为终极目标，当作社会发展的终点，从而重新对社会发展作出静态
的、机械的划分，回到马克思哲学之前的老路上去了。

其实，马克思的共产主义思想是在他开辟的存在论境地基础之上建
立的。马克思明确说明了共产主义是对私有财产的扬弃，本质上是对人
的劳动异化的扬弃，从而真正找到人存在的本真状态。人的"本真状
态"，即主体与对象世界、人与自然界、人与人的"原初关联"，而这
一真实的人的"本真状态"或"原初关联"就是人的"社会"或真正
的"社会状态"，亦即共产主义。

"这种共产主义，作为完成了的自然主义，等于人道主义，而作为
完成了的人道主义，等于自然主义，它是人和自然界之间、人和人之间
的矛盾的真正解决，是存在和本质、对象化和自我确证、自由和必然、
个体和类之间的斗争的真正解决。它是历史之谜的解答，而且知道自己
就是这种解答。"② 马克思的这段话表明了这样的意思：共产主义是人
的本性的真正实现，即人的解放，而基本内容就是消除异化。但是人的
本性、人的丰富性不是 17、18 世纪自然主义的所主张的自然规定性，
也不是像费尔巴哈所主张的人的本质是由宗教的本质所规定的，人的本
性是社会性，人的社会性是人与自然、人与人的关系的圆满解决。"自

---

① 《1844 年经济学哲学手稿》，人民出版社 2002 年版，第 93 页。
② 同上书，第 81 页。

然界的人的本质只有对社会的人来说才是存在的；因为只有在社会中，自然界对人来说才是人与人联系的纽带，才是他为别人的存在和别人为他的存在，只有在社会中，自然界才是人自己的人的存在的基础，才是人的现实的生活要素。"① 而人的异化只能在人的劳动过程中解决，在这一过程中实现人与劳动的完整统一。人作为主体存在从事劳动，并非意味着劳动仅仅是维持人的肉体、生理性的手段，而是只有在此状态下，才得以展现人的历史创造性。所以马克思的共产主义阐述了这样的一幅景象：人是自然性的存在物，但也是社会性的，是二者的辩证统一，而这统一的基础就是人的感性的对象性活动，它是以与人的异化的对立面而出现的，是人的本质力量的新的显现，人的存在的新的充实，从而使人从成为物的奴隶的劳动过程中解放出来。这时，是为了人而不是物，人不再是扭曲的，变成了充分发展的人。

所以马克思的共产主义思想，必须从人的解放本身去理解，"在社会主义的人看来，整个所谓世界历史不外是人通过人的劳动而诞生的过程"，②"它是人向作为社会的人即合乎人的本性的人的自身的复归"③。人改造对象世界，目的是为了人，而人也是在改造对象世界这同一过程中实现自己解放自己，而这一过程自然地包含着扬弃异化劳动过程，共产主义就是对异化劳动的克服，是人向人自身的回归，一旦实现了人的自身的复归，实际上是消灭了异化，人能够以人的自由精神去创造历史。也就是说，人已经克服了人的异化，人能够在自由创造中展现人的本质力量。这样，就能理解马克思的共产主义与人的自由本质的关系，共产主义只是人的自由本质展现的必经环节，它是消除人的异化的环节，有了共产主义，人的发展进入到能够以全面的方式实现人本质的时代。这也就意味着共产主义不再是或至少不能仅仅理解为政治解放，更不能把共产主义理解为任何一种政治制度；因为任何一种近代意义上的政治制度，不论是民主的还是专制的，都是非人的、与人相对立的外在力量，而共产主义已根本不是任何一种这样的政治性质的制度，甚至它

① 《1844年经济学哲学手稿》，人民出版社2002年版，第83页。
② 同上书，第92页。
③ 同上书，第81页。

根本就不是一种政治制度，而只是社会性质的人类解放或社会化了的人类。

那么怎样处理好政治解放与人的解放之间的关系呢？马克思指出资本主义的私有制已使人的异化相当严重，消灭资本主义私有制的政治革命是克服异化、实现人的解放的现实途径。但政治革命并不是社会发展的终结，而只是在私有制条件下实现人的解放的手段，最终是为了人的自由、人的解放。

马克思在《1844 年经济学哲学手稿》中的共产主义思想的根本点是人的存在。这点对现时代的人的发展与社会进步也是富有启迪的。马克思深刻地揭露了社会发展无视人的存在的根源，是对当前人类中心论、技术主义论最好的回应。马克思立足于人的劳动，改变了对人的直观的物性化的认识，也是对人的神性、理性主义的批判，忽视人的生产、劳动性，只是对人的理解的抽象，是见物不见人或是以人为中心思想的重要根源，从劳动、劳动的社会性出发，是理解人的全面的本质的理论基础。

这就是马克思哲学存在论境域中的共产主义思想，它已经根本不是作为充满着种种利己主义贪欲的、作为被近代形而上学思维方式所幻化了的世界的必要补充，作为一种补充，只能是马克思曾经批判过的"粗陋的共产主义"，是为利己主义贪欲所支配的、平均私有财产的庸俗的共产主义。

第六章　马克思人本思想的系统论证

在《1844 年经济学哲学手稿》中，马克思的人本思想表现为：批判人在资产阶级社会的异化，通过扬弃异化劳动，实现人与类本质相统一的共产主义社会。马克思把人本思想建立在异化劳动基础之上，既克服了费尔巴哈唯物主义把人当作直观对象的缺陷，又克服了黑格尔唯心主义把人当作精神的弊端，实现了人本思想的飞跃。但作为人本思想的基础，即异化劳动，并没有得到历史的说明，难免陷入道德批判的抽象之中。随着实践经验的积累和经济学、哲学、历史学研究的深入，马克思意识到人本思想不是外在的社会历史批判，而是与社会历史相统一。人的本质不是单个人的固有物，而是一切社会关系的总和。只有科学解剖社会关系，才能真正理解人本思想。所以，马克思开始从新的世界观出发，对人本思想的形成、条件、内容、表现形式和历史发展等问题进行多学科、系统性的论证。这一系统论证贯穿在《神圣家族》、《关于费尔巴哈的提纲》和《德意志意识形态》等著作之中。

第一节　马克思人本思想的前夜：《神圣家族》

马克思与青年黑格尔派有着较深的思想渊源。早在《博士论文》时期，马克思就以自我意识为基础研究原子偏斜。经过《莱茵报》的社会实践和克罗茨纳赫的历史学习，马克思逐渐转向了费尔巴哈的唯物主义，青年黑格尔派反而成了批判的对象。青年黑格尔派不承认自己的失败，于 1843 年 12 月在《文学总汇报》上发表攻击马克思的文章，公开反对群众运动、政治斗争和社会斗争，这种观点是用来掩饰它对社会政治现实的恐惧，实际上是替反动派服务的。马克思认识到只有坚决清算青年黑格尔派的错误，才能为革命扫除障碍。1844 年 8 月，恩格斯在德国与马克思进行了第二次历史性会面，两位无产阶级的伟大导师彻夜长谈，逐步在哲学的各个领域取得了一致，觉得有必要写一本著作批判青年黑格尔派，以消除恶劣影响，这本著作就是《神圣家族》。他们共同拟定了大纲，具体成文的工作由马克思来完成。从文章的总体构架上来说，仍然没有脱离费尔巴哈的人本主义，但在具体内容方面，已经远远地超过费尔巴哈，可以说是马克思人本思想到来的前夜。那条以客观事实为基础的唯物主义线索逐渐盖过以先验人性论为基础的隐性唯心主义线索，可以说费尔巴哈的先验逻辑构架只剩下空的躯壳。"对抽象的人的崇拜，即费尔巴哈的新宗教的核心，必定会由关于现实的人及其历史发展的科学来代替。这个超出费尔巴哈而进一步发展费尔巴哈观点的工作，是由马克思于 1845 年在《神圣家族》中开始的。"[①]

一　青年黑格尔派人本思想的思辨性及危害

青年黑格尔派不是把人当作感性对象，而是当作自我意识。《神圣家族》的序言直接指出青年黑格尔派的思辨哲学本质。"鲍威尔的批判中为我们所驳斥的东西，正是以漫画的形式再现出来的思辨。我们认为这种思辨是基督教德意志原则的最完备的表现，这种原则的最终目的就是要通过变批判本身为某种超验的力量的办法使自己确立。"[②] 青年黑格尔派用自我意识代替现实的人，批判只停留在思辨领域，用哲学把现实歪曲得令人捧腹，而实际上并没有触动残酷现实的一根汗毛，这样就麻痹了人对现实的反抗，所以马克思认为青年黑格尔派是当时德国最危险的敌人。

青年黑格尔派的方法是用范畴制定公式，代替现实。这种公式是什么内容都没有的空洞形式，青年黑格尔派口口声声批判教条主义，实际上他自己才是最大的教条主义，而且是"妇女的教条主义"。鲍威尔把"无限的自我意识"作为自己一切论断的基础，用"自我意识"来座架现实，这就根本颠倒了现实与哲学的关系，把哲学当作事物现状超验的

① 《马克思恩格斯选集》第 4 卷，人民出版社 1995 年版，第 241 页。
② 《马克思恩格斯全集》第 2 卷，人民出版社 1957 年版，第 7 页。

抽象表现，当作独立于世界之外的抽象物。实际上，哲学并没有独立于世界之外，它对世界也未作出真正的判决，未能真正深入到事物内部实际干预事物发展的进程，而只是满足于抽象的实践。青年黑格尔派把人类看作"没有精神创造的群众"，证明他们把人看得无限渺小，这一点深受黑格尔的影响，在黑格尔那里，人都不是指具体的东西，而是抽象的东西即理念。

青年黑格尔派的自我意识来源于黑格尔哲学。他继承了黑格尔哲学"实体即主体"的思想，放弃了斯宾诺莎主义，从实体转向了另一个形而上学的怪物"主体"即"无限的自我意识"。青年黑格尔派的完美纯洁批判的结果就是以思辨的黑格尔形式恢复基督教的创世说。自我意识从人的属性变成了独立的主体，自我意识的本质不再是人而是理念，形成一幅人脱离自然的形而上学的神学漫画。马克思说："在黑格尔的体系中有三个因素：斯宾诺莎的实体，费希特的自我意识以及前两个因素在黑格尔那里的必然的矛盾的统一，即绝对精神。第一个因素是形而上学地改了装的、脱离人的自然。第二个因素是形而上学地改了装的、脱离自然的精神。第三个因素是形而上学地改了装的以上两个因素的统一，既现实的人和现实的人类。"①

思辨哲学只是事物超验的、抽象的表现。这种超验性必然要求意识超越于现实事物和现实的人，似乎只有这种高高在上的感觉才能保证自己是独立于世界之外的本质，实际上它只是在想象中独立于外部世界。思辨哲学把自己打扮成高于现实的高深理论，实际上并没有"对世界作出任何真正的判决，"也没有"对世界使用任何真正的鉴别力"，也就是说，"未能实际地干预事物的进程，而至多只是不得不满足于 in abstracto［抽象形式的］实践。"②

按照思辨哲学的理论，工人所遭遇的痛苦都是因为工人们的思维造成的。"批判的批判却相反，它教导工人们说，只要他们在思想中消除了雇佣劳动的想法，只要他们在思想上不再认为自己是雇佣工人，并且按照这种过于丰富的想象，不再设想自己是作为单个的人来支取工钱

---

① 《马克思恩格斯全集》第 2 卷，人民出版社 1957 年版，第 177 页。
② 同上书，第 49 页。

的，那么他们就会真的不再是雇佣工人了。"① 而实际上，工人们非常痛苦地感觉到存在和思维，意识和生活之间的差别，他们知道，财产、资本、金钱、雇佣劳动诸如此类的东西已经远不是想象中的幻影，而是工人自我异化的十分实际和具体的产物，因此只有用实际和具体的方法才能消灭他们。

黑格尔哲学的秘密在于把现实蒸发成抽象的逻辑，在纯思辨的框架内解决现实和理论问题。在他看来，现实只不过是精神的化身，现实问题的解决要依靠精神的自我扬弃，现实是现象，精神反而是背后的本质，所以黑格尔用自我意识来代替人，而置人的感性世界和物质生活于不顾。这样就给人一种错觉，自我意识是历史的真正推动者和创造力量，现实的人和物质世界反而是绝对精神在实现自己的过程中需要不断祛除的阻力。

马克思以"果实"为例来解析思辨哲学的秘密。人类正常的认识过程是从现实的苹果、梨等个别中抽象出"果实"这个一般的观念。而思辨哲学并不这样认为，他首先确立"果实"这一本质，而且这种本身是存在于苹果、梨等个别之外的独立存在，也就是把概念"果实"实体化，把现实的苹果、梨等当作是"果实"的简单的存在形式和样态。直觉可以告诉我们苹果不同于梨，梨不同于桃，而思辨理性认为这种差别是无关紧要的，重要的是苹果、梨、桃中所共同的东西，那就是"果实"。"果实"一般不是可以感触得到的实际定在，而是从个别抽象出来，又硬塞回去的实体本质，用这种方法是得不到具有丰富规定性的内容。马克思说："如果有一位矿物学家，他的全部学问仅限于说一切矿物实际上都是矿物，那么，这位矿物学家不过是他自己想象中的矿物学家而已。这位思辨的矿物学家看到任何一种矿物都说，这是矿物，而他的学问就是天下有多少种矿物就说多少遍矿物这个词。"②

为了弥补这种贫乏，思辨哲学不得不用各种方法从"果实"、从实体返回到现实中的苹果、梨、桃上去。但是，要从现实的果实得出"果实"这个抽象概念是很容易的，而要从"果实"这个概念还原出现

---

① 《马克思恩格斯全集》第 2 卷，人民出版社 1957 年版，第 66 页。
② 同上书，第 72 页。

实的果实几乎是不可能的，唯一实现的可能性就是通过思辨神秘的方法来实现。

思辨哲学家认为"果实一般"并不是僵死的、无差别的、静止的本质，而是活生生的、自相区别的、能动的本质，千差万别的果实实际上是"果实一般"的不同表现，是"果实一般"形成的结晶。不能从具体出发说梨是"果实"，苹果是"果实"，而应该说"果实"确定自己为梨，"果实"确定自己为苹果，苹果、梨互相之间的差别就变成了"果实"的自我差别。"果实"就不再是无内容的空洞的统一体，而是作为各种果实"总体"的统一体。在这统一体中个别的果实都消融于自身中，又从自身生发出各种果实。马克思说："在思辨哲学看来，每一个单个的果实就都是实体的，即绝对果实的特殊化身。所以思辨哲学家最感兴趣的就是把现实的、普通的果实的存在制造出来，然后故弄玄虚地说：苹果、梨、扁桃和葡萄存在着。但是我们在思辨的世界里重新得到的这些苹果、梨、扁桃和葡萄却最多不过是虚幻的苹果、梨、扁桃和葡萄，因为它们是一般果实的生命的各个环节，是理智所创造的抽象本质的生命的各个环节，因而本身就是理智的抽象产物。"① 这样的果实是带有神秘色彩的果实，它们不是从土壤中种出来的，而是从脑子里的以太中生长出来的，它是"果实一般"的化身，是绝对主体的化身。

一方面，黑格尔的错误在于他把大家所知道的、实际上是有目共睹的事物属性当作他自己发现的规定。普通人说苹果和梨存在着的时候，他并不认为有什么特殊的地方，而思辨哲学家却认为这完成了一个奇迹，那就是自己的抽象理智制造出了这些果实。另一方面，黑格尔把自己对苹果的观念推移到对梨的观念的思维活动，强加到"一般果实"这个绝对主体身上。思辨哲学颠倒了一般与个别的关系，把一般当成独立于个别的实体，再把实体主体化，从而在思辨领域达到了一般与个别的统一，为思辨理性创造整个世界奠定了基础。

青年黑格尔派站在唯心主义的立场上，认为自我意识是历史发展的推动力和主导力量，这就决定了青年黑格尔派必须否定群众的力量，把自我意识与群众的力量相对立。青年黑格尔派轻视人的实践，不能正视

---

① 《马克思恩格斯全集》第 2 卷，人民出版社 1957 年版，第 74 页。

群众在改变外部现实中的巨大作用。为了改变现实，青年黑格尔派只能求助于上帝，通过"上帝下凡"和"降低自己身份"的方式来解决现实问题，其实就是"用外国话批判地胡言乱语"。青年黑格尔派虽然把自己比作处女般的纯洁，但解决现实问题不可避免地沾染到尘世的污秽，所以他们要"克制住自己"去研究"关于赤贫化的一切原著"和"多年来一直密切注视着时代的弊病"。① 但他们这种所谓的研究就是从别人的著作里清除所有一切体现现实的"古怪"的语句，因为他们不可能服从"这种行政的规定"。这样就可以理解青年黑格尔派的"通俗化的表现方法"，他们不是真正地了解现实和群众，而是"为了使群众摆脱自己的群众的群众性，也就是说，要把群众的通俗化的表现方法提升为批判的批判所使用的批判的语言。"② 这种在语言或意识范围内的改变，即使使用高深莫测的语言，也只能"把自己的身份降低到了极点"。

思辨哲学不仅在自然观方面颠倒了人的意识与现实世界的关系，而且在历史观方面颠倒了社会存在与社会意识的关系。"自满自足、自圆其说和自成一家的批判当然不会承认历史的真实的发展，因为这无异于承认卑贱的群众的全部群众的群众性，而事实上这里所涉及的正是要使群众摆脱这种群众性"。③ 思辨哲学否认历史是由群众创造的，认为历史可以摆脱群众，从自己的主观愿望出发自由地向历史吆喝。

思辨哲学不仅脱离群众，而且脱离了工业的发展，单纯从自己的主观想象出发阐释历史的发展。"在儿子生父亲（像在黑格尔那里一样）的批判的历史中，曼彻斯特、波尔顿和普累斯顿在谁都还没有想到工厂以前就已经是繁荣的工厂城市了。"④ 与思辨哲学相反，马克思已经从科技进步和生产方式的客观视角出发论证真实的历史。"棉纺织业的发展主要是从哈格里沃斯的珍妮纺纱机和阿克莱的纺纱机（水力纺纱机）运用到生产上以后才开始的，而克伦普顿的骡机只不过是运用了阿克莱

---

① 《马克思恩格斯全集》第 2 卷，人民出版社 1957 年版，第 9 页。
② 同上书，第 12 页。
③ 同上书，第 13 页。
④ 同上。

发明的新原理来改进珍妮纺纱机而成的。"①

历史观上的颠倒导致思辨哲学对工人艰辛劳动的漠不关心。英国工厂根据工人的劳动强度不同，把工资分为若干等级，而思辨哲学无视工人劳动的差别任意地只规定一种工资。思辨哲学否认机器代替了手工劳动，而认为机器代替的是人的思维。工人为了提高工资而实行的联合在英国是允许的，而在思辨哲学这里却是被禁止的。实际上，工人劳动是极端折磨人的，并且会引发各种疾病，而思辨哲学却认为"过分的紧张不会妨碍劳动，因为出力的是机器"，② 机器不休息，工人也不能休息。即使是愚蠢的非批判的英国法律也注意到不能使工人的劳动超过十二个小时，而思辨哲学家却武断地说，英国工厂里一天工作十六个小时。

法国社会主义者认为工人创造了一切，但在现实中工人既没有权利，也没有财产，所以这种现实是不合理的，法国社会主义者从社会关系的角度出发，把工人引向对现实的反抗。而青年黑格尔派却认为工人之所以什么都没有创造，是因为他们创造的仅仅是"单一的东西"，是可以感触的，非精神的对象，而这种对象在他们眼里就是无，而理想的、虚幻的创造才是"一切"。青年黑格尔派把现实的不公引向精神领域，把工人的改变现状的要求引入精神的死胡同。马克思对这种误导工人的思想是毫不客气的，他说："批判的批判什么都没有创造，工人才创造一切，甚至就以他们的精神创造来说，也会使得整个批判感到羞愧。英国和法国的工人就很好地证明了这一点。工人甚至创造了人，批判家却永远是不通人性的人，然而，他的确对于自己是一个批判的批判家这一点感到一种内心的满足。"③ 其实，工人能够非常痛苦地感受到存在和思维、意识与生活的差别，依靠"纯粹的思维"是不可能改变自身的屈辱地位。雇佣关系、资本等诸如此类的东西远不是想象中的幻影，而是现实的产物，因此必须用实际的和具体的方式来消灭它们。

青年黑格尔派把社会革命的失败也归咎为群众的参加。他说："到

---

① 《马克思恩格斯全集》第2卷，人民出版社1957年版，第13—14页。

② 同上书，第14页。

③ 同上书，第22页。

现在为止，历史上的一切伟大的活动之所以一开始就是不成功的和没有实际成效的，正是因为它们引起了群众的关怀和唤起了群众的热情。"①这段话是在法国大革命失败的语境下论述的，青年黑格尔派把启蒙运动和法国大革命的不成功归因于群众的参与与迎合。马克思认为青年黑格尔派把不成功的历史活动与群众的关系搬出来，只是为了摆摆样子。因为历史上的一切活动和思想都是群众的思想和活动，青年黑格尔派谴责群众是肤浅的，那就是谴责全部历史。

与青年黑格尔派相反，马克思认为法国大革命的失败恰恰是因为群众参与得还不够，革命的原则并没有反映群众的利益。他说："如果说革命是不成功的，那么，并不是因为革命唤起了群众的热情，并不是因为它引起了群众的关怀，而是因为对不同于资产阶级的绝大多数群众来说，革命的原则并不代表他们的实际利益，不是他们自己的革命原则，而仅仅是一种观念，因而也仅仅是暂时的热情和表面的热潮之类的东西。"②启蒙运动和法国大革命的不成功不是由于群众的参加，而是它们超出了资产阶级的利益。它们没有清醒地划分资产阶级利益和全人类的利益之间的界限。对于那些不同于资产阶级的群众来说，他们的真正主导原则与革命的主导原则并不一致，他们获得解放的现实条件和资产阶级借以解放自身和社会的那些条件是根本不同的。所以革命不成功的本质原因在于没有充分反映群众的利益和诉求。

二　人是生产实物和交换实物的社会人

在《1844 年经济学哲学手稿》中，马克思在吸取政治经济学和黑格尔劳动辩证法的基础之上，第一次提出人与自然的关系是以人与社会的关系为中介，人的异化劳动不仅创造出人与自然的关系，而且创造出人与社会的关系，历史地阐明了人的社会关系被异化为人的货币关系，这已经远远超出了费尔巴哈哲学的范围。

马克思把人的直接交换和相互关爱定格为人的真正社会关系。满足人们需要的物品不是自然产品，而是由人的劳动创造出来的社会产品，

---

① 转引自《马克思恩格斯全集》第 2 卷，人民出版社 1957 年版，第 177 页。

② 《马克思恩格斯全集》第 2 卷，人民出版社 1957 年版，第 104 页。

马克思着重分析产品的社会性质即体现人的本质力量的一面。由于马克思把人的自由自觉的活动作为人的本质规定，所以，人的社会关系在很大程度上还是停留在思辨范围之内。

经过对法国唯物主义人与环境关系的分析，马克思在人的社会生活领域贯彻唯物主义的原则立场更加坚定。马克思说："思想从来也不能超出旧世界秩序的范围：在任何情况下它都只能超出旧世界秩序的思想范围。思想根本不能实现什么东西。为了实现思想，就要有使用实践力量的人。"① 这一次，他不是从社会产品中把握人的本质力量，而是从人的物质需要中把握实物关系对人的制约作用。"实物是为人的存在，是人的实物存在，同时也就是人为他人的定在，是他对他人的人的关系，是人对人的社会关系。"② 在《1844 年经济学哲学手稿中》中，马克思已经把社会看成是人与人的关系，但侧重点在于强调人与人非异化的直接关系。在《神圣家族》中，马克思更加强调人与人交往的物质内容。其实，人的直接交换和各取所需只能是到生产力高度发达的共产主义才能实现，而在现实生活中，实物相对于人的需要来说还是稀缺资源，而且占有实物的社会关系极度不平等。

人只有联合起来以社会的形式进行生产，才能满足每个人的需要，所以实物的生产必然是社会性的生产，体现为"人对人的社会关系"。马克思不再强调人的真正社会关系，而是关心社会是否能够满足每个人的生活需要这一客观维度。"不拥有是最令人绝望的唯灵论，是人的最完全的非现实，人的非人生活的最完全的现实，是极其实际的拥有，饥饿、寒冷、疾病、罪恶、屈辱、愚钝以及种种违反人性的和违反自然的现象的拥有。"③ 人为了维持自己的生存，需要不断地占有各种各样的物品，这种占有不是随意的，而必须考虑社会整体的利益，因为实物资源并不是无限的，如果一部分的人占有太多的资源，势必侵占另一部分的人生活所需的资源。

最重要的自然资源是土地，土地对于每一个人来说都是必需品，但

---

① 《马克思恩格斯全集》第 2 卷，人民出版社 1957 年版，第 152 页。

② 同上书，第 52 页。

③ 同上。

土地资源是有限的，这就涉及合理占有的问题。因为随意占有会妨碍别人的合理使用土地，甚至出现一部分人占有大量超出自身需要的土地，而另一部分的人却无法占有足够土地来维持自己最低的生活水准。"所以土地的利用应该根据大家的利益来调整。"① 而对于空气和水来说，情况就大不一样。因为空气和水几乎是无限的，"它们在任何时候都是绰绰有余的"，所以占有空气和水不会妨碍任何人，这种理想状态也不会考虑根据社会利益来调节个人的占有。

人可以通过提高物质生产能力的办法来弥补土地资源的有限性，从而有利于缓解社会资源的稀缺所带来的压力。"对土地的开垦'创造充分的土地所有权'，……其实，这里只创造了物质的新的生产能力。"② 马克思实际上已经触及生产力决定生产关系的观点，生产力的发展会带来社会财富的增加，从而意味着社会可以有更多的自由度来分配实物，每个人的生活相应地会得到一定的改善，人的社会关系更加和谐。

人在进行实物生产时，其实并没有创造物质本身，而只是改造物质形态，使实物按照人的需要方向进行生长。"甚至人创造物质的这种或那种生产能力，也只是在物质本身预先存在的条件下才能进行。"③ 与黑格尔和青年黑格尔派不同，马克思认为人改造物质的能力并不是无限的，而是在既定的客观条件下进行创造。

人的自由取决于社会的物质生产能力。艺术家、学者、诗人等有才能的人之所以可以专心致志地从事科学和艺术，是因为社会提供了足够的实物基础，使他们有可能摆脱繁重的体力劳动。有才能的人当然有自身素质的原因，"有才能的人使自己锻炼成一个有用之才"，但归根结底是社会的产物，"在他身上隐藏着自由的劳动者和积累起来的社会资本。"④

实物与实物的交换必须遵循一致的尺度，由于实物的具体形态和使用价值的不同，所以无法直接比较。通过对比生产不同实物的整个劳动

① 《马克思恩格斯全集》第2卷，人民出版社1957年版，第55页。
② 同上书，第58页。
③ 同上。
④ 同上书，第59页。

过程，可以看出，只有生产不同实物的劳动时间是社会普遍承认的标准，实物交换的比例关系取决于生产各种实物的劳动时间。"在直接的物质生产领域中，某物品是否应当生产的问题即物品的价值问题的解决，本质上取决于生产该物品所需要的劳动时间。因为社会是否有时间来实现真正人类的发展，就是以这种时间的多寡为转移的。"① 所以必须透过实物的外壳，深入到人生产实物的劳动时间层面。在《1844年经济学哲学手稿》中，马克思是通过分析抽象劳动异化为货币的历史过程，来阐述个人与社会的关系，但没有把抽象劳动对象化为劳动时间，劳动时间相比抽象劳动更具有现实性和客观性，它更加具体地把不同的实物以及个人与社会联系起来。"生产某个物品所必须花费的劳动时间属于这个物品的生产费用，某个物品的生产费用也就是它值多少，即它能卖多少钱"。② 这实际上触及抽象劳动和社会必要劳动时间的问题，但此时马克思采用的是生产费用而不是劳动价值论概念，无法深入了解社会的本质。生产费用显然比起抽象劳动更加具体直观，更加唯物主义，但社会的物质性是法国唯物主义和费尔巴哈唯物主义无法揭示和直观的，反而黑格尔的唯心主义劳动辩证法却在一定程度上真实地揭示出社会的劳动本质，因为精神生产也要以客观的劳动时间为基础。"精神生产的领域也是如此，如果想合理地行动，难道在确定精神作品的规模、结构和布局时就不需要考虑生产该作品所需要的时间吗？"③ 可以看出，马克思已经深刻体会到黑格尔唯心主义辩证法的精髓，通过分析精神生产所消耗的客观劳动时间，就可以对黑格尔唯心主义作出唯物主义的改造。

人的异化关系被人的社会关系所取代。马克思说："思想从来也不能超出旧世界秩序的范围：在任何情况下它都只能超出旧世界秩序的思想范围。思想根本不能实现什么东西。为了实现思想，就要有使用实践力量的人。"④ 社会革命的成功不仅需要有革命的思想，更需要有把思想转化成物质力量的人。青年黑格尔那种脱离实践的批判实质上是虚伪

① 《马克思恩格斯全集》第2卷，人民出版社1957年版，第62页。
② 同上书，第61页。
③ 同上书，第62页。
④ 同上书，第152页。

和懦弱的，"除了不提供任何东西的批判，即一种最终达到极端无批判性的批判之外，就根本没有提供任何东西。批判把加了着重号的词句排印出来，并使它们在自己的摘录中大放异彩。"① 而法国人和英国人的批判并不是脱离人类之外的、抽象的、彼岸的人格，而是作为社会成员的个人所进行的真正的活动，所以他们的批判同时贯穿着实践，他们的社会主义包含着明确的实际措施，不仅体现着他们的思维，更体现着他们的实践活动。因此，他们的批判才是对社会生动的现实批判。

马克思对人屈从于物质利益的态度也发生了变化。在《1844 年经济学哲学手稿》中，马克思认为这是人的异化，并加以口诛笔伐。在《神圣家族》中，马克思虽然认为资产阶级追逐财富的实践活动是一种龌龊行为，但承认物质利益在历史上却起着推动作用。马克思说："思想一旦离开利益，就一定会使自己出丑。另一方面，不难了解，任何得到历史承认的群众的利益，当它最初出现于世界舞台时，总是在思想或观念中远远地超出自己的实际界限，很容易使自己和全人类的利益混淆起来。"② 这种利益在法国大革命中表现得是如此强大有力，以至顺利地征服了马拉的笔、恐怖党的断头台、拿破仑的剑，以及教会的十字架和波旁王朝的纯血统。人们的实践活动受物质利益的驱使是历史的必然，社会历史不过是人追求自己物质利益的活动而已。

马克思在《1844 年经济学哲学手稿》中以异化劳动为基础初步分析人的个性与社会性的分离。而在《神圣家族》中，马克思着眼于人的生存，以实物的使用价值为基础，分析人对社会关系的依赖。

三　从人的异化到社会关系的不平等

马克思在《1844 年经济学哲学手稿》中，重点考察异化劳动的四种表现：劳动者与劳动产品相异化、劳动者与劳动活动相异化、劳动者与人的本质相异化以及人与人的异化。实际上，异化劳动的四种表现重点批判的是市民社会对工人的不公。《神圣家族》作为《1844 年经济学哲学手稿》的姐妹篇，马克思延续了《1844 年经济学哲学手稿》的思

---

① 《马克思恩格斯全集》第 2 卷，人民出版社 1957 年版，第 195 页。
② 同上书，第 103 页。

路，特别是从唯物主义的角度批判了人的不平等社会关系。

马克思虽然不满意蒲鲁东在政治经济学领域内批判政治经济学，但他支持蒲鲁东要求废除特权，实现人与人的平等，把要求废除私有制看成是蒲鲁东最大的理论贡献。蒲鲁东不像黑格尔等思辨哲学那样要求建立任何一种体系，而是从实际出发，向社会提出具体的实践要求。"我不创立任何体系，我要求废除特权。"① 蒲鲁东不像思辨哲学一样追求任何抽象的科学目的，而只是向社会提出一些直接实践的要求，而且他的要求决不是任意提出的，而是根据实际情况提出的。这种要求就不像是扬弃异化的道德要求，而是一种实践要求。这个要求就是实现社会公平，"公平，并且仅仅是公平，这就是我的立项的要领"。② 公平本来是大家都认可的社会原则，但现实中的公平观念却是被伪造出来的，"蒲鲁东之所以谴责社会，并不是因为社会尊重这个原则本身，而是因为社会尊重这个由于我们无知而伪造出来的原则。"③ 市民社会中的社会公平其实是我们虚妄观念的结果，而这个原则所对应的市民社会却是真实的不公，公平的性质和实质并不能脱离它所依附的对象即市民社会，"让我们试着稍微接近一些我们的对象吧！"④ 蒲鲁东对唯物主义的拷问已经超出了思辨哲学的领域，试图从市民社会本身引出对市民社会的批判。

马克思认为蒲鲁东最大的贡献在于对政治经济学的基础即私有制进行批判。私有制是政治经济学一切结论的前提，这个前提在政治经济学那是绝对不能碰的"确定不移的事实"，而蒲鲁东"第一次带有决定性的、严峻而又科学的"考察了私有制，这是他"在科学上所完成的巨大进步"。

政治经济学把私有制当作合乎人性和合理的关系，即使私有制损害了人的平等关系也熟视无睹。比如"工资的数额起初是由自由工人和自由资本家自由协商来确定的。后来却发现，工人是被迫同意资本家所规定的工资，而资本家则是被迫把工资压到尽可能低的水平。强制代替

---

① 《马克思恩格斯全集》第 2 卷，人民出版社 1957 年版，第 28 页。
② 同上。
③ 同上书，第 32 页。
④ 同上书，第 34 页。

了立约双方的自由。"① 工资本来应该同消耗在产品上的社会劳动相称，而实际上是取决于资本家单个人的意愿。工人的付出与收益是不平等的，资本家的付出与收益也是不平等的，所以人与人是不平等的。政治经济学把私有制当作合乎人性的制度，而工人创造的财富却被资本家占有明显是违背人性的。蒲鲁东按照政治经济学的逻辑证伪了政治经济学。"他迫使这些关系抛弃关于自身的这种看法而承认自己是真正违反人性的。"② 蒲鲁东没有像斯密、西斯蒙第和李嘉图等政治经济学家那样仅仅把私有制的个别形式斥责为商业的伪造者，而是非常彻底地把整个私有制透彻地描述为经济关系的伪造者。

政治经济学是从"人民富有"出发证明私有制的合理性，而蒲鲁东针锋相对地提出"贫困的事实是和公平相抵触的"，而私有制的运动史造成工人贫苦的原因，所以得出否定私有制的结论。与思辨哲学不同，蒲鲁东发现了私有制与贫苦的内在联系。工人的贫苦不是因为工人没有付出劳动，而是因为工人没有生产资料无法占有自己的劳动。资本家的富裕不是因为付出大量的劳动，而是因为资本家对生产资料和工人劳动的实际占有。私有制是造成不平等社会关系的根源。

思辨哲学离开私有制探寻"贫穷与富有成为一个整体"的前提，就等于用"真正神学的方式在这个'整体'之外寻求这些前提。"③ 思辨哲学只宣布贫困与富有是统一整体的两个方面是远远不够的，"问题在于这两方面中的每一个方面在对立中究竟占有什么样的确定的地位。"④ 可以看出，马克思试图在社会实践中对黑格尔辩证法进行唯物主义改造，把对立面的统一放到真实的历史环境中，确定对立面的真实历史地位以及未来历史发展过程。在《1844 年经济学哲学手稿》中，马克思实现了对黑格尔辩证法的唯物主义改造，把黑格尔的思辨劳动改造为异化劳动，但从深层逻辑来看，由于马克思没有揭示异化劳动形成的历史过程，所以异化劳动其实与思辨劳动都是抽象的哲学范畴。所以要想真正摆脱黑格尔哲学的思辨性和抽象性，必须把对立面的统一放入

---

① 《马克思恩格斯全集》第 2 卷，人民出版社 1957 年版，第 39 页。
② 同上书，第 40 页。
③ 同上。
④ 同上。

真实的历史过程，只有历史过程辩证法才能真正超越黑格尔的辩证法，马克思在《神圣家族》中已经开始迈出这一步。

蒲鲁东没有摆脱"历史上的绝对者"的束缚，没有彻底遵循自己提出的规律即"公平通过对自身的否定而实现的规律"。由于离开了辩证法，提出历史上的绝对者，把公平当作绝对，这样"他就成了神学的对象"。思辨哲学在历史观方面虽然是唯心主义，但它强调自我意识和群众的对立统一，"两个对立面中最后有一个'批判'要作为唯一的真理战胜另一个对立面'群众'。"① 可是蒲鲁东却把无产阶级的公平要求绝对化了，把无产阶级合理的公平要求奉为历史的神，从而犯下了更不公平的过错。"无产阶级在获得胜利之后，无论怎样都不会成为社会的绝对方面，因为它只有消灭自己本身和自己的对立面才能获得胜利。"② 马克思追求的不是社会对无产阶级这一个阶级的公平，而是追求全社会对每一个人的公平。

马克思在批判"社会对人的不公"时，并没有放弃人的异化逻辑。"有产阶级和无产阶级同是人的自我异化。"③ 但有产阶级在自我异化中感到自己是被满足的和被巩固的，而无产阶级在这种异化中则感到自己是被毁灭的。无产阶级在市民社会中遭遇不公而必然对这种生存状况产生愤慨。"这个阶级之所以必然产生这种愤慨，是由于它的人类本性和它那种公开地、断然地、全面地否定这种本性的生活状况相矛盾。"④ 可见，马克思并没有完全摆脱费尔巴哈人本主义的影响，他把无产阶级愤慨的原因归咎于无产阶级的生活状况违背了人类的本性。"只有通过无产阶级作为无产阶级——这种意识到自己在精神上和肉体上贫困的贫困、这种意识到自己的非人性从而把自己消灭的非人性——的产生，才能做到这点。"⑤

马克思用"非人性"批判社会不公之后，马上重新转入唯物主义的轨道，用"雇佣劳动"来分析社会不公的原因。"无产阶级执行着雇

---

① 《马克思恩格斯全集》第 2 卷，人民出版社 1957 年版，第 41 页。
② 同上书，第 44 页。
③ 同上。
④ 同上。
⑤ 同上。

佣劳动因替别人生产财富、替自己生产贫困而给自己做出的判决，同样地，它也执行着私有制因产生无产阶级而给自己做出的判决"。① 马克思虽然没有揭示雇佣劳动的本质，但已经发现社会不公的秘密在于不平等的劳动地位，这样就为历史唯物主义的建立以及揭示资本主义社会的本质奠定了基础。"雇佣劳动"不仅意味着一种劳动，而且揭示了社会不平等的关系。工人没有任何生产资料，所以自己的劳动无法和自己的生产资料相结合形成自己的劳动产品。工人为了生存，只能到资本家的工厂里工作，把自己的劳动与资本家的生产资料相结合，由于工人的雇佣地位，完全丧失了自己对自己劳动产品的支配权。资本家雇佣工人为自己劳动，生产出来的劳动产品也归资本家自己所有，工人只能得到与自己劳动不相称的微薄工资。所以工人为自己生产贫困，而为资本家生产财富。"雇佣劳动"已经可以客观解释无产阶级与有产阶级的对立以及社会不公，但由于没有区分劳动和劳动力，无法揭示出剩余价值，资本家剥削工人的秘密还没有被穿透，批判的力度也有待于提高，马克思没有放弃异化逻辑的一个重要原因就在于它有着非常强的批判力。

马克思在《1844 年经济学哲学手稿》中的核心概念是"异化劳动"，主要是从人本主义的道德立场上来批判市民社会的非人性。强烈的道德批判无法揭示社会不公的本质，因为对"异化劳动"完全采取否定的态度，实际上也就无法客观分析市民社会的劳动过程。在《神圣家族》中，马克思虽然没有完全摆脱异化的逻辑，但经过法国唯物主义的探讨，尤其是对社会环境的分析，已经可以客观地分析市民社会的劳动过程。这种分析并不意味着像政治经济学那样把资本主义社会当作永恒的社会，而是要把分析与批判相结合，实际上客观地分析必然导致科学地批判，"雇佣劳动"就是客观分析与科学批判的完美结合。"雇佣劳动"的发现使得"异化劳动"的批判地位骤降，这也预示着历史唯物主义即将破茧而出。

马克思最早在《〈黑格尔法哲学批判〉导言》中阐述过无产阶级革命的历史必然性、目的和历史任务。当时他把社会对无产阶级的不公归结为违背了人的本性，他的目的和任务就是要通过无产阶级革命扬弃这

---

① 《马克思恩格斯全集》第 2 卷，人民出版社 1957 年版，第 44 页。

种不公，使得无产阶级和全人类恢复人的本性。在《神圣家族》中，马克思仍然关注市民社会对无产阶级的不公，但他没有仅仅从"违反人性"的角度来阐述无产阶级革命的发生，而是把"违反人性"的异化逻辑与"生活条件所迫"的客观逻辑相结合。"由于在无产阶级的生活条件中现代社会的一切生活条件达到了违反人性的顶点，由于在无产阶级身上人失去了自己，同时他不仅在理论上意识到了这种损失，而且还直接由于不可避免的、无法掩饰的、绝对不可抗拒的贫困——必然性的这种实际表现——的逼迫，不得不愤怒地反对这种违反人性的现象"。① 马克思已经不再抽象地谈论"违反人性"，而是把"人性"放到"所处的生活条件"中历史地考察。"如果它不消灭它本身的生活条件，它就不能解放自己。如果它不消灭集中表现在它本身处境中的现代社会的一切违反人性的生活条件，它就不能消灭它本身的生活条件。"② 无产阶级革命的发生、目的和任务不是因为他违背了人的本性，而是由于社会对无产阶级的不公，是由于无产阶级所处的现代资产阶级社会本身造成的。"它的目的和它的历史任务已由它自己的生活状况以及现代资产阶级社会的整个结构最明显地无可辩驳地预示出来了。"③

市民社会对工人的不公具有隐蔽性和欺骗性。蒲鲁东发现"如果把工人分离开，那么，付给每一个单个的人的日工资就很可能超过每一单个人的产品的价值"。④ 但这里的问题在于工人不是"单个的被雇佣的人"，而是作为"集体劳动力"被雇佣的。付给单个工人的工资的总和，要小于工人协作生产出来产品的价值。从表面上看，工人劳动一天，资本家就发给工人一天的工资，工人和资本家之间是公平的，甚至单个工人的日工资可能超过他所生产的产品的价值。但实际上，工人却无法买回自己的产品，而"资本家不仅能买到劳动产品，而且还能买到比劳动产品更多的东西。"⑤ 这里的秘密就在于工人集体劳动创造的价值要远大于资本家发给工人的工资，多出来的部分被资本家无偿占

---

① 《马克思恩格斯全集》第2卷，人民出版社1957年版，第45页。

② 同上。

③ 同上。

④ 同上书，第65页。

⑤ 同上。

有，这就是资本的本质。表面上公平的背后是最深刻的不公。"工人之所以不能买回自己的产品，就因为产品总是社会的产品，而工人本身则不外乎是单个的被雇佣的人罢了。"① 蒲鲁东这里其实说明了工业化的分工和协作可以促进社会生产力的发展，而作为创造财富的工人来说并没有分享社会发展所带来的实惠，而是被资本家以隐蔽的方式无偿占有了。从分工和协作的角度来分析资本的本质，比起从异化劳动视角的分析更为客观和具体，但分工和协作只能说明社会生产力的发展，而无法揭示社会关系内部工人与资本家的不平等。所以必须探求分工协作背后的个人劳动和社会抽象劳动之间的关系才可能发现剩余价值，揭示资本主义不平等的生产关系。

四 人的社会历史本质

在《1844 年经济学哲学手稿》中，马克思已经使用了社会、劳动、私有制、分工、交换、价值、竞争等一系列概念，但马克思并没有阐释这些概念的历史发生过程，人的社会历史关系仍是抽象的。所以人本质的科学界定不在于引入了一些古典经济学的概念，而是要历史地考察这些概念的产生和发展，把这些概念当作历史发展过程中的客观关系来对待，而不能先验地拿过来直接套用。不搞清楚这些概念的来龙去脉，仅从人的类本质，哪怕是从人的自由自觉的劳动中引申推演出来的社会关系也只能是抽象的社会关系，而不是现实的社会关系。

回到现实的历史起点，必须从物质生产的角度谈起，这一点正是从《神圣家族》开始的。马克思说："正像批判的批判把思维和感觉、灵魂和肉体、自身和世界分开一样，它也把历史同自然科学和工业分开，认为历史的发源地不在尘世的粗糙的物质生产中，而是在天上的云雾中。"② 马克思从物质生产的角度批判青年黑格尔派，这就奠定了人的社会历史本质的现实基础。"历史什么事情也没有做，它'并不拥有任何无穷尽的丰富性'，它并'没有在任何战斗中作战'！创造这一切、拥有这一切并为这一切而斗争的，不是'历史'，而正是人，现实的、

---

① 《马克思恩格斯全集》第 2 卷，人民出版社 1957 年版，第 65 页。
② 同上书，第 140 页。

活生生的人。'历史'并不是把人当作达到自己目的的工具来利用的某种特殊的人格。历史不过是追求着自己目的的人的活动而已。"① 历史不是抽象精神的历史，不是为了证明真理而存在，而是现实的人通过物质生产创造出来的历史。创造历史的、活生生的人不是抽象的自我意识，不是孤立的个人，而是处在社会关系中从事物质生产的人。"每一个人都必须建立这种联系，这样就相互成为他人的需要和这种需要的对象之间的皮条匠。"② 人在不同历史时期创造出不同社会关系的过程就构成了历史的主要内容。

在现代资产阶级社会，实践具体表现为工业实践。针对思辨哲学把社会历史与工业分开的错误观点，马克思批判道："难道批判的批判以为，只要它从历史运动中排除掉人对自然界的理论关系和实践关系，排除掉自然科学和工业，它就能达到即使是才开始的对历史现实的认识吗？难道批判的批判以为，它不去认识（比如说）某一历史时期的工业和生活本身的直接的生产方式，它就能真正地认识这个历史时期吗？"③

马克思历史地区分古代国家与现代国家中不同的社会关系。"现代国家承认人权同古代国家承认奴隶制是一个意思。就是说，正如古代国家的自然基础是奴隶制一样，现代国家的自然基础是市民社会以及市民社会中的人，即仅仅通过私人利益和无意识的自然的必要性这一纽带同别人发生关系的独立的人，即自己营业的奴隶，自己以及别人的私欲的奴隶。"④ 古代国家依靠奴隶制来维系人与人的关系，人与人的基本关系是奴隶与奴隶主之间直接的人身依附关系，整个国家就是由不同奴隶主集团构成，不同奴隶主集团之间是按照军事实力和政治地位来划分等级和排定依附顺序。此时的社会还没有从各种奴隶主政治集团中分离出来，没有自己独立的主体、利益和目标，完全是依附于各种奴隶主政治集团。

现代国家与古代国家最大的不同在于确立了"普遍人权原则"即

---

① 《马克思恩格斯全集》第 2 卷，人民出版社 1957 年版，第 118 页。
② 同上书，第 154 页。
③ 同上书，第 191 页。
④ 同上书，第 145 页。

个人成为自己的权利主体，"现代国家就是通过普遍人权承认了自己的这种自然基础。而它没有创立这个基础。现代国家既然是由于自身的发展而不得不挣脱旧的政治桎梏的市民社会的产物，所以，它就用普遍人权的办法从自己的方面来承认自己的出生地和自己的基础。"① 随着个人从各种政治集团中分离出来成为原子式的个人，这种原子式的个人成为自己的利益主体，追求个人的利益成为个人活动的目标，但个人的物质需要却是社会性的，个人无法生产自己需要的所有产品，个人与社会的矛盾问题开始突显，要解决这个矛盾就必须建立社会交换体系（市民社会）互通有无。"正是自然的必然性、人的特性（不管它们表现为怎样的异化形式）、利益把市民社会的成员彼此连接起来。他们之间的现实的联系不是政治生活，而是市民生活。因此，把市民社会的原子彼此连接起来的不是国家，而是如下的事实：他们只是在观念中、在自己的想象这个天堂中才是原子，而在实际上他们是和原子截然不同的存在，他们不是神类的利己主义者，而是利己主义的人。"② 社会交换体系的运作不是依赖于政治特权和国家秩序，而是有着独立的、客观的、自由的运作法则即市民社会与政治国家的分离。"现代发达的国家的基础，并不像批判所想的那样是由特权来统治的社会，而是废除了特权和消灭了特权的社会，是使在政治上仍被特权束缚的生活要素获得自由活动场所的发达的市民社会。"③

在马克思看来，市民社会无法解决个人与社会的矛盾，反而会形成个人与个人的争斗和新的奴隶制。每个人在市民社会中追求自身利益的最大化，不可避免地会侵犯到别人的利益，从而陷入"个人之间的相互斗争"，这种斗争是"摆脱了特权桎梏的自发的生命力的不可遏止的普遍运动。"④ 民主的代议制国家和市民社会表面上看来是最大的自由，但实际上个人只是把"像财产、工业、宗教等这些孤立的生活要素所表现的那种既不再受一般的结合也不再受人所约束的不可遏止的运动，

① 《马克思恩格斯全集》第2卷，人民出版社1957年版，第145页。
② 同上书，第154页。
③ 同上书，第148页。
④ 同上书，第149页。

当作自己的自由"。① 人在市民社会中的自由实际上是物质交换的自由，人只有把自己当作物才可能实现自己的自由。社会的发展仍是"不再受人所约束的不可遏止的运动"，所以马克思把市民社会的运动看成是"个人的完备的奴隶制和人性的直接对立物。"②

罗伯斯庇尔、圣茹斯特等人的失败是因为他们没有理解人的社会关系变化，混淆了古代奴隶制和现代奴隶制。一方面，罗伯斯庇尔以人权的形式承认和批准现代资产阶级社会，承认个人追求私人利益的正当性，国家不再干预社会的内部事务。另一方面，他又想仿照古代的形式建立单个人统治社会的专制政府。这两方面是无法相容的，必然导致失败。马克思感叹道："这是多么巨大的错误！"③ 这种错误是悲剧性的，圣茹斯特在临刑之日指着康瑟尔热丽大厅里的"人权宣言"的大牌子说："创造这个的毕竟是我。"但同样是他无视资本主义的经济状况和工业状况，试图恢复古代的政治和经济制度。

拿破仑雾月革命的胜利在于俘获了自由资产阶级，顺应市民社会与政治国家，个人与政治共同体分离的历史潮流。"拿破仑已经了解到现代国家的真正本质；他已经懂得，资产阶级社会的无阻碍的发展、私人利益的自由运动等等是这种国家的基础。"④ 在拿破仑的对外扩张中，他充分满足了法国资产阶级的利益，所到之处推行符合资产阶级利益的政治经济制度，加速个人从政治共同体中的分离，刺激市民社会的快速发展。拿破仑借助市民社会所孕育出的巨大军事和政治力量几乎横扫整个欧洲，但接踵的胜利也使拿破仑的个人政治野心逐渐膨胀起来，他把国家看成是实现自己个人利益的工具，开始无视市民社会自身的发展规律，执意把个人的政治目的凌驾于市民社会之上，"只要资产阶级社会的最重要的物质利益（即商业和工业）—和他拿破仑的政治利益发生冲突，他也同样毫不珍惜它们。他对工业琐事的轻视是他对思想家的轻视的补充。而在内政方面，他反对资产阶级社会，把资产阶级社会当作

① 《马克思恩格斯全集》第 2 卷，人民出版社 1957 年版，第 149 页。
② 同上。
③ 同上书，第 156 页。
④ 同上书，第 157 页。

他仍然作为绝对的目的本身来体现的国家的敌人。"① 拿破仑对市民社会的过度挤压导致市民社会力量的反击，最终导致拿破仑在俄国的军事失利。"法国的商人策划了首次动摇拿破仑的实力的事件。巴黎的证券交易者用人工制造饥饿的办法迫使拿破仑把向俄国的进攻几乎推迟了两个月，结果这次进攻不得不拖到过晚的时节。"②

拿破仑失败之后，法国革命又遭遇波旁王朝的复辟，几经周折直到1830年，法国资本主义制度才最终确定下来。但资产阶级一旦掌握国家政权，立刻丧失其进步性而趋向于保守。他们不再把挽救世界和达到全人类的目的当成立宪的代议制国家的目的，而是把维护资产阶级这个特殊阶级的利益当作是国家政权的目的，个人与社会的关系再次被撕裂。"他们把这个国家看做自己的排他的权力的官方表现，看做自己的特殊利益的政治上的确认。"③

马克思在《神圣家族》中历史地分析了个人从政治共同体分离出来最终形成市民社会的整个过程，并把人的社会关系作为分析政治历史事件的立足点和落脚点，已经接近"经济基础决定上层建筑"的历史唯物主义观点。但在经济学方面，《神圣家族》并没有延续《1844年经济学哲学手稿》那条从个人劳动与社会劳动关系出发深刻把握市民社会的客观逻辑，而是停留在个人与社会的物质交往表层，所以马克思对市民社会的批判不得不借助人本主义逻辑。

五　人民群众是社会历史的推动力

在《1844年经济学哲学手稿》中，社会历史的推动力主要来自于现实的人的本质与预设的类本质相异化，借助黑格尔否定之否定辩证法的逻辑力量而在头脑中完成的。在《神圣家族》中，马克思开始从现实的社会关系出发追求现实的推动力，改变以往对物质利益简单否定的做法，在《莱茵报》时期，他曾经用过"下流的唯物主义"来表达对追求物质利益行为的轻蔑。此时马克思把物质利益看成是连接个人与社

① 《马克思恩格斯全集》第2卷，人民出版社1957年版，第158页。
② 同上。
③ 同上。

会的纽带，虽然此时还没有把追求物质利益的活动与批判资本主义现实统一起来，但他已经借助物质利益走向历史深处。

物质需求是人类生存的基础，人类的实践活动受物质利益的支配，马克思越来越深刻地意识到这一点，但如果肯定物质利益，也就肯定了资产阶级追求物质利益的活动，就与马克思力求批判资本主义现实的理论意图相冲突，所以马克思需要区分资产阶级与工人阶级、个人与社会的利益。在《1844年经济学哲学手稿》中，马克思只能通过异化来说明工人阶级与资产阶级的对立。他说："凡是在工人那里表现为外化、异化的活动的，在非工人那里都表现为外化、异化的状态。"① 资产阶级为了革命的需要通常提出"拯救全社会"的口号，其实资产阶级只是用自己阶级的利益冒充全社会的利益。资产阶级革命并没有改变资产阶级与工人阶级、个人与社会的分离和对立。此时马克思还没有发现资本家剥削工人的秘密，但把两者之间的对立归根于资本主义私有制，无疑是正确的方向，它必然引导马克思走向历史唯物主义。

人民群众是社会革命的主导力量，真正代表社会利益的是人民群众。任何伟大的历史活动都离不开人民群众的参与，只有代表群众利益的革命才能够成功。只有像青年黑格尔派那样试图通过批判的词句来改变现实的口头革命派才会忽视群众的力量。物质资料是人类生存发展的基础，而人民群众是物质资料的主要生产者，所以人民群众理所当然是历史的创造者。马克思说："历史活动是群众的事业，随着历史活动的深入，必将是群众队伍的扩大。"②

法国大革命的失败归根结底在于忽视了人民群众的利益。革命的理念理应反映人民群众的实际利益，而法国大革命的原则并没有代表不同于资产阶级的绝大多数的群众利益，而仅仅成为一种观念，群众获得解放的现实条件与资产阶级借以解放自身和社会的条件是不一致的，而资产阶级试图用反映自己阶级利益的革命理念来冒充反映全体民众利益的革命原则，试图把所谓的革命理想和观念同全人类的利益混淆起来。"如果说革命是不成功的，那么，并不是因为革命'唤起了'群众的

---

① 《马克思恩格斯全集》第42卷，人民出版社1982年版，第103页。
② 《马克思恩格斯全集》第2卷，人民出版社1957年版，第104页。

'热情'，并不是因为它引起了群众的'关怀'，而是因为对不同于资产阶级的绝大多数群众来说，革命的原则并不代表他们的实际利益，不是他们自己的革命原则，而仅仅是一种'观念'，因而也仅仅是暂时的热情和表面的热潮之类的东西。"① 历史活动是人民群众的事业。历史不再是人的先验的本质异化和复归，而由人民群众在现实生活中追求自己目的的活动所构成。

第二节　社会实践视域中的人本思想

《关于费尔巴哈的提纲》是包含着新世界观天才萌芽的第一个文件，它开启了马克思主义的哲学革命，马克思人本思想也由此发生根本性转变。在《1844 年经济学哲学手稿》中，马克思的人本思想总体上是笼罩在人与类的异化关系之下；在《神圣家族》中，马克思开始从实物和工业出发阐述人本思想，人与类的异化关系已经处于弱势地位，但马克思并没有从根本上解决人本思想的历史起点、现实内容以及未来发展等问题，所以马克思人本思想并不是引进"社会"、"工业"和"实物"等唯物主义概念就能理解，而必须彻底批判以前的旧唯物主义和唯心主义，发动一场立足于社会实践和历史发展进程的哲学革命才能解决。

一　马克思人本思想的基石：社会实践

旧唯物主义人本观（包括费尔巴哈的人本主义）的主要缺陷在于把人本质，"只是从客体的或者直观的形式去理解，而不是把它们当作感性的人的活动，当作实践去理解，不是从主体方面去理解"。唯心主义人本观看到了人的能动性，但"能动的方面却被唯心主义抽象地发展了"，比如黑格尔和青年黑格尔派都把人的本质理解为精神，好像只有精神才是能动的，"唯心主义是不知道现实的、感性的活动本身的。"② 旧唯物主义和唯心主义之所以在人本观上失足，根本原因就在

---

① 《马克思恩格斯全集》第 2 卷，人民出版社 1957 年版，第 104 页。
② 《马克思恩格斯选集》第 1 卷，人民出版社 1995 年版，第 54 页。

于不理解实践的含义，不理解实践的"革命"意义。

实践是德国古典哲学的重要概念。康德曾经用实践理性来解决纯粹理性无法认识的问题，康德认为纯粹理性并不是人安身立命的根本。上帝、灵魂、自由是比形式理性更为重要的本体，形式理性无法认识上帝、灵魂、自由，只有借助实践理性才能理解。实践理性的发现表明康德已经认识到人类生存发展的基础地位，以主客二分为前提的认识活动只是第二级的存在。为了与纯粹理性相区别，康德把实践理性规定为伦理生活的"应该"。这样就与他进入人类现实生活的意愿相违背，而一跃成为站在人类生活之上的道德批判者。

黑格尔认为这种外在的批判是没有用的，根本无法撼动现实。所以必须进入人类生活，揭示它的内在矛盾和发展方向，在此基础上才可能改变现实。如何才能进入人类生活呢？黑格尔是通过分析古典政治经济学，尤其是劳动价值论，获得进入现实生活的钥匙。"劳动中普遍的和客观的东西存在于抽象化的过程中，抽象化引起手段和需要的细致化，从而也引起了生产的细致化，并产生了分工。个人的劳动通过分工而变得更加简单，结果他在其抽象的劳动中的技能提高了，他的生产量也增加了。同时，技能和手段的这种抽象化使人们之间在满足其他需要上的依赖性和相互关系得以完成，并使之成为一种完全必然性。"① 在市民社会中，要实现个人价值，只有通过社会交换体系即市场才能满足。它的哲学意义就在于被康德描述为理性无法企及的"自在之物"——社会的总体性，变成可以理解的"为我之物"了。在社会历史领域，黑格尔也把康德的二律背反变成了社会发展固有的矛盾，把现象与物自体的僵硬对立，化解为绝对精神的外化与回归过程。但是作为唯心主义者的黑格尔把劳动的本质规定为劳动中的自我意识即理性，并提高到社会存在基础的位置。所以黑格尔的社会历史不是物质生产的发展过程，而是理性发展的结果。

费尔巴哈认为黑格尔的绝对精神是上帝的代名词，反对黑格尔用精神来取代感性存在。"物质是精神的自我异化。所以物质本身就获得了精神和理性；但同时它又被看作不实在的、不真实的本质，因为只有从

---

① ［德］黑格尔：《法哲学原理》，商务印书馆1982年版，第210页。

这种异化中复生的本质，即使自己摆脱了物质、摆脱了感性的本质，才称得上是完善的、具有真正形式的本质。可见，自然的、物质的、感性的世界在这里所遭到的否定，就跟被原罪所败坏的自然在神学中所遭到的否定一样。"① 费尔巴哈以自然为基础的人取代黑格尔的绝对精神，这是他的历史功绩。但他在颠倒黑格尔哲学的同时，把黑格尔的劳动辩证法也抛弃了。他把人看作是"感性对象"，而不是"感性活动"，他没有从社会关系和社会条件来观察人，还没有看到现实存在着的、活动的人，而是停留在抽象的"人"，并且仅仅限于在感情范围内承认"现实的、单个的、肉体的人"。费尔巴哈也不是完全不讲实践，但他的实践仅仅限于消费的实践，或者是低贱的商贩活动。"他没有把人的活动本身理解为对象性的活动。因此，他在《基督教的本质》中仅仅把理论的活动看作是真正人的活动，而对于实践则只是从它的卑污的犹太人的表现形式去理解和确定。因此，他不了解'革命的'，'实践批判的'活动的意义。"②

马克思的实践概念是建立在批判费尔巴哈哲学和黑格尔哲学的基础之上的，但马克思的实践概念并不是费尔巴哈"感性"和黑格尔"活动"的简单相加，因为第一个用"感性活动"来同时消除费尔巴哈和黑格尔局限性的人是赫斯。赫斯以抽象的自由自觉的活动为基础，以现实生活中的异化为批判对象，最后得到实践人道主义的结论，这与《1844年经济学哲学手稿》的异化劳动本质上是一样的，南斯拉夫的实践派更是把实践本体化。抽象理解实践概念实质上是回到了马克思本人所批判的旧哲学的道路上，并没有触及马克思哲学革命的关键点。

在《关于费尔巴哈的提纲》中的实践是全新的理论创造，实现的是一种格式塔似的转变。马克思没有像旧哲学那样，要么把实践概念人本化，完全归入到费尔巴哈哲学人本主义的框架中，要么把实践概念实体化，在旧哲学的理论层面上运转。而是把实践放在"历史的进程"中具体的、现实的来考察。一方面，体现人对自然、社会的现实能动性；另一方面，体现客观物质生活条件对实践的客观制约性。

---

① 《马克思恩格斯全集》第 2 卷，人民出版社 1957 年版，第 179 页。
② 《马克思恩格斯选集》第 1 卷，人民出版社 1995 年版，第 54 页。

人本质问题只有在具体的、历史的社会实践视域中才能科学地解决。人本质不是表面上的自我意识或者是感性存在，而是要深入到社会历史实践之中，具体分析人在特定社会关系中的存在和发展。一旦深入到社会实践，首先遇到的不是人本质实现的问题，而是遭遇到既定的社会物质条件，也就是说，实现人的本质不是没有前提的，而是在既定条件下，逐渐发展的历史过程。人本质实现的广度和深度，一方面取决于人的主观能动性发挥的程度；另一方面也取决于既定社会历史条件所能提供的物质基础。"环境的改变和人的活动或自我改变的一致，只能被看作是并合理地理解为革命的实践。"① 人的本质只有在社会历史实践的坐标系下才能准确找到自己的位置。

二　马克思对费尔巴哈人本思想的批判

在《神圣家族》中，马克思基本肯定费尔巴哈的人本思想，即人与类的异化和扬弃。但在《关于费尔巴哈的提纲》中，马克思已经与费尔巴哈为代表的旧唯物主义哲学彻底划清了界限，人与类的异化关系也被人与社会的实践关系所取代。两本著作的写作时间相差只有半年，但哲学立场却发生了根本的转变。唯有认识到费尔巴哈哲学不可饶恕的根本缺陷，马克思才可能完成如此转变。

费尔巴哈的人本学诞生于对神学的批判。在他看来，宗教的本质就是人的本质。"人是宗教的始端，人是宗教的中心点，人是宗教的尽头"。② 上帝不是离开人的存在而存在，上帝不过是人的内在本性向外投射，当人拜倒在上帝之前并受制于上帝时，他其实是拜倒在自己的创造物面前，因此上帝和宗教都是人的类本质异化。费尔巴哈的人本学就是要通过唤醒人的类意识来扬弃人与类的异化，达到人与类的统一。

费尔巴哈把黑格尔哲学定义为神学。他说："神学的本质是超越的、被排除于人之外的人的本质。黑格尔逻辑的本质是超越的思维，是被看成在人以外的人的思维。"③ 整个青年黑格尔派都是以批判宗教作

---

① 《马克思恩格斯选集》第 1 卷，人民出版社 1995 年版，第 55 页。
② 《费尔巴哈哲学著作选集》下卷，商务印书馆 1984 年版，第 222 页。
③ 《费尔巴哈哲学著作选集》上卷，商务印书馆 1984 年版，第 103 页。

为自己的出发点，以改造黑格尔哲学为己任，但他们只是抓住黑格尔哲学庞大体系的一部分来反对另一部分，都没有从根本上超出黑格尔哲学。

既然上帝和绝对精神是人的类本质异化，那么就应该把人作为研究对象。费尔巴哈已经看出现实中的人不是孤立的人，而是处在某种关系中的人，但费尔巴哈所说的关系不是指社会关系，而是指自然关系，即人与人之间的爱、欲望和感情关系。"观察自然，观察人吧！在这里你们可以看到哲学的秘密。"① 自然性的爱成为人本质的评判尺度。

青年马克思深受费尔巴哈人本学的影响。从《黑格尔法哲学批判》到《神圣家族》，费尔巴哈人本主义一直是马克思批判黑格尔哲学和政治经济学的基础。但施蒂纳对费尔巴哈釜底抽薪式的批判使马克思认清费尔巴哈人本学的虚假性，从而转入到批判的行列。《德意志意识形态》一书竟然有百分之七十的篇幅在批判施蒂纳，以致麦克拉伦认为施蒂纳"才是影响马克思的青年黑格尔派最后一人，因为他是青年黑格尔派历史逻辑的最后一人"。②

施蒂纳是青年黑格尔派的代表人物，但长期以来被苏东教科书贬为思想浅薄的庸俗之辈，所以常常与其深邃思想擦肩而过。现在看来，施蒂纳批判费尔巴哈哲学的深刻指数，可以类比费尔巴哈批判黑格尔哲学。费尔巴哈认为青年黑格尔派批判黑格尔哲学只是在修剪枝叶，没有揭示黑格尔思辨哲学的神学本质。同样，施蒂纳认为费尔巴哈对黑格尔哲学的批判仍然是隔靴搔痒，费尔巴哈的人学同样是神学，因为费尔巴哈的人不是现实的人，而是抽象的概念，现实生活的人恰恰得时时刻刻忍受费尔巴哈式的"大写人"的欺压，就像他们忍受"神"的欺压一样。用"人"代替"神"只不过是概念代替概念的变戏法，处在现实关系中的人的生活并没有丝毫改变。"费尔巴哈以绝望的力量去抓住基督教的全部内容，并非是为了摒弃它，不，而是为了把它拉回到自己那里"。③ 费尔巴哈给黑格尔哲学扣上神学的帽子，没想到自己又被施蒂

---

① 《费尔巴哈哲学著作选集》上卷，商务印书馆1984年版，第115页。
② 戴维·麦克莱伦：《青年黑格尔派与马克思》，夏威仪、陈启伟等译，商务印书馆1982年版，第141页。
③ 麦克斯·施蒂纳：《唯一者及其所有物》，商务印书馆1989年版，第34页。

纳扣上同样的帽子。人与类的关系其实是个虚假问题，因为人本质只是一个高耸在现实个人生活之上的永恒本质，实际上并不与现实生活中的具体的"我"或"你"发生关系。"人超越每一单个的人之外，尽管是'他的本质'，而人在实际上并非是他的本质（后一本质毋宁说与个别人自身那样），而是一个普遍和'更高的'本质"。① 这里的"人"和"类"其实和黑格尔的"观念"和"精神"本质上是一个东西即抽象的存在。施蒂纳对费尔巴哈的批判同样适用对整个形而上学的批判，所谓不变的人本质同"上帝"、"类"和"观念"一样都是统治现实个人的思想工具，统治者只是换了一副嘴脸而已，任何观念本质都无法替代现实个人生活的客观内容。

三　马克思对唯心主义人学辩证法的批判

马克思在《关于费尔巴哈的提纲》中不仅批判了以费尔巴哈为代表的旧唯物主义人本观，而且批判了以黑格尔为代表的唯心主义人本观。旧唯物主义忽视了人的能动性而求助于直观，黑格尔唯心主义辩证法肯定人的能动性，但强调的是人的抽象的能动性，而不是现实的、感性的活动本身。

黑格尔是第一个自觉把精神、人、自然和社会看成是历史发展过程的哲学家，但历史发展的本体不是人的物质生产实践，而是绝对精神的自我发展。所谓的能动性并不是指人的能动性，而是绝对精神的能动性。费尔巴哈不满意这种思维与存在的头脑倒置关系，决定恢复感性存在的唯物主义权威。马克思赞同费尔巴哈用感性存在取代黑格尔的思维存在的做法，但他同时也指出费尔巴哈的矫枉过正，即抛弃了黑格尔的历史辩证法。这就直接导致费尔巴哈只能把人与自然当作直观的感性对象，而不是感性活动，无法说明人与自然、人与社会的历史关系，在历史领域重新回到了唯心主义。因为黑格尔把精神、人、自然和社会当作一个整体，所以必须研究这些要素是如何联系的。受到古典经济学劳动价值论的启发，黑格尔把劳动当作连接人与自然、人与社会联系的纽带。但黑格尔唯心主义的哲学立场决定了他不可能像古典经济学那样客

---

① 麦克斯·施蒂纳：《唯一者及其所有物》，商务印书馆 1989 年版，第 40 页。

观地理解劳动而是把劳动理解为精神劳动。

赫斯率先提出"行动的哲学"概念，用感性活动来代替黑格尔的精神劳动和费尔巴哈的感性对象，试图用人的感性活动来克服资本主义人的异化，进而实现符合人本质的共产主义社会，赫斯把费尔巴哈的宗教异化推进到社会领域。马克思在《1844年经济学哲学手稿》中继承和发展了赫斯的思路，认为必须在实践中改变现实社会。马克思对经济学的研究显然超过了赫斯，当赫斯寻求人的真实交往时，马克思已经开始分析社会劳动与个人劳动的关系。从辩证法的角度来看，社会发展的总体框架并没有离开黑格尔的唯心主义异化理论。黑格尔眼中的社会发展是精神异化和扬弃的结果，费尔巴哈眼中的社会发展是类本质异化和扬弃的结果，赫斯和青年马克思眼中的社会发展是劳动异化和扬弃的结果。异化概念是典型的哲学概念，它只能从道德上区分了人本质的异化和非异化阶段，但无法深入到社会发展的具体细节，实际上无法客观地说明人的发展与社会发展的动力、机制以及规律。

施蒂纳对费尔巴哈人本观的批判同样适用于对黑格尔唯心主义辩证法的批判。黑格尔和费尔巴哈都预先设定了一种先验异化逻辑，然后再给现实的人对号入座。这种异化逻辑仍然是对现实人的一种压迫，异化逻辑无法覆盖人在现实生活中的丰富内容。异化逻辑即便存在，那么它也是人与自然、人与社会在具体实践中复杂博弈的结果。经过施蒂纳的批判，马克思认识到对黑格尔唯心主义辩证法的改造并不是用劳动异化代替精神异化或者类本质异化的改名过程，而必须深入到具体的社会历史实践，现实地说明人本质的历史发展，辩证法的逻辑框架必须依赖于社会现实的总体发展才能得到合理的说明。

四 人的本质是一切社会关系的总和

马克思不满意费尔巴哈过多地关注自然，而试图变革当下不合理的社会现实。马克思早在《莱茵报》时期就开始批判市民社会，希望建立一个符合理性的美好社会。马克思在《黑格尔法哲学批判》中，虽然批判了黑格尔的政治国家决定市民社会的唯心主义观点，实现了唯物主义的大逆转，但马克思并没有深入到市民社会的内部，客观地分析市民社会的起源、动力和发展，而是遵从费尔巴哈的人本主义方法论原则，从人的类本质出发批判市民社会，共产主义社会的实现也是因为它更加符合人的类本质。马克思在《1844 年经济学哲学手稿》中借助古典经济学的劳动概念开始触及社会关系的核心内容，马克思认为人的异化劳动不仅生产劳动产品，而且生产人的社会关系。但马克思并没有把研究的重点放在社会关系方面，而是强调社会关系的异化。市民社会的批判以及共产主义的实现仍然是费尔巴哈的人本主义逻辑，只不过是逻辑基础从人的类本质变成了人的自由自觉的劳动本质。

由此可以看出，马克思很早就开始关注"社会"，但并没有对"社会"达到科学的理解。直到《关于费尔巴哈的提纲》，马克思才开启了从"类本质"向"社会"转变的大门。马克思批判费尔巴哈的"类"只是"一种内在的、无声的、把许多个人自然地联系起来的普遍性。"① 费尔巴哈的类并不是指人由于生存需要而建立的客观经济关系，而是人与人之间的自然联系。人与人之间的类关系不是由于人的生存发展需要而建立的社会关系，而是由于人的生物本能性所决定的自然联系。费尔巴哈把这种基于生物本能的自然关系当作社会关系的基础，反映费尔巴哈机械唯物主义的思想以及唯心主义的社会历史观。费尔巴哈看不到现实的社会关系和感性存在无时无刻不经历着实践的中介而发生经久不息的变化。这种实践哪怕中断一年，"费尔巴哈就会看到，不仅在自然界将发生巨大的变化，而且整个人类世界以及他自己的直观能力，甚至他本身的存在也会很快就没有了。"② 当然在这种情况下，人的自然联系以及自然界的优先地位并不是消失了，而是说"这种区别只有在人被看作是某种自然界不同的东西时才有意义。"③ 尤其是工业革命之后，人对自然、社会的改造无论是速度还是深度都发生了质的改变。面对这种改变，那种不变的类本质彻底丧失了解释现实的基本能力。马克思对人本质的理解必须放在工业革命之后，资本主义发展的早期这个历史时段来分析。

由于施蒂纳思想的冲击，再把精力放在研究"类本质"、"人"和

---

① 《马克思恩格斯选集》第 1 卷，人民出版社 1995 年版，第 56 页。

② 同上书，第 77 页。

③ 同上。

"异化劳动"等形而上学概念方面已显多余。解决施蒂纳问题的唯一办法就是走进人的现实生活,用事实分析的办法来代替理论分析的沙盘推演。马克思借助经济学的研究走进现实生活,他发现现实的人不是被类本质笼罩的抽象人,而是被实实在在的社会关系所制约的人。马克思所说的"人"就是指社会的人,人与社会不可分离。由于生存能力的限制,单个人无法面对强大的自然界,必须结成社会关系,以社会整体的力量来应对各种自然力量的挑战。社会整体的力量大于单个人力量的机械相加,其奥秘在于社会整体内部的分工和交换,充分发挥了每个人的比较优势,形成了推动社会历史发展的强大合力。处在社会复杂关系之中的个人未必能够意识到自己在社会关系中所处的地位和作用,他所能看见的只是市民社会的表象。费尔巴哈的直观唯物主义就是典型代表,"直观的唯物主义,即不是把感性理解为实践活动的唯物主义至多也只能达到对单个人和市民社会的直观。"① 直观市民社会是无论如何也看不出市民社会的历史发展和内在关系的,而马克思的社会内容恰恰是指社会的历史发展和内在关系。"旧唯物主义的立脚点是'市民'社会;新唯物主义的立脚点则是人类社会或社会化的人类。"② 人的社会关系虽然客观存在,但并不能像感性对象一样可以直观,而只能通过抽象思维在头脑中把握。所以不难解释为什么唯心主义把这种客观关系当作"实体化的观念"。

旧唯物主义和唯心主义都无法理解"不可见而客观存在的社会"。对于费尔巴哈来说,只有可见的物质对象才是真实的,其他的一切都被归结为唯心主义想象。对于黑格尔来说,在头脑中通过抽象思维把握的任何东西都是精神,旧唯物主义与唯心主义面临僵硬地对立。这种对立实际上是虚假的,当社会发展到工业革命以及资本主义早期的当口,人们生产的物质产品必定是人的劳动和客观物质的相关组合,它既不是纯物质也不是纯精神,而是体现了物质与精神的统一。更重要的是在资本主义早期自由竞争条件下,商品生产者必须在市场中自觉遵守价值规律即"看不见的手"的规定。市场规律是商品生产者共

---

① 《马克思恩格斯选集》第1卷,人民出版社1995年版,第57页。
② 同上书,第61页。

同作用的结果，但它一旦形成就要求每一个商品生产者必须遵守。市场规律虽然看不见，但却以铁的必然性展示它的存在，商品生产者一旦忽视了市场规律必然输得血本无归。市场规律仅仅是对资本主义早期经济规律的概括，而马克思要把这种规律或关系上升到社会历史层面。马克思的社会概念只有在这个特定的历史背景下才能理解。社会不是单个人的简单相加，而是人们在物质实践过程中由于分工和交换形成的关系性客观存在。这种社会关系一旦固定下来，便对下一轮人的社会实践起到制约或促进作用。因此，马克思并不是片面强调社会是由个人建构的，而是强调个人要在上一轮社会实践创造的社会既定条件下来继续创造新的社会关系，所以马克思说人的本质是一切社会关系的总和。从既定社会历史条件和社会历史进程两方面来规定人本质是马克思战胜费尔巴哈、黑格尔和施蒂纳的两大法宝，奠定了马克思哲学革命的基本观点和基本原则。

随着社会力量的增强，而自然力量的相对不变，自然与社会的力量对比开始倾向于社会一边，人们面对的挑战不再是自然界的威胁，而是社会整体的失衡。在资本主义发展的早期，由于市场规模的扩大和自由竞争的加剧，一方面，释放了个人的潜能，促进了社会整体的发展；但另一方面，出现了工人和资本家的两极分化，导致社会整体的失衡和社会矛盾的加剧。马克思关注现实生活中的人，但并不意味着放弃社会异化的批判维度，而是把批判的基点从异化转移到社会关系的内在矛盾上。从社会关系的内在矛盾出发，就不会像古典经济学那样把资本主义社会看作是永恒不变的美好社会，才会真正理解黑格尔为什么用国家来超越市民社会。马克思用社会关系的客观矛盾取代了人本主义的"应该"，科学地说明了社会发展的历史动力以及共产主义代替资本主义的历史必然性。

第三节　马克思哲学革命视域中的人本思想

马克思恩格斯对人的本质的理解和认识经历了一个复杂的发展过程，在《德意志意识形态》中，马克思恩格斯站在哲学革命的高度之上对人的本质进行全面分析，具体内容包括：人的本质不再是固有的抽象物而是与社会物质生产相一致的历史生成过程；市民社会中人的历史本质在于分工基础之上的工业和竞争造成人的物役性和偶然性；共产主义社会中人的自由本质在于奴役性分工的消灭以及自主活动的实现。

在《关于费尔巴哈的提纲》（以下简称《提纲》）中，马克思彻底批判从感性直观的类本质出发来阐述人本质的唯物主义和从人的思辨活动出发阐述人本质的唯心主义，完全颠覆西方根深蒂固的逻各斯中心主义，开启以社会实践为基础科学说明人本质的哲学革命。"人的本质不是单个人所固有的抽象物，在其现实性上，它是一切社会关系的总和。"① 这句话从总体上规定了马克思人本观的新视界，人与类的关系从此淡出马克思的视线。作为马克思恩格斯第一次正面论阐述新历史观的《德意志意识形态》（以下简称《形态》）是对《提纲》内容的丰富和发展，详细论述了"现实的个人"的实践本质；市民社会中人的历史本质以及未来共产主义社会中人的自主本质。

一 "现实的个人"的实践本质

马克思在正面阐述"现实的个人"之前，首先批判德意志意识形态家的思辨"人"。他们总是在"人"的问题上故弄玄虚，"总是为自己造出关于自己本身、关于自己是何物或应当成为何物的种种虚假观念。"② 人们在这些幻想的枷锁下日益萎靡消沉，所以费尔巴哈、鲍威尔和施蒂纳要把人从这种困境中解放出来，解放的方式分别为：费尔巴哈要用符合人的类本质的思想来代替以往的幻想，鲍威尔要求批判地对待这些幻想，施蒂纳要求从头脑中抛掉这些幻想。这场争斗把人的本质局限在思想领域，无论在场面上如何宏大，其实只是和影子作斗争。无论是用"类"、"唯一者"还是"人"来置换"实体"和"自我意识"都是在黑格尔哲学内部用某一方面来反对整个体系，都是用词句来反对词句，无论这种词句多么震撼，始终无法撼动现实。

马克思恩格斯所谈的"人"不是任意提出来的教条，而是由"他

---

① 《马克思恩格斯选集》第1卷，人民出版社1995年版，第56页。
② 马克思、恩格斯：《德意志意识形态》（节选本），人民出版社2003年版，第3页。

们的活动"和"物质生活条件"规定和制约的"现实的人"。这种人首先是有生命的个体，要维持这种生命的存在，就需要和自然和社会发生联系。但马克思并没有"深入研究"由人的生理特性、地质特性和气候条件等决定的自然关系，而是着重探讨能与动物自然属性相区别的社会属性。他说："当人开始生产自己的生活资料，即迈出由他们的肉体组织所决定的这一步的时候，人本身就开始把自己和动物区别开来。人们生产自己的生活资料，同时间接地生产着自己的物质生活本身。"① 这里的"物质生活本身"揭示了社会关系的本质内涵即一种人在物质生产过程中形成的非实体的生活过程，它离不开物质，但又不是物质本身。"间接地生产"表征的是一种历史分析。它说明在人类发展的原始初期，这种物质生活过程并没有显示出奴役人、束缚人的特性，所以是一种无关痛痒的"间接生产"，这里隐含的意思是压迫人、奴役人的资本主义社会并不是永恒的，而是历史的产生，终将历史的灭亡。

　　现实的人不仅和"他们生产什么相一致"，而且和"他们怎样生产相一致"。在人类社会发展具体阶段，人们的生产并不是杂乱无章的，而是采用一定的生产方式有序地进行，所以现实的人受物质生产方式的制约和规定。这种生产方式"首先取决于他们已有的和需要再生产的生活资料本身的特性"，而"不应当只从它是个人肉体存在的再生产这方面加以考察"。可以看出，马克思考察人的方式发生了彻底的改变，在《〈黑格尔法哲学批判〉导言》中，马克思说："人的根本就是人本身"。② 而此时，他着重从生产、生产方式和人肉体存在之外生活资料的特性来阐述人的本质规定。

　　人的解放也不是德意志意识形态家们所声称的词句中的解放，而是要在现实世界通过现实手段获得的真正解放。意识形态家们试图把哲学、神学和实体消融在"自我意识"中，通过反抗这些词句来获得解放，这是一种本末倒置、自欺欺人的做法。因为"当人们还不能使自己的吃喝住穿在质和量方面得到充分保证的时候，人们就根本不能获得

① 《德意志意识形态》（节选本），人民出版社2003年版，第11页。
② 《马克思恩格斯选集》第1卷，人民出版社1995年版，第9页。

解放。'解放'是一种历史活动，不是思想活动，'解放'是由历史的关系，是由工业状况、商业状况、农业状况、交往状况促成的"。①

马克思恩格斯反复分析他们曾经非常看重的费尔巴哈。费尔巴哈比"纯粹"唯物主义高明的地方在于，他承认人是"感性对象"，但他没有把人看作是"感性活动"，把人放在现有的社会关系中考察现实的历史的人。他把人仍然局限在理论领域，仅仅考察人的自然属性，除了人与人之间的友情和爱情之外，不知道还有什么其他的关系，不知道离开了人的感性活动，"不仅在自然界将发生巨大的变化，而且整个人类世界以及他自己的直观能力，甚至他本身的存在也会很快就没有了。"②

人的出发点不再是意识形态家们"纯粹的人"和自身，而是"处于既有的历史条件和关系范围之内的自身"。人的个性也不再是他们本身，而是打上历史的印记。在《形态》中，马克思恩格斯主要是通过对分工的阐述来进入历史。"在历史发展的进程中，而且正是由于在分工范围内社会关系的必然独立化，在每一个人的个人生活同他的屈从于某一劳动以及与之相关的各种条件的生活之间出现了差别。"③ 当资产阶级出现之后，这种社会关系就主要体现为阶级关系。不应把资本家和食利者看作是有个性的人，而应把他们的个性看作是有非常明确的阶级关系所决定的。

二 市民社会中人的历史本质

在《1844 年经济学哲学手稿》中，马克思依靠"异化劳动"批判市民社会中人的历史本质，而在《形态》中，使用"物役性"来批判市民社会中人的历史本质。"这是一种人自己的创造物反过来对人类主体的驱使和奴役的现象。概括地说，就是社会历史进程中人类主体的物役性。"④ "异化劳动"仍然是人本主义的抽象概念，而"物役性"是基于市民社会中现实存在的人受社会关系支配的客观现象提出的历史性

---

① 《德意志意识形态》（节选本），人民出版社 2003 年版，第 19 页。
② 同上书，第 21 页。
③ 同上书，第 63 页。
④ 张一兵：《马克思历史辩证法的主体向度》，南京大学出版社 2002 年版，第 207 页。

概念。

随着生产的发展和交往的扩大，市民社会显露出两个基本事实：一是生产力与人的分离。"生产力表现为一种完全不依赖各个人并与他们分离的东西，表现为与各个人同时存在的特殊世界，其原因是，各个人——他们的力量就是生产力——是分散的和彼此对立的"。而马克思在论述原初历史四因素时，曾认为许多人的"共同活动方式本身就是生产力"，生产力"只有在这些个人的交往和相互关系中才是真正的力量。"而在市民社会中，生产力与人的交往是彼此分离的。二是生产力采取物的形式。"生产力好像具有一种物的形式，并且对个人本身来说它们已经不再是个人的力量，而是私有制的力量"。这是历史发展到市民社会阶段出现私有制的结果。"在以前任何一个时期，生产力都没有采取过这种作为个人的交往完全无关的形式，因为他们的交往本身还是受限制的。"生产力与大多数人的对立，导致"这些个人丧失了一切现实的生活内容，成了抽象的个人"。但也正是因为如此，这些人"才有可能作为个人彼此发生联系"。①

马克思不仅批判人的物役性，而且指出这种现象的暂时性。马克思对市民社会中人本质的批判不仅表现在人的物役性，而且表现在个人生活的偶然性。"只要分工还不是出于自愿，而是自然形成的，那么人本身的活动对人来说就成为一种异己的、同他对立的力量，这种力量压迫着人，而不是人驾驭着这种力量。"② 在私有制和分工条件下，明明是人们的活动创造了社会关系，但这种关系却反过来成为外在于人、压迫人的力量。既有的历史条件和社会关系是每个人的出发点，但只有在市民社会条件下，个人的生活才会表现出偶然性。在封建等级社会中，"贵族总是贵族，平民总是平民，不管他的其他关系如何；这是一种与他的个性不可分割的品质"。而在市民社会中，个人的阶级性与个性开始出现差别，"他们的生活条件对他们来说是偶然的"，这种偶然性是资产阶级出现的产物，"个人生活条件的偶然性，只是随着那本身是资产阶级产物的阶级的出现才出现。只有个人相互之间的竞争和斗争才产

①　《德意志意识形态》（节选本），人民出版社 2003 年版，第 72 页。
②　同上书，第 29 页。

生和发展了这种偶然性本身。"① 在资产阶级统治下，个人的生活好像比在封建等级制条件下更自由一些，但事实上，"他们当然更不自由，因为他们更加屈从物的力量"，比如"逃亡农奴认为他们先前的农奴地位对他们的个性来说是某种偶然性的东西"，但是"他们并没有越出等级制度的范围，而只是形成了一个新的等级"。对于无产阶级来说也是一样，他们的生活条件和劳动都已经变成一种偶然的东西，但"单个无产者的个性和强加于他的生活条件即劳动之间的矛盾，对无产者本身是显而易见的"。②

建立在工业基础之上的市民社会，统治手段已经从"依靠个人关系，依靠这种或那种形式的共同体"转变为"采取物的形式，通过某种第三者，即通过货币。"③ 这种新的统治力量是个人的偶然性存在的根源，"货币使任何交往形式和交往本身成为对个人来说是偶然的东西。"④ 个人已经从封建血缘和地缘共同体中摆脱出来，个人的交往范围突破了自己所处的共同体，可以和其他"不相干"的人发生交往，共同体内部的交往不需要其他"第三者"的中介，它直接就是人依附人的关系。而把毫不相干的人联系在一起，就必须依靠货币。这种物的联系摆脱了个人在共同体内部交往的必然性而表现出与不相干的人交往的偶然性。这样货币就成了"普遍的、通用的和流通的交换手段，货币使一切财产保持着流动状态"。⑤ 货币是人类社会历史实践的产物，但在市民社会条件下，这种"普遍的交换手段独立化而成为一种对社会或个人来说的独立力量"。⑥

马克思并没有停留在人的物役性和偶然性的现象层面，而是深入到私有制与劳动对立的本质层面。"在大工业和竞争中，各个人的一切生存条件、一切制约性、一切片面性都融合为两种最简单的形式——私有

---

① 《德意志意识形态》（节选），人民出版社 2003 年版，第 64 页。
② 同上书，第 63 页。
③ 同上书，第 48 页。
④ 同上书，第 71 页。
⑤ 《马克思恩格斯全集》第 3 卷，人民出版社 1960 年版，第 462 页。
⑥ 同上书，第 273 页。

制和劳动。"①　马克思彻底放弃了不受客观条件制约的抽象劳动本质，而是聚焦在市民社会私有制条件下"劳动"发生的转变，"这些条件可以归结为两点：积累起来的劳动，或者说私有制，以及现实的劳动"。具体的、历史的辩证法观点被彻底地运用于"劳动"概念，这已经完全不同于《1844年经济学哲学手稿》中本真劳动与现实劳动的对立。"积累起来的劳动"与"现实的劳动"的对立才是市民社会的本质。"劳动"概念的转变表明马克思在建构"社会存在决定社会意识"的新历史观之后确立了"具体的、历史的分析方法"，把历史唯物主义与历史辩证法统一起来。

　　马克思借助"分工"把人的物役性和偶然性的分析推进到"积累劳动"的层面，从而为人的自由全面发展理论奠定了科学的基础。但《形态》在总体上仍然是从交往的层面来阐述货币的功能，而不是从生产层面来阐述资本的功能，这也是马克思恩格斯从"社会交往"层面批判人的物役性和偶然性的原因。

三　共产主义社会中人的自由本质

　　1843年，马克思的《论犹太人问题》和《〈黑格尔法哲学批判〉导言》等著作标志着马克思最终完成了从革命民主主义向共产主义的彻底转变。在《1844年经济学哲学手稿》中，马克思认为："共产主义是作为否定的否定的肯定，因此，它是人的解放和复原的一个现实、对下一段历史发展来说是必然的环节。共产主义是最近将来的必然形式和有效的原则。但是，共产主义本身并不是人的发展的目标，并不是人的社会的形式。"②　可见，马克思由于受费尔巴哈人本主义的影响主要是从人的价值实现层面来论述共产主义。在《形态》中，马克思彻底摆脱了人本主义的束缚，把共产主义与社会实践联系起来。"共产主义对我们来说不是应当确立的状况，不是现实应当与之相适应的理想。我们所称为共产主义的是那种消灭现存状况的现实运动。"③　共产主义不再

---

① 《德意志意识形态》（节选本），人民出版社2003年版，第71页。

② 马克思：《1844年经济学哲学手稿》，人民出版社2000年版，第93页。

③ 《德意志意识形态》（节选本），人民出版社2003年版，第31页。

是人的异化和复归的逻辑穿越，而是从当下人的社会实践运动中迸发出的历史必然。

人的自由全面发展是生产力发展到一定程度的产物，脱离了生产力的客观发展，共产主义只能成为"应当的理想"。"因此，建立共产主义实质上具有经济的性质，这就是为这种联合创造各种物质条件，把现存的条件变成联合的条件。共产主义所造成的存在状况，正是这样一种现实基础，它使一切不依赖于个人而存在的状况不可能发生，因为这种存在状况只不过是各个人之间迄今为止的交往的产物。"① 生产力与交往方式的客观矛盾是市民社会发展的动力。起初，市民社会满足了"自主活动"的条件，适应了生产力的发展，但随着社会矛盾的运动发展，人的存在越来越片面化，这种交往形式又必然为别的交往形式所代替。但是"只有交往和生产力已经发展到这样普遍的程度，以致私有制和分工变成了它们的桎梏的时候，分工才会消灭。"②

由于"分工"还不是出于自愿，人本身的活动创造出来的物化社会关系对人来说就成为"一种异己的、同他对立的力量"，所以要使它们之间彼此不发生矛盾，"则只有再消灭分工"。马克思想消灭的是与生产关系相联系的奴役性分工而不是与生产力相联系的社会性分工。为了消除分工造成的人的片面性实现自主活动，各个人还需"占有现有的生产力总和"，因为"这种自主活动就是对生产力总和的占有以及由此而来的才能综合的发挥。"③ 这不仅是实现自主活动的需要，同时又是"为了保证自己的生存"。无产阶级因为"完全失去了整个自主活动"，所以"才能够实现自己的充分的、不再受限制的自主活动"，成为革命的主导力量。这种占有是由客观物质条件与无产阶级本性所决定的，"占有只有通过联合才能实现"而且"占有也只有通过革命才能得到实现"。④ 这种联合同时又具有"普遍性"，是以"世界市场的存在"为前提的，所以无产阶级和共产主义"只有在世界历史意义上才能存在"。

---

① 《德意志意识形态》（节选本），人民出版社 2003 年版，第 66 页。
② 《马克思恩格斯全集》第 3 卷，人民出版社 1960 年版，第 516 页。
③ 《德意志意识形态》（节选本），人民出版社 2003 年版，第 73 页。
④ 同上书，第 74 页。

　　人的自主活动是对自由自觉活动的扬弃。在《1844 年经济学哲学手稿》，马克思预想未来共产主义社会人的活动应是自由自觉的活动，这种活动是建立在主观善良意志"应该"基础之上的。在《形态》中，马克思恩格斯建立了新的历史观，把人受物统治奴役的批判建立在历史地分析现代私有制社会内在矛盾的基础之上，并把人摆脱物的束缚的活动暂定为"自主活动"。马克思恩格斯此时没有抽象地谈"自主活动"，而是历史的分析。"在以前各个时期，自主活动和物质生活的生产是分开的，这是因为它们是由不同的人承担的，同时，物质生活的生产由于各个人本身的局限性还被认为是自主活动的从属形式"。①"在以前各个时期"具体是指无产阶级占有制之前，自主活动只能是少数统治阶级的权利，而广大的被统治阶级只能被迫从事繁重的生产活动。而只有无产阶级革命才能实现各个人的自主活动，"只有完全失去了整个自主活动的现代无产者，才能够实现自己的充分的、不再受限制的自主活动，这种自主活动就是对生产力总和的占有以及由此而来的才能总和的发挥。过去的一切革命的占有都是有限制的；各个人的自主活动受到有局限性的生产工具和有局限性的交往的束缚"。只有在无产阶级占有制下，"自主活动才同物质生活一致起来，而这又是同各个人向完全的个人的发展以及一切自发性的消除相适应的。"②"自主活动"是在现实生活中，人类创造性改变周围世界的、具体的、历史的活动。这种活动的创造性是有现实条件制约着的，"在这些条件下，生存于一定关系中一定的个人独立生产自己的物质生活以及与这种物质生活有关的东西，因而这些条件是个人的自主活动的条件。"③ 在市民社会条件下，"个人的行为不可避免地受到物化、异化，同时又表现为不依赖于个人的、通过交往而形成的力量。"④ 人的自主活动需要在历史过程中不断确立和实现，在人类历史发展的每一个具体时期，人们的自主活动必然要受到客观条件的制约，但这并不意味着自主活动始终处在被动的位置，它可以能动地反作用于世界。"这些不同的条件，起初是自主活动的条件，后

① 《德意志意识形态》（节选本），人民出版社 2003 年版，第 73 页。
② 同上书，第 74 页。
③ 同上书，第 68 页。
④ 《马克思恩格斯全集》第 3 卷，人民出版社 1960 年版，第 273 页。

来却变成了它的桎梏，它们在整个历史发展过程中构成一个有联系的交往形式的序列，交往形式的联系就在于：已成为桎梏的旧交往形式被适应于比较发达的生产力，因而也适应于进步的个人自主活动方式的新交往形式所代替；新的交往形式又会成为桎梏，然后又为别的交往形式所代替。"①

---

① 《德意志意识形态》（节选本），人民出版社 2003 年版，第 68 页。

第七章　马克思人本思想的深化和总结

马克思首先是革命家，再好的理论只能在实践中才能验证。马克思在形成科学人本思想之后，紧接着就需要把这种理论付诸实施，在现实的社会关系中实现人的自由本质。在《共产党宣言》中，马克思运用历史唯物主义的方法，从现实的社会关系和阶级关系出发研究人本问题，指明了实现人本思想的现实道路。在《资本论》中，马克思从政治经济学的角度，深入资本主义社会内部，剖析了个人劳动与社会劳动的矛盾运动，揭示了资本家对工人的剥削，以及资本主义必然被共产主义所代替的历史必然性。

第一节　《共产党宣言》中的人本思想

《共产党宣言》是《论犹太人问题》、《1844 年经济学哲学手稿》、《关于费尔巴哈的提纲》、《德意志意识形态》等著作中思想的彻底发挥、贯彻和总结，它的发表标志着马克思人本思想的成熟和深化，为全世界无产阶级指明了扬弃异化、争取自由的现实道路，是指导人类解放的伟大旗帜。恩格斯指出："从来没有一个策略纲领像这个策略纲领一样是得到了证实的。它在革命前夜被提出后，就经受住了这次革命的检验；并且从那时起，任何一个工人政党每当背离这个策略纲领的时候，都因此而受到了惩罚。"[1] 列宁指出："这本书的篇幅不多，价值却相当于多部巨著：它的精神至今还鼓舞着、推动着文明世界全体有组织的正

---

① 《马克思恩格斯选集》第 4 卷，人民出版社 1995 年版，第 181 页。

在进行斗争的无产阶级。"① 俄国的十月革命和中国的新民主主义和社会主义革命都是在《共产党宣言》的鼓舞下取得胜利的。

一 人在资产阶级社会中的生活状态

马克思在《共产党宣言》中，不再追求人的抽象类本质，而是真实考察人在现实社会关系中的地位和作用。"至今一切社会的历史都是阶级斗争的历史。"② 阶级关系是社会关系的基本内容，不同阶级的人具有不同的生活方式和思维方式。

在各个历史时代，社会完全被划分为各个不同的等级。在古罗马，有贵族、骑士、平民、奴隶；在中世纪，有封建主、臣仆、行会师傅、帮工、农奴。不同阶级的人处在相互对立的社会关系中，当这种阶级关系对立到人无法容忍的地步，被压迫阶级就会揭竿而起，发动革命推翻压迫者的反动统治。"自由民和奴隶、贵族和平民、领主和农奴、行业师傅和帮工，一句话，压迫者和被压迫者，始终处于相互对立的地位，进行不断的、有时隐蔽有时公开的斗争，而每一次斗争的结局都是整个社会受到革命改造或者斗争的各阶级同归于尽。"③

在资产阶级时代，阶级关系简单化了。整个社会日益分裂为两大敌对的阵营，分裂为两大直接对立的阶级：资产阶级和无产阶级。资产阶级的形成存在一个历史发展过程，从中世纪的农奴到城市市民，最后发展成资产阶级。资产阶级形成的决定因素是生产方式的改变。随着美洲的发现、东印度和中国市场的开辟，"交换手段和一般商品的增加，使商业、航海业和工业空前高涨，因而使正在崩溃的封建社会内部的革命因素迅速发展。以前那种封建的或行会的工业经营方式已经不能满足随着新市场的出现而增加的需求了。工场手工业代替了这种经营方式。行会师傅被工业的中间等级排挤掉了；各种行业组织之间的分工随着各个作坊内部的分工的出现而消失了。但是，市场总是在扩大，需求总是在增加。甚至工场手工业也不再能满足需要了。于是，蒸汽和机器引起了

---

① 《列宁选集》第1卷，人民出版社1995年版，第93页。
② 《马克思恩格斯选集》第1卷，人民出版社1995年版，第272页。
③ 同上。

工业生产的革命。现代大工业代替了工场手工业；工业中的百万富翁，一支一支产业大军的首领，现代资产者，代替了工业的中间等级。"①

资产阶级的历史发展伴随着相应的政治上的进展。在封建社会，它曾经是被压迫的阶级。在工场手工业时期，它是与贵族相抗衡的社会。在大工业时期，资产阶级在代议制国家里夺取了独占的统治权。"现代的国家政权不过是管理整个资产阶级的共同事务的委员会罢了。"② 资产阶级无情地斩断了把人们束缚于天然尊长的形形色色的封建羁绊，使人和人之间除了赤裸裸的利害关系，除了冷酷无情的"现金交易"，就再也没有任何别的联系了。它把人的尊严变成了交换价值，用公开、无耻和露骨的剥削代替了由宗教幻想和政治幻想掩盖的剥削。

资产阶级扩大联系的法宝在于生产方式和商品交换。由于资本主义生产方式的改进和交通的便利，"商品的低廉价格，是它用来摧毁一切万里长城、征服野蛮人最顽强的仇外心理的重炮。"③ 资产阶级社会的生产方式和交往方式是在封建社会里形成的，但由于它能产生封建社会无法企及的高效率，封建社会必然被摧毁。资产阶级在降低成本，赚钱利润的驱使下，必须不断扩大产品的销路，到处开发，到处建立联系，使一切国家的生产和消费都成为世界性的了。古老的民族工业每天都在被消灭，被新的工业排挤掉，大工业生产方式成为一切民族性命攸关的问题。地方的或者民族的自给自足和闭关自守状态，被各民族的各方面的互相往来和各方面的依赖所代替。

资产阶级的生产关系不受人的控制。资产阶级社会曾经在历史上起过积极作用，"资产阶级在它的不到一百年的阶级统治中所创造的生产力，比过去一切世代创造的全部生产力还要多，还要大。"④ 资产阶级生产关系虽然促进了生产力的发展，但它却无法按照人的美好愿望运行，总是周期性地出现危机。在商业危机期间，总是要毁灭掉大部分的制成品，破坏大部分的生产力。生产过剩像瘟疫一样无法抹去，社会突然回到了野蛮状态。究其原因在于，社会文明过度，生活资料太多，工

---

① 《马克思恩格斯选集》第 1 卷，人民出版社 1995 年版，第 273 页。

② 同上书，第 274 页。

③ 同上书，第 276 页。

④ 同上书，第 277 页。

商业太发达。社会生产力已经强大到资产阶级生产关系所不能适应的地步，资产阶级只能采取消灭生产力和扩大新市场的方式来消化危机。

资产阶级不仅锻造了置自身于死地的武器，还产生了运用这种武器的人，即无产者。无产阶级的发展与资产阶级的发展基本上是同步的，无产者在失去生产资料的情况下，只有被迫到资本家的工厂打工，出卖自己的劳动。这些出卖劳动的工人，就像其他任何商品一样，同样受到竞争和市场的影响。只有当工人的劳动能够带来增殖的时候，工人才可能被雇佣。"现代的工人只有当他们找到工作的时候才能生存，而且只有当他们的劳动增殖资本的时候才能找到工作。"①

无产者的劳动已经失去任何独立的性质，工人变成了机器的附庸品。由于推广机器和分工，工人只被要求做极其简单、极其单调和极易学会的操作。工人像士兵一样被组织起来，受着各级军士和军官的层层监视。"他们不仅仅是资产阶级的、资产阶级国家的奴隶，他们每日每时都受机器、受监工、首先是受各个经营工厂的资产者本人的奴役。这种专制制度越是公开地把营利宣布为自己的最终目的，它就越是可鄙、可恨和可恶。"② 工人在劳动的过程中无法自主，而是成为可有可无的附庸，这种劳动使人无法感到满意，而只能感到厌恶。随着机器的发展，分工越来越细，工人的劳动量也就越增加，可花在工人身上的费用，只限于维持工人生活和延续工人后代所必需的生活资料。随着机器的发展，对于工人阶级而言，性别和年龄的差别已经没有什么意义了，他们都只是劳动工具。

二 实现马克思人本思想的路径：无产阶级革命

在《〈黑格尔法哲学批判〉导言》中，马克思试图通过无产阶级革命，推翻奴役人的资产阶级社会制度，实现人的自由本质，但是基本的立足点是人的异化逻辑。在《共产党宣言》中，马克思是从社会的基本矛盾来阐明无产阶级的革命性和主体性。

无产阶级的革命性和主体性不仅因为资产阶级社会奴役人，而且因

---

① 《马克思恩格斯选集》第1卷，人民出版社1995年版，第279页。
② 同上。

为资产阶级社会存在无法克服的危机。工人的劳动必然带来资本增殖的情况下，工人才能找到工作，而返还给工人的工资仅仅够他们的生活所需。这就势必带来"生产过剩的瘟疫"。资本家不可能放弃对工人的剥削，资本家和工人的日常消费不可能消化大工业生产的大量物质产品，这就导致生产过剩越积越多，最后只能爆发商业危机。可以看出，"资本主义的生产关系已经太狭窄了，再容纳不了它本身所造成的财富了。"① 商业危机带来生产力的巨大破坏和大量工人失业，工人失去生活来源，遭受巨大的损失。当这种危机积累到一定程度，无产阶级革命就必然爆发。

无产阶级反对资产阶级的斗争是和它的存在同时开始的。最初是单个工人与直接剥削他的单个资本家作斗争。工人不仅攻击资产阶级的生产关系，而且攻击生产工具本身，比如捣毁机器、烧毁工厂。在这个阶段，工人的斗争是分散的。工人的大规模集结，还不是他们自己联合的结果，而是资产阶级为了达到自己的政治目的，而暂时把整个无产阶级发动起来。所以，在这个阶段，无产阶级并不是同自己的敌人作斗争，而是同敌人的敌人作斗争，这种情况下取得的每一个胜利都是资产阶级的胜利。

随着工业的发展，无产阶级的人数不仅增加了，而且结成了更大的集体。机器使劳动的差别越来越小，工资水平也降到大致水平，所以无产阶级内部的利益和生活状况也越来越趋于一致。资本家的彼此竞争以及商业危机的频繁爆发，使工人的工资越来越不稳定，工人的生活水平得不到应有的保障，单个工人与单个资本家之间的对立越来越具有两个阶级相互冲突的性质。工人开始自觉地成立反对资产者的同盟，联合起来保护自己的经济地位。有些地方，工人的斗争转化为起义。

工人斗争取得的成果不是直接的胜利，而是越来越大的联合。这种联合得益于日益发达的交通工具，这种交通工具为大规模工人的联合奠定物质基础。有了这种大规模的联系，就能把许多性质不同的地方性的斗争汇成全国性的斗争，汇成阶级斗争。"中世纪的市民靠乡间小道需

---

① 《马克思恩格斯选集》第1卷，人民出版社1995年版，第278页。

要几百年才能达到的联合，现代的无产者利用铁路只要几年就可以达到了。"①

无产阶级是真正革命的主体。在同资产阶级对立的一切阶级中，只有无产阶级是真正革命的阶级，无产阶级是大工业本身的产物，其余的阶级都是随着大工业的发展而日趋没落和灭亡。中间等级，即小工业家、小商人、手工业者、农民，他们同资产阶级作斗争，是为了维护他们中间等级的生存。所以，他们不是革命的，而是保守的。无产者不同于中间等级，他们是没有财产的，他们的家庭关系与资产阶级的家庭关系没有任何共同之处。现代的工业劳动和资本压迫，无论是在英国、法国、德国还是美国，都是一样的，这就使无产者失去了任何民族性。

无产阶级革命是为绝大多数人谋利益。过去一切阶级在争得统治权之后，总是使整个社会服从特定阶级的利益。无产阶级自身没有什么东西需要保护，他们只是摧毁保障私有财产的一切，所以说无产阶级的运动是为绝大多数人谋利益的运动。无产阶级反对资产阶级的斗争首先是一国范围内的斗争，然后逐步扩大到全世界。资产阶级无意中造就的工业进步，使工人有可能通过结社而达到革命的联合。资产阶级的灭亡和无产阶级的胜利是同样不可避免的。

三 马克思人本思想的旨归：实现人的自由全面发展

《共产党宣言》的核心思想不是消灭私有制，而是马克思的人本思想，其旨归是实现人的自由全面发展。在以往的解读中，人们把消灭私有制当作《共产党宣言》的核心。在社会各方面条件都达不到的情况下，就一味地试图消灭私有制，结果导致非常严重的后果。

恩格斯生前为《共产党宣言》曾经写下七篇序言，为我们科学理解《共产党宣言》提供了科学的方法论。他认为《共产党宣言》中的原理"随时随地都要以当时的历史条件为转移，所以第二章末尾提出的那些革命措施根本没有特别的意义。"② 由此看出，《共产党宣言》的主旨是实现人的自由全面发展，至于如何实现需要视当时的实际情况而

---

① 《马克思恩格斯选集》第1卷，人民出版社1995年版，第281页。
② 同上书，第258页。

定。马克思那些革命措施就是根据当时的社会情况提出来的。

实现人的自由是马克思一贯的思想。在《1844 年经济学哲学手稿》中，马克思把人的自由自觉劳动看作人的类本质，通过扬弃异化劳动复归人的自由本质，此时马克思的核心逻辑是人的异化和复归。在《德意志意识形态》中，马克思通过分工论述生产力与交往方式的矛盾运动，最后实现人的自主活动。此时，马克思确立了科学的历史观，把人的自由活动建立在社会基本矛盾运动的基础之上。但马克思此时是借用斯密经济学的核心概念——分工，来批判资产阶级社会，阐明共产主义的历史必然性。分工作为实证概念无法深入到资产阶级社会的劳动层面，无法科学说明资本家剥削工人的整个过程。

在《共产党宣言》中，马克思开始使用"雇佣劳动"，来批判资产阶级社会，以及实现人的自由全面发展的历史必然性。雇佣劳动是资本存在的客观条件，因为只有雇佣劳动才能带来资本的增殖。"难道雇佣劳动，无产者的劳动，会给无产者创造出财产来吗？没有的事。这种劳动所创造的是资本，即剥削雇佣劳动的财产，只有在不断产生出新的雇佣劳动来重新加以剥削的条件下才能增殖的财产。"① 雇佣劳动的平均价格是最低限度的工资，即工人为维持其工人的生活所必需的生活资料的数额。因此，雇佣劳动创造的价值大部分被资本家剥削了，仅剩下能够勉强维持工人生命的可怜工资。在这种占有方式下，工人仅仅为增殖资本而活着，只有统治阶级利益需要他活着的时候才能活着。人的自由离不开物质资料，所以，实现人的自由不是消灭物质生产资料，而是消灭这种不平等的物质资料的占有方式。"我们决不打算消灭这种供直接生命再生产用的劳动产品的个人占有，这种占有并不会留下任何剩余的东西使人们有可能支配别人的劳动。我们要消灭的只是这种占有的可怜的性质"。②

在资产阶级社会，资本具有独立性和个性，而活动着的个人却没有独立性和个性。个人只是资本增殖的工具和手段，资本这种物却成为社会发展的主体。资产阶级认为所谓自由就是自由贸易和自由买卖，工人

① 《马克思恩格斯选集》第 1 卷，人民出版社 1995 年版，第 286 页。
② 同上书，第 287 页。

可以自由出卖劳动力，就认为工人是自由的。自由具有历史性，工人的这种自由，只有相对于中世纪被奴役的市民来说，才是有意义的。而对于实现人的自由全面发展来说，是完全没有意义的，因为共产主义要消灭这种自由买卖、消灭资产阶级生产关系和资产阶级本身。

只有消灭阶级差别的共产主义社会才能真正实现人的自由全面发展。在阶级社会中，总是会有统治阶级和被统治阶级，统治阶级为了实现自己的利益，通常打着实现社会利益的旗号，实质上对被统治阶级实行阶级压迫。无产阶级没有自身的特殊利益，当无产阶级取得统治权时，"无产阶级将利用自己的政治统治，一步一步地夺取资产阶级的全部资本，把一切生产工具集中在国家即组织成为统治阶级的无产阶级手里，并且尽可能快地增加生产力的总量。"① 尽一切可能消灭阶级差别，"当阶级差别在发展进程中已经消失而全部生产集中在联合起来的个人的手里的时候，公共权力就失去政治性质。"② 可见，无产阶级在消灭资产阶级生产关系的同时，也就消灭了阶级对立的存在条件，从而消灭了它自己这个阶级的统治。"代替那存在着阶级和阶级对立的资产阶级旧社会的，将是这样一个联合体，在那里，每个人的自由发展是一切人的自由发展的条件。"③

第二节　《资本论》及其手稿中的人本思想

在《资本论》及其手稿中，马克思实现了人本思想与资本批判、社会历史分析的统一。他从个人劳动和社会劳动的矛盾运动出发，解蔽了笼罩在商品、货币和资本身上的物的外衣，直达这些物压迫人的层面。在揭示剩余劳动与剩余价值的基础之上，科学论证了以人为本的共产主义社会必然代替以物为本的资本主义社会。

一　马克思人本思想的深层分析

经过经济学的深入研究，马克思区分了抽象劳动和具体劳动、个人

---

① 《马克思恩格斯选集》第 1 卷，人民出版社 1995 年版，第 293 页。
② 同上书，第 294 页。
③ 同上。

劳动和社会劳动，扬弃了英国古典政治经济学的观点，为科学解决人本问题奠定了基础。在马克思之前，英国古典政治经济学已经提出劳动价值论，亚当·斯密已经认识到商品二因素；大卫·李嘉图甚至提出商品的价值量由社会必要劳动量决定，而不是由生产商品实际耗费的劳动量。但他们由于没有区分抽象劳动与具体劳动、个人劳动与社会劳动，所以在价值的形式、本质和源泉方面出现重大失误。马克思在批判古典政治经济学的基础之上，创立了劳动二重性理论，科学解决了人的劳动在商品价值形成过程中的不同作用，揭示了剩余劳动的源泉，为实现人的自由指明了方向。

（一）商品拜物教：人的劳动物化为特殊商品

与普通物品不同，商品是一种具有神秘性质的东西。普通的物品只是能够满足人的某种需要，并没有什么神秘的地方。可是，当普通物品变成了商品，它就"转化为一个可感觉而又超感觉的物"。① 商品的奥秘在于："商品形式在人们面前把人们本身劳动的社会性质反映成劳动产品本身的物的性质，反映成这些物的天然的社会属性，从而把生产者同总劳动的社会关系反映成存在于生产者之外的物与物之间的社会关系。由于这种转换，劳动产品成了商品，成了可感觉而又超感觉的物或者社会的物。"② 劳动产品本来是人的劳动的物化，应该反映人的社会关系，但劳动产品一旦成为商品，人的社会关系就颠倒为物的社会关系，具有拜物教的性质。"劳动产品一旦作为商品来生产，就带上拜物教性质，因此拜物教是同商品生产分不开的。"③

私人劳动产品只有通过交换才能成为商品。劳动产品实际上是彼此独立的私人劳动的物化，这种私人劳动的总和构成社会总劳动。为了满足自身的需要，个人必须通过交换获得他人生产的物品。交换使私人劳动产品与社会相接触，私人劳动的社会性质只有在这种交换中才能表现出来，私人劳动产品只有通过交换才能成为商品。人与人之间的关系"不是表现为人们在自己劳动中的直接的社会关系，而是表现为人们之

---

① 《马克思恩格斯全集》第 44 卷，人民出版社 2001 年版，第 88 页。
② 同上书，第 89 页。
③ 同上书，第 90 页。

间的物的关系和物之间的社会关系。"①

通过交换，私人劳动取得了二重的社会性质，"一方面，生产者的私人劳动必须作为一定的有用劳动来满足一定的社会需要，从而证明它们是总劳动的一部分，是自然形成的社会分工体系的一部分。另一方面，只有在每一种特殊的有用的私人劳动可以同任何另一种有用的私人劳动相交换从而相等时，生产者的私人劳动才能满足生产者本人的多种需要。"② 使用价值和具体劳动不同的物品之所以能够交换，是因为抽去了它们的实际差别，只剩下共同的人类劳动力耗费，即抽象劳动。

在交换之前，商品的具体劳动和抽象劳动，商品生产者的个性和社会性都体现在劳动产品身上。在最简单的物物交换中，商品的价值取得了不同于它自然形式的交换价值形式。以此为基础，商品的具体劳动和社会劳动就分别有了不同的表现形式。但此时劳动的社会性质还不能体现在"一般商品"或"代表一般"的东西上，而只能体现在某种特殊劳动的特殊产品上。

（二）货币拜物教：人的劳动物化为货币一般

随着交换的深入和发展，自发地形成一个被社会公认地一般等价物。最初，这种一般等价物还没有固定在某种商品身上。在不同地区、不同时期，充当一般等价物的商品往往不同。随着生产的发展，出现了大量的剩余产品，交换就突破了地区的限制，一般等价物就固定在黄金等贵金属身上，价值形式就发展到货币阶段。"随着商品交换日益突破地方的限制，从而商品价值日益发展成为一般人类劳动的化身，货币形式也就日益转到那些天然适于执行一般等价物这种社会职能的商品身上，即转到贵金属身上。"③ 货币的出现使商品交换从物物交换发展到以货币为媒介的商品流通。

货币用物的形式掩盖了私人劳动的社会性质以及私人劳动者的社会关系。商品拜物教只是拜物教的初级形式，人的劳动并没有被商品完全掩盖。货币拜物教是商品拜物教的深化，从货币身上看不出它是由什么

---

① 《马克思恩格斯全集》第44卷，人民出版社2001年版，第90页。

② 同上。

③ 同上书，第108页。

东西转化而成的。在资本主义社会，任何商品的生产和交换都必须以获取货币为中心，只有被货币量化的物品才能进行生产和交换。"一切东西，不论是不是商品，都可以转化成货币。一切东西都可以买卖。流通成了巨大的社会蒸馏器，一切东西抛到里面去，再出来时都成为货币的结晶。连圣徒的遗骨也不能抗拒这种炼金术，更不用说那些人间交易范围之外的不那么粗陋的圣物了。"① 商品一切质的差别在货币面前完全消失了。

货币是作为一般等价物而存在的，但在资本主义社会，货币的这种中介反而成为目的。货币形式只是其他各种商品交换关系固定在一种商品上面的反映。货币在商品交换过程中，仅起到"单纯符号"的作用，看不出货币本身的价值。这就形成一种假象：把货币说成是人随意思考的产物，货币关系背后的人的劳动价值已经看不见了。当货币与一种特殊商品的自然形式结合在一起，即结晶为货币形式的时候，这种假象就完全形成了。"一种商品成为货币，似乎不是因为其他商品都通过它来表现自己的价值，相反，似乎因为这种商品是货币，其他商品才都通过它来表现自己的价值。"② 货币作为中介的运动消失了，反而成为不受人控制的物，货币的魔术由此而来。"人们自己的生产关系的不受他们控制和不以他们有意识的个人活动为转移的物的形式，首先就是通过他们的劳动产品普遍采取商品形式这一点而表现出来。因此，货币拜物教的谜就是商品拜物教的谜，只不过变得明显了，耀眼了。"③

（三）资本拜物教：资本完全遮蔽人的劳动

商品拜物教和货币拜物教在日常生活中还能够被人的感官感觉到，而资本拜物教根本无法直接用感官来感觉。

作为货币的货币与作为资本的货币的区别在于具有不同的流通形式。作为货币的流通形式为 $W - G - W'$，为了买而卖。作为资本的流通形式为 $G - W - G'$，为了卖而买。其中的 $G' = G + \Delta G$，"即等于原预付货币额加上一个增殖额。我把这个增殖额或超过原价值的余额叫作剩余

---

① 《马克思恩格斯全集》第44卷，人民出版社2001年版，第155页。
② 同上书，第112页。
③ 同上书，第113页。

价值。"① 正是这个运动使价值转化为资本。在升息资本的场合，G－W－G′的流通简化为没有中介的结果，表现为一种简练的形式，G－G′。资本在这里完全抛弃了自身的社会关系及其社会历史属性，成为一个自动的主体。"价值在这里已经成为一个过程的主体，在这个过程中，它不断地变换货币形式和商品形式，改变着自己的量，作为剩余价值同作为原价值的自身分出来，自行增殖着。既然它生出剩余价值的运动是它自身的运动，它的增殖也就是自行增殖。"② 这就是资本拜物教的秘密所在，资本变成这个世界的主人，任何人都必须服从资本的运行法则，无论是无产阶级，还是资产阶级都无法幸免。资本家作为资本的人格化，其物化病最为严重。"作为资本家，他只是人格化的资本。他的灵魂就是资本的灵魂。而资本只有一种生活本能，这就是增殖自身，创造剩余价值，用自己的不变部分即生产资料吮吸尽可能多的剩余劳动。资本是死劳动，它像吸血鬼一样，只有吮吸活劳动才有生命，吮吸活劳动越多，它的生命就越旺盛。"③

工人的工作日可以分为必要劳动时间和剩余劳动时间。资本家为了最大限度地剥削工人，占有剩余价值，总是千方百计地压缩工人的必要劳动时间，延长剩余劳动时间。工人的劳动时间受到工人身体承受能力的限制，所以工人的劳动时间是有限度的。资本家在资本增殖的驱使下，总是试图把工人的劳动时间向身体极限忍耐时间逼近，甚至不惜损害工人的身体健康。"你无限制地延长工作日，就能在一天内使用掉我三天还恢复不过来的劳动力的量。你在劳动上这样赚得的，正是我在劳动实体上损失的。"④ 资本家坚持他作为劳动力买者的权利，他尽量延长工作日。另一方面，工人作为劳动力的卖者，坚持卖者的权利，要求把工作日限制在一定的正常量内。于是就出现了二律背反，权利与权利的对抗，而这两种权利都是商品交换规律所承认的。在这种平等的权利之间，资本主义暴露了天赋人权的虚伪，最终起作用的是物质力量，无产阶级只有联合起来才能捍卫自身的权利，赢得这场斗争的胜利。

---

① 《马克思恩格斯全集》第44卷，人民出版社2001年版，第176页。
② 同上书，第180页。
③ 同上书，第269页。
④ 同上书，第270页。

资本的形成与发展使一切经济活动普遍起来。资本产生之前，商品主要表现为一些剩余产品，大部分生产资料和生活资料并没有进入交换领域。"商品作为产品的一般形式同样在实质上表现为资本的产品和结果。在其他生产方式下，产品只是部分地采取商品形式。"① 当劳动力成为商品，资本形成之后，一切产品就变成商品。"一旦劳动能力（不是工人）转化成了商品，因而一旦商品的范畴从一开始就已占有它从前没有占有的整个领域，货币——它本身只是商品的一种转化形式——就转化为资本。一旦劳动人口不再作为商品生产者进入市场，不再出卖劳动产品，而是出卖劳动本身，或者更确切地说，出卖他们的劳动能力，那么，生产就会在整个范围内，在全部广度和深度上成为商品生产，一切产品都变成商品，每一个个别生产部门的物的条件本身都作为商品进入该部门。"② 当一切产品成为商品，那么人们的一切经济活动就互相联系起来。工人的劳动力如果不卖出，就无法形成价值，就无法满足工人的生存需要。资本家如果不买入劳动力和生产设备，资本就会枯萎死亡。资本关系使每一个人必须交换，也能够交换，人的社会关系普遍化了。

二　马克思人本思想的现实指向：消灭雇佣劳动

雇佣劳动是资本主义特有的劳动形式，它是导致工人受剥削的制度根源。马克思要实现人的自由全面发展，必须消灭不平等的雇佣劳动制度。

雇佣劳动剥削工人具有隐蔽性。从表面上看，雇佣劳动好像是工人自愿到资本家的工厂里进行劳动，不像奴隶劳动和徭役劳动，它并不存在强迫者。实际上，雇佣劳动是非常巧妙实现强迫和统治，工人找不到具体的强迫者，但受抽象统治。资本就是比商品和货币更为神秘的抽象，资本这种抽象对人的统治就是通过雇佣劳动来实现的。"雇佣劳动是设定资本即生产资本的劳动，也就是说，是这样的活劳动，它不但把它作为活动来实现时所需要的那些对象条件，而且还把它作为劳动能力

---

① 《马克思恩格斯全集》第 47 卷，人民出版社 1979 年版，第 353 页。
② 同上。

存在时所需要的那些客观要素，都作为同它自己相对立的异己的权力生产出来，作为自为存在的、不以它为转移的价值生产出来。"① 雇佣劳动实质上是工人失去生产资料，被迫与资本家的生产资料相结合的劳动。表面上的自愿背后是极大的不自愿，雇佣劳动仍然是一种外在的、强制性的劳动。

雇佣劳动不是直接占有工人的劳动，而是向工人购买劳动，为剩余劳动的产生创造条件。工人与资本家都是独立的一方，互不依赖。"其中的一方——以独立的、自为存在的价值的形式表现劳动的对象条件的那一方"。② 工人的劳动力存在于工人自身，但工人缺少发挥劳动力作用的生产资料和生活资料。资本家具有足够的物质积累，这种物质积累可以为吸收剩余劳动提供条件。资本家与工人的关系不是直接的占有关系，而是以交换价值为基础的利益关系。工人出卖劳动力，换取生存发展的物质资料。资本家雇佣工人，换取资本的增殖。"把创造价值，价值自行增殖，创造货币当作最终目的，而不是把直接的享用或创造使用价值当作最终目的。"工人与资本家都是独立的一方，互不依赖。"其中的一方——以独立的、自为存在的价值的形式表现劳动的对象条件的那一方"。③ 这种交换是一种形式上平等，是骗人的表面现象。工人其实出卖的是劳动所有权，不是量上的劳动，而是劳动的质。一旦出卖，工人就像一架"活的工作机"，只有资本家才有权让它停下。"资本家换来劳动本身，这种劳动是创造价值的活动，是生产劳动；也就是说，资本家换来这样一种生产力，这种生产力使资本得以保存和倍增，从而变成了资本的生产力和再生产力，一种属于资本本身的力。"④

只有把劳动资料还给劳动者，才能消灭雇佣劳动，实现人的自由。工人明明知道出卖劳动力给资本家会遭受剥削，那又为什么要出卖呢？因为工人一无所有。"工人正是把这种生命活动出卖给别人，以获得自己所必需的生活资料。可见，工人的生命活动对于他不过是使他能以生存的一种手段而已。他是为生活而工作的。他甚至不认为劳动是自己生

---

① 《马克思恩格斯全集》第44卷，人民出版社2001年版，第445—456页。
② 同上书，第456页。
③ 同上。
④ 《马克思恩格斯全集》第30卷，人民出版社1995年版，第232页。

活的一部分；相反地，对于他来说，劳动就是牺牲自己的生活。劳动是已由他出卖给别人的一种商品。因此，他的活动的产物也就不是他活动的目的。"① 只有消灭生产资料与生产者的分离，让劳动者自己掌握劳动资料，劳动者才可能按照自己的愿望支配自己的劳动，从而摆脱被剥削的悲惨地位。

只有消灭资本主义交换体系，才能消灭雇佣劳动。工人的劳动必须满足社会的需要，才能形成可持续发展，资金才能正常运转。这就需要交换这个中间环节来消除个人劳动与社会劳动的矛盾。个人劳动向社会劳动转化的过程中，物化在所难免，因为交换体系中必然要求一个被大多数人认可的一般等价物，否则就无法衡量商品交换的比例关系，造成商品交换的紊乱。所以，消除物化和奴役，就必须消除整个物化的交换体系，使人的劳动产品直接交换，各取所需。"为了使劳动重新把劳动的客观条件当做自己的财产，像我们已经看到的，造成对象化劳动同劳动能力的交换，因而导致不通过交换而占有活劳动。"②

三　马克思人本思想的历史进程：社会发展的三形态

从历史发展的角度研究人本思想是马克思各个时期的显著特点。在《1844 年经济学哲学手稿》中，马克思以人的自由自觉的劳动为尺度，把人类社会分为：人的自由自觉劳动阶段，异化劳动阶段、扬弃异化劳动恢复人与自然的统一阶段。在《德意志意识形态》中，马克思根据分工和生产关系的所有制性质把人类社会分为五种：部落所有制、古代公社所有制、封建等级所有制、资本主义所有制和共产主义公有制。在《资本论》中，马克思再一次立足于人类社会的生存状态，划分人类历史三形态：人的依赖、物的依赖和人的自由个性。

（一）人的依赖

人的依赖阶段主要是指前资本主义社会的各个历史阶段，其基本特征在于人的社会关系局限在血缘、地缘等自然共同体内部，在共同体内部，人基于辈分、权力等处于直接的依赖关系。"人的依赖关系（起初

---

① 《马克思恩格斯全集》第 6 卷，人民出版社 1961 年版，第 477 页。
② 《马克思恩格斯全集》第 30 卷，人民出版社 1995 年版，第 505 页。

完全是自然发生的），是最初的社会形式，在这种形式下，人的生产能力只是在狭小的范围内和孤立的地点上发展着。"①

个人经济活动的目的是为了共同体的生存，个人的生存方式、物质需要和社会地位都由共同体提供和决定。每个人都把自己当作共同体的成员，个人进行物质生产不是为了实现个人利益，而是实现共同体的利益。在共同体内部，个人获取生活资料的方式不是根据平等原则进行物质交换，而是根据等级关系进行不平等的分配。真正的交换只发生在不同的共同体之间，而不是个人之间。"如果考察的是产生出不发达的交换、交换价值和货币的制度的那种社会关系，或者有它们的不发达程度与自身相适应的那种社会关系，那么一开始就很清楚，虽然个人之间的关系表现为较明显的人的关系，但他们只是作为具有某种规定性的个人而互相发生关系，如作为封建主和臣仆、地主和农奴等等，或作为种姓成员等等，或属于某个等级等等。"②

在人的依赖阶段，占有土地是物质生产的基本条件。土地的争夺常常伴随战争，只有共同体才能有力量占有土地，孤立的个人实际上是无法占有土地的。个人能否占有土地取决于他所在的共同体能否与其他共同体在占有土地的战争中取得胜利。个人的命运与共同体的命运紧紧相连。在集体耕种的部落所有制中，个人只是作为共同体的一个肢体在耕种。

个人依靠共同体的另一表现为共同体可以提供农业生产必不可少的水利工程。农业生产的对象是各种农作物，农作物的生长依赖水利工程。可以说，水利是农业生产的命脉。大型的水利工程是个人无法完成的，只能依靠共同体。

（二）物的依赖

随着生产的发展和交换的扩大，人逐渐摆脱了共同体的依赖，成为实现个人利益的主体。人们之间的社会联系不再表现为人的依赖关系，而表现为物的依赖关系。"以物的依赖性为基础的人的独立性，是第二大形式，在这种形式下，才形成普遍的社会物质变换、全面的关系、多

---

① 《马克思恩格斯全集》第30卷，人民出版社1995年版，第107页。
② 同上书，第113页。

方面的需要以及全面的能力的体系。"①

价格和交换古已有之，但只有在资本主义社会，在自由竞争的社会，交换才得到充分的发展，延及到一切社会关系，一切产品和活动都可以转化为交换价值。个人不再依赖共同体就可以直接进行交换，实现个人利益，获得自己的生活所需。共同体的存在价值已经被社会交换体系所取代，它的解体不可避免。"一切产品和活动转化为交换价值，既要以生产中人的（历史的）一切固定的依赖关系的解体为前提，又要以生产者互相间的全面的依赖为前提。每个个人的生产，依赖于其他一切人的生产；同样，他的产品转化为他本人的生活资料，也要依赖于其他一切人的消费。"②

个人失去了共同体的保护，只能依靠物的交换体系。国家经济学家强调个人在追求私人利益的时候，也就实现了普遍利益。"每个人追求自己的私人利益，而且仅仅是自己的私人利益；这样，也就不知不觉地为一切人的私人利益服务，为普遍利益服务。"③ 马克思认为这不是关键，关键在于私人利益本身已经是社会所决定的利益，社会为个人利益的实现提供了条件和手段。"私人利益是与这些条件和手段的再生产相联系的。这是私人利益；但它的内容以及实现的形式和手段则是由不以任何人为转移的社会条件决定的。"④

人们的社会关系表现为毫不相干的人的普遍联系。在人的依赖阶段，人们在共同体内部是靠血缘和地缘关系连接在一起。在物的依赖阶段，人依靠社会交换体系而生存，无论是谁，只要他能够进入社会交换系统，就能够与其他人建立联系。"这种社会联系表现在交换价值上，因为对于每个个人来说，只有通过交换价值，他自己的活动或产品才成为他的活动或产品；他必须生产一般产品——交换价值，或本身孤立化的，个体化的交换价值，即货币。"⑤ 因为交换的普遍化，人的社会关系转化为物的社会关系，人的能力转化为物的能力。

---

① 《马克思恩格斯全集》第30卷，人民出版社1995年版，第113页。
② 同上书，第105页。
③ 同上书，第106页。
④ 同上。
⑤ 同上。

社会关系对于人来说是个异己的、物的东西。人的活动不管采取怎样的个人表现形式，人生产的产品不管具有怎样的特性，经过交换价值的洗礼，一切特性都已经被否定和消灭，成为一种一般的东西。"这种普遍交换，他们的相互联系，表现为对他们本身来说是异己的、独立的东西，表现为物。"① 个人的产品或活动必须先转化为交换价值的形式，转化为货币，个人通过物的形式才获得自己的社会权力。这证明了两点："（1）个人还只能为社会和在社会中进行生产；（2）他们的生产不是直接的社会的生产，不是本身实行分工的联合体的产物。个人从属于像命运一样存在于他们之外的社会生产；但社会生产并不从属于把这种生产当作共同财富来对待的个人。"②

毫无疑问，这种物的社会关系比单个人之间没有联系要好，也比以自然血缘关系和统治从属关系为基础的地方性联系要好。同样毫无疑问，个人虽然创造了这种物的社会关系，但人们不可能把这种社会关系置于自己的支配之下。同时需要指出，这种不受人控制的物的社会关系不是永恒的，而是历史的，它从属于个人发展的一定阶段。这种社会关系的异己性和独立性只是证明，"个人还处于创造自己的社会生活条件的过程中，而不是从这种条件出发去开始他们的社会生活。这是各个人在一定的狭隘的生产关系内的自发的联系。"③

（三）人的自由个性

社会关系不受人的控制是暂时的，物的依赖阶段为实现人的自由个性创造了条件。"建立在个人全面发展和他们共同的、社会的生产能力成为从属于他们的社会财富这一基础上的自由个性，是第三阶段。第二阶段为第三阶段创造条件。"④

全面发展的个人不是自然的产物，而是历史的产物，只有物质生产力高度发达的阶段才会产生。高度发达的物质生产力不仅创造了巨大的物质财富，而且创造了属于人的社会关系和个人能力的全面性、普遍性。这种属人的关系是人们共同建立的，也是由人们共同控制的社会关

---

① 《马克思恩格斯全集》第30卷，人民出版社1995年版，第107页。
② 同上书，第108页。
③ 同上书，第112页。
④ 同上书，第107—108页。

系。个人劳动直接就是社会劳动，无须借助物的中介，消除了雇佣劳动的根源。人们之间的交换是在共同占有和共同控制生产资料的基础上联合起来的自由交换。

要使这种社会关系成为可能，人的能力的发展必须达到一定的程度，这正是以大工业生产为前提的，在生产出个人与别人相异化的同时，也创造了人的社会关系的普遍性和全面性。所以，实现人的自由全面发展，不是消灭以交换为基础的工业生产力，而是消灭这种物化的生产关系和交换关系。

马克思的三形态理论把物质生产的基础地位和人的价值追求完美地统一起来，体现了人类历史的合规律性和合目的性的统一。

第三节 马克思人本思想的三重维度

马克思人本思想的形成经过一个历史发展过程，这一过程并不是单向度的线性推进，而是在三个理论层面上的有机统一。具体表现为：以自由自觉劳动为尺度的人道主义人本观；以分工为客观依据的广义历史唯物主义人本观；以揭示剩余价值为核心的狭义历史唯物主义人本观。其意义在于澄清与西方人本主义的关系，深化对"以人为本"科学发展观的理解，凸显马克思主义的当代价值；揭露人在资本主义社会所遭受的异化和奴役，为实现人的自由全面发展开辟道路。

一 以自由自觉劳动为尺度的伦理人本观

自由自觉的活动是马克思伦理人本观的理论前提。与费尔巴哈单纯直观的人本观不同，马克思的人本观始终与社会历史相联系。在《1844年经济学哲学手稿》中，马克思的人本观通过人的自由自觉的活动进入社会历史领域，强烈批判"只见事实不见人"的国民经济学。国民经济学总是"从私有制的事实出发"，把"应当加以推论的东西"，"假定为事实、事件"，[①] 这势必遮蔽资本主义的本质，漠视人的异化。马克思从逻辑上直接把国民经济学肯定的现实劳动反转过来，演变为具

① 《马克思恩格斯全集》第3卷，人民出版社2002年版，第267页。

有伦理批判意味的异化劳动。人的异化劳动意味着首先要确立理想中的劳动即自由自觉的劳动为前提，通过现实与理想的强烈反差牵引出伦理批判力。"异化劳动把自主劳动、自由劳动贬低为手段，也就把人的类生活变成维持人的肉体生存的手段。"①

肯定人的对象化劳动、否定人的异化劳动是马克思伦理人本观的本质内容。与费尔巴哈留恋人的自然属性不同，马克思始终侧重于人的社会历史属性。他发现人在现代社会中仍然受到压迫和奴役，"工人在他的产品中的外化，不仅意味着他的劳动成为对象，成为外部的存在，而且意味着他的劳动作为一种与他相异的东西不依赖于他而在他之外存在，并成为同他对立的独立力量"。② 但这种压迫的力量不再来自神和自然，而是来源于人的异化劳动创造出来的客观经济力量。马克思深刻地分析了异化劳动的四个方面：人与自己劳动产品的异化；工人劳动本身的异化；人与类本质的异化和人与人的异化。马克思的异化劳动理论批判性继承了黑格尔的劳动异化理论和费尔巴哈类本质异化理论。黑格尔肯定绝对精神对象化成为自然界和人类社会，认为绝对精神在人类社会中的异化是一种必然，所以对象化就等于异化。费尔巴哈区分了对象化和异化，他肯定对象化而否定异化，上帝是人的本质的异化，所以要打倒上帝回复人的类本质。马克思不仅区分对象化和异化并且推进到对象化劳动和异化劳动层面，重点批判被黑格尔忽视的劳动异化层面。

符合人性的共产主义是马克思伦理人本观的最终目标。早在《德法年鉴》时期，马克思已经完成了从革命民主主义向共产主义的转变，但马克思伦理人本观最终指向共产主义，并不仅仅是因为立场的转变，更重要的是他认为共产主义可以解决现代社会人与自然和人与社会的异化和奴役问题。"它是人与自然界之间、人和人之间的矛盾的真正解决，是存在和本质、对象化和自我确证、自由和必然、个体与类之间的斗争的真正解决。"③ 此时的共产主义还不是社会客观矛盾基础之上的历史必然，而是"人向自身复归"的伦理目标。

---

① 《马克思恩格斯全集》第 3 卷，人民出版社 2002 年版，第 58 页。
② 同上书，第 268 页。
③ 同上书，第 297 页。

二　以分工为客观依据的广义历史唯物主义人本观

马克思人本观的发展与哲学上的突破是内在统一的。在《德意志意识形态》中，马克思通过批判黑格尔和费尔巴哈哲学，确证了广义历史唯物主义，使得马克思人道主义人本观向现实人本观的转换成为可能。历史唯物主义的"狭义"和"广义"之分奠基于不同的逻辑思路。"在'广义的历史理论'（奠基于价值批判思路的社会批判理论）中，着眼于整个人类历史的发展趋势。""在'狭义的历史理论'（奠基于科学分析思路的社会发展理论）中，着眼于'经济的社会形态'的本质及其产生根源。"①

广义历史唯物主义是马克思现实人本观的理论基础。在《1844年经济学哲学手稿》中，马克思以异化劳动为中心对国民经济学实证主义人本观进行了深刻的批判，但从根本上说，这种批判仍是在哲学范围内的人道主义批判。因为无论是黑格尔的绝对精神、费尔巴哈的类本质还是马克思的自由自觉劳动，都是一种形而上学抽象。施蒂纳首先向这种形而上学发难，他认为费尔巴哈用"大写的人"取代上帝，本质上只是用一种概念代替另一种概念，统治者只是换了一副模样，而任何抽象概念都无法涵盖"唯一者"的有限生存，"我是高于一切的"。② 经过施蒂纳的批判，马克思意识到要想打破困境，只有与旧哲学彻底决裂，在新历史观的基础之上才有可能建立科学的人本观。这种历史观不是从每个时代中寻找某种范畴，不是从观念出发来解释实践，而是"从直接生活的物质生产出发阐述现实的生产过程，把同这种生产方式相联系的、它所产生的交往形式即各个不同阶段上的市民社会理解为整个历史的基础"。③ 在新历史观的透视下，人的本质被赋予全新的内涵，它不是单个人所固有的抽象物，而是物质生产活动及其所产生社会关系。"个人怎样表现自己的生活，他们自己就是怎样。因此，他们是什么样，这同他们的生产是一致的——既和他们生产什么一致，又和他们

---

①　张一兵：《马克思哲学的历史原像》，人民出版社2009年版，第276页。
②　施蒂纳：《唯一者及其所有物》，商务印书馆1989年版，第5页。
③　《马克思恩格斯选集》第1卷，人民出版社1995年版，第92页。

怎样生产一致。"①

分工取代异化成为马克思人本观的客观依据。在《德意志意识形态》中，马克思用分工的辩证分析取代了异化的伦理控诉，把人的本质建立在以分工为基础的客观经济运行机制之上，开辟了科学人本观的新路径。首先，分工是生产力的重要表现和社会关系的决定力量。"一个民族的生产力发展的水平，最明显地表现于该民族分工程度。"② 分工、生产力和交往关系共同决定社会关系的历史发展。其次，分工是推动社会历史发展的内在动力和划分社会形态的客观标准。分工的不断细化推动社会的发展，"一个民族内部的分工，首先引起工商业劳动同农业劳动的分离，从而也引起城乡的分离和城乡的对立。分工的进一步发展导致商业劳动同工业劳动的分离。同时，由于这些不同部门内部的分工，共同从事某种劳动的个人之间又形成不同的分工。"③ 再次，在现代私有制社会条件下，分工会导致现代社会矛盾冲突和人本质的异化。"随着分工的发展也产生了单个人的利益或单个家庭的利益与所有互相交往的个人的共同利益之间的矛盾。"④ 只要分工还不是出于自愿，而是自然形成的，那么人本身的活动对人来说就成为一种异己的力量。此时，马克思论证人的异化不再从主观预设的伦理目标出发，而是从现实的分工出发。最后，人的自主活动的实现取决于消灭分工。"生产力、社会状况和意识，彼此之间可能而且一定会发生矛盾，因为分工不仅使精神活动和物质活动、享受和劳动、生产和消费由不同的个人来分担这种情况成为可能，而且成为现实，而要使这三个因素彼此不发生矛盾，则只有再消灭分工。"⑤

批判和扬弃人的物奴役性是马克思人本观的本质内容。在《德意志意识形态》中，马克思用"物役性"代替"异化劳动"进行现代性批判。"这是一种人自己的创造物反过来对人类主体的驱使和奴役的现

---

① 《马克思恩格斯选集》第1卷，人民出版社1995年版，第68页。
② 同上。
③ 同上。
④ 同上书，第84页。
⑤ 同上书，第83页。

象。概括地说，就是社会历史进程中人类主体的物役性。"① 这种物役性表现为两点：一是生产力与人的对立。"生产力表现为一种完全不依赖各个人并与他们分离的东西"；② 二是生产力以物的形式表现为私有制的力量。"生产力好像具有一种物的形式，并且对个人本身来说它们已经不再是个人的力量，而是私有制的力量"。③

马克思不仅批判人的物役性，而且指出这种现象的暂时性，必然为共产主义社会中"人的自主活动"所代替。在现代私有制社会，由人创造的社会关系反过来成为外在于人、压迫人的力量，个人的生活表现出偶然性。"他们的生活条件对他们来说是偶然的"，这种偶然性是资产阶级出现的产物，"个人生活条件的偶然性，只是随着那本身是资产阶级产物的阶级的出现才出现。只有个人相互之间的竞争和斗争才产生和发展了这种偶然性本身。"④ 在现代私有制条件下，人的生活好像比在封建等级制条件下更自由一些，但随着社会的发展，"起初自主活动的条件，后来却变成了它的桎梏"。⑤ 事实上，人更加不自由，更加屈从于物。所以这种已成为桎梏的旧的交往形式必然被"适应于进步的个人自主活动方式的新交往方式所代替"。⑥

分工是社会发展的客观历史现象，依据分工的社会历史批判比主观的伦理批判更加深刻，但仅仅停留在客体领域，难以牵引出对现代私有制社会的强烈批判，这就需要透过分工的表层达到人类劳动的历史理解。此时的人类劳动不是指脱离客观条件制约的自由自觉的抽象劳动，而是聚焦在市民社会私有制条件下"劳动"发生的历史转变，"这些条件可以归结为两点：积累起来的劳动，或者说私有制，以及现实的劳动。"⑦ 积累劳动表明马克思开始透过具体劳动的外观，深入到抽象劳动层面，为剩余劳动和资本的出场奠定了基础。但从整体来看，《德意

---

① 张一兵：《马克思历史辩证法的主体向度》，南京大学出版社 2002 年版，第 207 页。
② 《马克思恩格斯选集》第 1 卷，人民出版社 1995 年版，第 128 页。
③ 同上。
④ 同上书，第 120 页。
⑤ 同上书，第 123 页。
⑥ 同上书，第 124 页。
⑦ 同上书，第 127 页。

志意识形态》仍然是以分工为基础，从交往层面来阐述货币的功能和人的物化，而没有从生产本质层面揭示出剩余价值的来源和无产阶级革命的历史必然性。

三 以揭示剩余价值为核心的狭义历史唯物主义人本观

广义历史唯物主义揭示了物质生产是人类生存的一般基础，这具有自然永恒性。但现代经济活动并不是永恒的，马克思的根本目的就是要揭示资本主义社会的历史暂时性。这就需要转变研究视角，从着眼于社会发展的一般基础转到着眼于"经济的社会形态"的历史变迁即狭义历史唯物主义。

透过交往层面进入到生产层面是马克思科学人本观的逻辑起点。在《德意志意识形态》中，马克思一方面肯定市民社会对社会发展的促进作用；另一方面批判市民社会导致人的物役性和偶然性。这表明马克思人本观已经深入到社会历史的内部，是社会历史造就了人本质的异化。此时的社会历史实践主要指的是物质生产实践和交往实践。由于采用以"分工"为基础的实证分析，无法对资本主义物质生产进行更深层的历史抽象。实际上，马克思对物役性的批判与资本主义社会内在运行机制分析并没有统一起来。工人的悲惨命运是由资本主义生产方式决定的，只有深入到生产领域，发现资本家剥削工人的秘密——无偿占有工人的剩余价值，马克思的人本观才找到现实的立足点。

揭示剩余价值的来源是马克思科学人本观的本质内容。在《德意志意识形态》中，马克思已经把个人利益与社会利益的矛盾推进到"积累起来的劳动"与"现实的劳动"的对立，这本身已经是对资本主义生产深层次的历史抽象。但问题是劳动为什么能够积累？劳动积累起来的目的是什么？具体劳动由于形式上的千差万别根本无法累加，能够相加意味着具有相同的质，这种质只能是无差别的人类劳动即抽象劳动。国民经济学的劳动和价值已经是对社会生活的一种合理抽象，从各种纷繁复杂的各种社会活动中抽象出背后的"劳动一般"。但国民经济学只满足于劳动一般在量上的抽象规定，而无法达到对劳动一般不同质的历史抽象。仅仅看到工人在工厂中出卖的劳动量，而看不到实际上工人出卖的是劳动所有权，它能生产出剩余价值。所以马克思对"劳动一般"的科学抽象与国民经济学最大的不同就在于客观历史地对待抽象。"哪怕是最抽象的范畴，虽然正是由于它们的抽象而适用于一切时代，但是就这个抽象的规定性本身来说，同样是历史关系的产物"。① 只有揭示出剩余价值的来源，才能根本透视资本主义标榜的"人权、自由、平等、民主"的虚假本质。

实现人的自由全面发展是马克思科学人本观的根本目标。追求人的自由是贯穿马克思一生的奋斗目标。为了实现自由，马克思在博士论文期间，考察"原子的偏离"；在《莱茵报》时期，马克思寄希望于"国家理性"；在《1844年经济学哲学手稿》中，马克思强调"人的自由自觉的劳动"；在《德意志意识形态》中，马克思试图通过消灭分工实现人的自主活动。但由于没有揭示剩余价值的来源，马克思追求的自由和社会历史发展逻辑并没有内在统一起来。所以，剩余价值理论不仅是马克思政治经济学的核心内容，同时也是科学社会主义的理论基石。从此以后，实现人的自由全面发展不再是马克思人本观的伦理目标，而是马克思人本观与历史观的统一。"代替那存在着阶级和阶级对立的资产阶级旧社会的，将是这样一个联合体，在那里，每个人的自由发展是一切人的自由发展的条件。"② 在共产主义社会，人的社会关系不再是以"人的依赖"或者是"物的依赖"为基础，而是以"人的自由联合"为基础。人们利用充足的自由时间进行知识的生产和创造，全面发展自己的要求和期望，实现个人与个人之间自由交往和联系。这种联系是以人的自由个性为前提和基础建立起来的，它不是与人的自由个性相对立，而是由人的自由个性所掌控。

四　马克思人本观三重维度的现实意义

第一，有利于凸显马克思主义的当代意义。长期以来，我们对马克思的理解受到各种因素的影响，遮蔽了马克思的人本思想，以至于西方一些学者认为马克思主义存在"人学空场"，从而质疑马克思主义的当代意义。为了解决这个问题，青年卢卡奇认为马克思主义的实质在于突

① 《马克思恩格斯全集》第46卷（上），人民出版社1979年版，第43页。
② 《马克思恩格斯选集》第4卷，人民出版社1995年版，第730页。

出人的主观能动性的革命辩证法。"唯物主义辩证法是一种革命辩证法。"① 萨特把马克思主义诠释成强调个人存在的"存在主义马克思主义","具体的马克思主义应该深刻研究实在的人，而不应当让他们洗一次硫酸澡而消溶掉"。② 这些诠释开启了马克思主义研究的新视角，但又因方法论上的片面而饱受诟病。马克思主义人本观不仅是突出人的主观能动性，而同时强调社会历史对人的制约性，马克思的人本观和历史观是内在统一的。所以诠释马克思人本观的三重维度，既可以消除上述质疑，又可以与西方马克思主义进行对话，不断展现马克思主义的当代性。

第二，有利于深化对"以人为本"的理解。"以人为本"是马克思人本观的当代体现，马克思人本观是"以人为本"的理论基础。正确界定马克思人本观有利于从根本上理解"以人为本"，有利于纠正对"以人为本"的各种错误理解。首先，"以人为本"不是人本主义。马克思人本观的发展经过三重维度，人本主义的伦理维度只是马克思早期思想的体现，伦理维度只有与现实维度、科学维度统一起来才能理解"以人为本"的科学内涵。其次，"以人为本"的人是指社会上绝大多数人。马克思人本观的奋斗目标在于实现包括无产阶级在内的全人类的解放。社会的发展不是为了实现某种绝对精神和类本质，不是为了少数既得利益集团，而是为了"现实的人"，为了大多数的人民群众。最后，"以人为本"的人是指现实的个人。马克思人本观认为整个社会就是由无数个具有平等权利的独立个人组成，个人与社会的关系是双向互动，社会不能单方面地决定个人，所以社会不得侵犯个人的合法权益。

第三，有利于贯彻执行科学发展观。马克思人本观的三重维度对落实贯彻科学发展观具有重要现实意义。马克思并没有停留在伦理层面阐发人的本质，而是深入到资本主义社会的内部，以剩余价值占有为基础阐发无产阶级与资产阶级的根本对立。资本家发财致富的原因在于独占工人创造出来的剩余价值，从而论证了资本主义社会自由平等的虚幻性。今天，我国实行的是社会主义市场经济体制，在利用资本发展社会

---

① ［匈牙利］卢卡奇：《历史与阶级意识》，商务印书馆 1992 年版，第 48 页。
② ［法］萨特：《辩证理性批判》，商务印书馆 1963 年版，第 32 页。

主义生产力的同时，要时刻警醒马克思所说的剩余价值被资本家独占的问题。消除人们之间的不公、缩小贫富差距、使发展成果惠及全体人民应是科学发展观的基本内容。正如胡锦涛所说："努力使全体人民学有所教、劳有所得、病有所医、老有所养、住有所居，不断实现社会公平正义、促进社会和谐，维护社会安定团结"。① 需要指出的是，以人为本的科学发展观并不是要否定经济发展的重要性，而是要消除经济发展的盲目性，确立人的主体性地位，使经济的发展更具有合理性和可持续性。

第四节　从类本质的异化到以人为本的科学发展

马克思在《1844 年经济学哲学手稿》中把人类社会的发展划分为：人与类的统一、人与类的异化以及人向社会复归的三阶段。《资本论》把这种哲学思辨过程具体化为科学理论，基于异化劳动的人与类转变为基于剩余价值的个人劳动与社会劳动，但扬弃异化实现人的自由全面发展始终是马克思主义理论的价值主线。中国特色社会主义理论是马克思人本思想在当今时代的伟大理论创新，资本主义世界人的异化并不在于对剩余价值的分割和占有，而在于剩余价值永远脱离劳动者和社会整体。把剩余价值向劳动者和社会整体复归实现"以人为本"正是科学发展观的核心内涵。

当代资本主义世界性的经济危机表明资本始终无法克服人与社会的悖论关系：一方面，资本可以迅速提高社会生产力的发展水平，为人与社会的科学发展奠定物质基础；但另一方面，资本无法克服自身盲目扩张的冲动，不断压低工人的工资，疯狂掠夺自然资源，忽视社会公共产品的供给，结果必然导致人与社会的撕裂、劳动者与资本家两极分化，进而引发各种政治、经济、环境危机。因此，资本主义必然被人与社会和谐统一的社会主义所代替。但如何扬弃资本撕裂人与社会关系的同时，又继续发挥资本对人与社会关系的推动作用？这是当代马克思主义

---

① 中共中央文献研究室：《科学发展观重要论述摘编》，中央文献出版社、党建读物出版社 2008 年版，第 30 页。

学者们需要积极探索的重大现实课题。党的十八大提出"中国特色社会主义理论体系是行动指南""必须把科学发展观贯彻到我国现代化建设的全过程",这是对这一现实课题的科学回答。

一 人与社会的科学发展：马克思主义理论的价值主线

马克思主义始终坚持"以人为本"和"和谐社会"的核心价值观，探索人类社会的发展规律，追求最终实现人与社会和谐统一的共产主义社会。《1844年经济学哲学手稿》是青年马克思进行这种探索的最初理论成果，这部著作奠定了马克思思想发展的基本方向和理论框架，马克思成熟时期的理论成果都可以在这部著作中找到思想的萌芽。但是这部著作仍带有哲学思辨和道德诉求的人本主义痕迹，尚未凝结成对客观现实的科学分析。人与社会的关系是以异化劳动为基础的批判和扬弃过程，可以从三方面来分析：

第一是人与社会的统一。人本质是自由自觉的劳动，社会的本质是一种非自然的类，是人的类本质的直接交往。以自然为基础的现实人代替思辨的绝对精神是费尔巴哈的功绩，但费尔巴哈在批判黑格尔唯心主义的同时也把黑格尔哲学中最珍贵的辩证法思想也一同丢掉了，结果导致费尔巴哈的"现实的人"局限在感性直观和自然领域无法实现人与自然、人与社会的统一。

马克思并没有完全抛弃黑格尔哲学，而是把黑格尔哲学的劳动辩证法与费尔巴哈的感性直观统一起来，创造性地提出人的本质是自由自觉的活动，感性的人通过感性对象性劳动把人与社会、人与自然统一起来。费尔巴哈关注的是人的自然属性，而致力于改造世界的马克思着重关注人的社会属性，强调"人对自身的任何关系，只有通过人对他人的关系才能得到实现和表现。"[1]

马克思此时因为批判国民经济学而否定劳动价值论，所以其社会概念并不是指人在物质生产和交换的过程中结成的以货币为中介的社会关系，而是指人与人直接生产和交往的非自然的类关系。"社会是人同自

---

[1] 《1844年经济学哲学手稿》，人民出版社2000年版，第59页。

然界的完成了的本质的统一，是自然界的真正复活"。①

人与社会既相互依赖又相互区别。"正像社会本身生产作为人的人一样，社会也是由人生产的。"② 个体是社会存在物，"他的生命表现，即使不采取共同的、同他人一起完成的生命表现这种直接形式，也是社会生活的表现和确证。"③ 但人的个体生活和社会生活（类生活）又是各不相同的，"尽管个体生活的存在方式是——必然是——类生活的较为特殊的或者较为普遍的方式，而类生活是较为特殊的或者较为普遍的个体生活。"④ 马克思对人与类的分析给我们的启示在于社会发展的根本目的是为了人而不是物化的社会关系，当资本的发展威胁到人的发展时，就要限制资本的膨胀，达到人与社会的全面协调和可持续发展。

第二是人与社会的异化关系。马克思吸收了黑格尔哲学的异化和辩证法思想，认为人与社会的异化是实现人与社会科学发展的必经之路，人与社会的科学发展必然经过人与社会的异化阶段。必然异化的原因在于私有制和资本使人（人的劳动）和社会（类本质）相分离，人的劳动不再表现为人的本质力量的自由发展，而是表现为对人的本质力量的支配和统治，即劳动变为异化劳动。"这种劳动不是他自己的，而是别人的；劳动不属于他；他在劳动中也不属于他自己，而是属于别人。"⑤ 异化劳动使人的类生活不再表现为生命活动的性质，不再体现为自由的有意识的活动，而变成了仅仅维持个人生活的手段，类生活与个人生活相互分离。"异化劳动把这种关系颠倒过来，以致人正因为是有意识的存在物，才把自己的生命活动，自己的本质变成仅仅维持自己生存的手段。"⑥

第三是扬弃异化恢复人与社会的和谐统一。人与社会的异化必然复归于人与社会的统一，这种复归就是共产主义的本质，是马克思对人与社会科学发展的历史路径以及最终目标的总体刻画，是马克思"以人

---

① 《1844 年经济学哲学手稿》，人民出版社 2000 年版，第 83 页。
② 同上。
③ 同上书，第 84 页。
④ 同上。
⑤ 同上书，第 55 页。
⑥ 同上书，第 57 页。

为本"和"和谐社会"思想的集中体现。马克思从正反两方面分析了
两种共产主义社会：

粗陋的共产主义社会虽然也强调人与社会的统一，但其本质是压抑
个性，否定人类文明和实行平均主义，所以它是一种虚幻的统一。这种
共产主义不是反对私有财产，而是用普遍的私有财产代替原来的私有财
产，它不是取消工人被奴役的地位，而是把所有人都变成工人，这种否
定人与人之间在个性和能力等方面差别的平均主义"不仅没有超越私
有财产的水平，甚至从来没有达到私有财产的水平"。① 这种抹杀人与
他人、人与社会差别的同一是以物的统治力量为基础，而不是以"人
的真正占有"为基础，结果必然是普遍贫穷。

马克思认为真正的共产主义是"人向自身、向社会的即合乎人性
的人的复归"。② 这说明在共产主义社会，由人们生产和交往建立起来
的社会关系不是受资本来支配，也不是为了盲目追求资本的增殖而无休
止地破坏自然环境和剥削工人，而是"人与自然界之间、人与人之间
的矛盾的真正解决，是存在和本质、对象化和自我确证、自由和必然、
个体和类之间的斗争的真正解决。"③ 在此，马克思描绘了共产主义社
会的美好前景，但并没有找到实现共产主义的现实路径。

总之，马克思把社会历史的发展划分为：人与社会的统一、人与社
会的异化以及扬弃异化恢复人与社会统一的三个阶段，从而确立了
"以人为本"和"和谐社会"的历史观，人与社会的和谐统一成为马克
思主义的价值主线。马克思对资本主义的科学批判使这条主线建立在顽
强的客观现实基础之上，而科学发展观使"人与社会的和谐统一"具
体化为中国特色社会主义的历史实践。

二 劳动价值论：人与社会科学发展的基础

在《1844 年经济学哲学手稿》中，马克思因为否定私有制而否定
劳动价值论，人与社会的统一没有现实基础。随着马克思对经济学研究

---

① 《1844 年经济学哲学手稿》，人民出版社 2000 年版，第 79 页。
② 同上书，第 81 页。
③ 同上。

的深入，他逐渐开始正视劳动价值论，并且创造性地发展了劳动价值论即提出劳动的二重性。人与社会的异化与扬弃都可以建立在个人劳动和社会劳动的分离与统一的现实基础之上，价值追求与现实分析逐渐统一起来。

首先，社会概念从类概念中剥离出来，在《1844年经济学哲学手稿》中，社会其实就是一种非自然的类。而在《德意志意识形态》中，社会已经不再是固有的类本质，而是人们在物质生产过程中形成的社会关系。"以一定的方式进行生产活动的一定的个人，发生一定的社会关系和政治关系。"① 不同商品生产者之间之所以能够等价交换并且结成特定的社会关系，关键在于不同商品中包含了共同的"没有质的区别的人类劳动"。依照这种思路，马克思超越了斯密和李嘉图，创造性地提出劳动二重性：人的抽象劳动创造价值，人的具体劳动创造使用价值。劳动二重性的创立为揭示剩余价值的真正来源奠定了坚实的理论基础。在资本主义社会，人与社会的关系不是以人为基础的直接联系，而是以价值为基础的间接联系。

人与社会的异化本质上是以物为基础的价值联系取代了以人为基础的直接联系。工人创造出来的剩余价值不是按照人的公平原则进行统筹分配，而是按照资本增殖的原则进行盲目的扩大再生产，资本增殖的原则在人的公平原则之上，这势必导致人与社会关系的异化。马克思不再从道德评价出发批判资本主义社会，而是内在地揭示资本主义社会的运行规律：工人因丧失生产资料而出卖自己的劳动力，工人因受到资本的裹挟而丧失支配由自己创造的剩余价值的权力，资本对剩余价值的占有以资本增殖的最大化为目的，整个社会的生产是围绕资本增殖而展开，由此形成庞大的工业产业结构与物化经济体制，并且反过来进一步支配和奴役劳动者。哲学上人与社会的异化关系转化为资本主义社会现实的运行机制。

人与社会的关系物化为以资本为基础的价值关系具有双重历史功能：一方面，资本自我增殖迫切要求工人创造的剩余价值尽可能地转化为资本，进行不间断的扩大再生产，形成推动社会生产力飞速发展的强

---

① 《德意志意识形态》（节选本），人民出版社2003年版，第15页。

劲动力，使得资本主义社会创造出以往所有社会形态都无法比拟的巨大生产力。另一方面，资本的增殖也必然导致人与社会关系的悖论：资本增殖要求尽可能压低工人的工资，使更多的剩余价值能够投入生产，这势必导致工人消费能力的萎缩，引发经济危机。危机的频发和深化必然导致人与社会的对立甚至冲突，影响社会的和谐稳定和人的自由全面发展。

在《1844年经济学哲学手稿》中，人与社会的和谐关系是通过否定辩证法在逻辑中完成的，而在《资本论》中，人与社会的和谐不再是逻辑和道德的诉求，而是建立在顽强客观事实基础上的社会发展必然趋势，科学社会主义由此诞生。但是人与社会和谐的共产主义社会究竟是什么社会？如何消灭剥削，实现人的自由全面发展？碍于当时的历史条件，马克思只能提出一些设想。比如共产主义社会是"在资本主义时代的成就的基础上，也就是说，在协作和对土地及靠劳动本身生产的生产资料的共同占有的基础上，重新建立个人所有者。"[1] 在共产主义社会中，"每个人的自由发展是一切人的自由发展的条件。"[2]对这些问题的回答必然随着社会历史的发展而不断深入，结成新的理论成果，不断焕发马克思主义新的生命力。这当然也是当代马克思主义理论必须回答的问题，也是中国特色社会主义要解决的核心问题。

三　科学发展观：人与社会和谐统一的当代表现

社会主义的根本任务在于既要激发每个劳动者的生产积极性和创造性，不断发展社会主义的生产力，又要扬弃异化，解放被资本绑架的剩余价值，使之惠及全体社会成员，实现人与社会的和谐统一。

从这一根本任务出发，邓小平创造性地提出社会主义也可以实行市场经济，社会主义的本质在于解放发展生产力，消灭剥削，消除两极分化，最终达到共同富裕。而其中对消灭剥削的理解是建构当代人与社会和谐关系的关键。

在理解科学社会主义的道路上要避免犯左的错误，把人与社会的和

---

① 《马克思恩格斯选集》第2卷，人民出版社1995年版，第269页。
② 《马克思恩格斯选集》第1卷，人民出版社1995年版，第294页。

谐当作人与社会的同一，把消灭剥削当作完全消灭资本家的私有财产，取消剩余价值的一切形式，完全抹杀人与人之间的差异，由全体劳动者平均占有社会财富。这实际上又回到马克思曾经批判过的"粗陋的共产主义"，这种消灭竞争的共产主义极大地压抑了人创造财富的积极性，这种人与社会的同一是以普遍贫困和生产的低效率为代价的。这种"谁劳谁得"的粗陋共产主义实际上反映的是小生产者的主观愿望，因为小规模的生产没有实现劳动者与劳动产品的完全分离。而在今天这种全球化大生产的时代，这种思想已经失去了存在的现实基础。因为今天的商品生产是资源和技术在全球配置以及全球物化交换系统的产物。个人劳动与他人劳动、劳动者与资本、个人与社会互相渗透、密不可分，难以区分彼此的界限。

个人的任何生产都离不开社会提供的公共产品，比如公共基础设施和社会福利产品。公共产品不仅可以降低生产交易费用，也可以减少风险损失。个人任何经济利益的实现都离不开社会整体经济运行的平衡。"如果卖不掉，或者只卖掉一部分，或者卖掉时价格低于生产价格，……这时，榨取的剩余价值就完全不能实现，或者只是部分地实现，资本就可能部分或全部地损失掉。"① 劳动者在获取劳动收益的同时，也可能获得股票、房产和租金等其他资本类收益，资本家在获得资本收益的同时，也可能失去对资本和劳动的实际控制权，经理阶层在获得劳动收益的同时，也可能获得对资本和劳动的实际控制权。任何分配方式总会发生无偿占有他人劳动成果的现象，即使在工人阶级的内部，也会出现劳动与收益的不符，甚至有人提出发达国家的工人剥削发展中国家的工人，高科技行业的工人剥削低科技行业的工人。这显然是对剥削概念的庸俗化，马克思并没有停留在剩余价值的占有方面来理解剥削，而是从社会扩大再生产的历史角度来阐述剥削。

从历史发展的角度来看，剥削并不是简单地占有剩余价值的行为，而是要看工人创造出来的剩余价值是否与工人本身相对立，成为奴役工人的异化力量。马克思在《资本论》中揭示的剥削过程是资本家为了资本增殖的最大化，不断把剩余价值转化为资本，以至于工人创造出来

---

① 《资本论》第3卷，人民出版社2004年版，第272页。

的剩余价值与工人永远分离，而且成为进一步奴役工人的强迫力量。这种忽视社会公共产品供给和社会整体平衡的盲目生产必然导致人与社会的撕裂，引发各种经济政治危机，所以我们必须把剥削放在人与社会关系的历史发展进程中来理解，而不能仅仅孤立地加以理解。

既然剥削的本质在于剩余价值对人的支配和奴役，那么消灭剥削就是使剩余价值向劳动者复归。这种复归不是直接剥夺资本、地租和利息等各种剩余价值表现形式，然后直接平均分配给每个社会成员，而是把剩余价值转化为社会公共利益，间接地回归于劳动者本身。这样，一方面可以实现社会整体的平稳运转；另一方面又能激发每个劳动者的积极性，实现人与社会的和谐统一。这才是邓小平所说的"消灭剥削"的科学内涵，科学发展观是这一内涵的当代体现。

科学发展观的第一要义是发展，"发展是硬道理"，所以必须破除姓资姓社的思想障碍，必须调动一切能够促进社会主义生产力发展的积极因素，包括吸收资本主义发达国家的科学技术和资金，建立社会主义市场经济体制。允许资本市场的存在，以便激发社会成员的生产积极性，鼓励剩余价值和社会财富的创造。没有物质财富作基础，就没有人的自由全面发展和社会的进步，也无法体现社会主义的优越性。正如习近平主席所说"空谈误国，实干兴邦"，有限的资源和精力必须被用来发展社会主义生产力，而不能陷入毫无意义的争论之中。

资本本身具有内在规律性：一方面，资本可以通过自身的增殖来推动整个社会的发展；但另一方面，资本的盲目扩充也会导致社会发展的失衡、劳动者与资本的对立、自然环境的破坏等。所以在利用资本促进生产力发展的同时，必须按照科学发展观的要求对资本加以限制，使其为社会主义服务，实现以人为本，全面协调可持续发展。在资本主义条件下，剩余价值的生产和所有者永远分离，剩余价值不被生产者或社会整体所掌控，而是以资本所有者的个人意志为转移，这必然违背社会发展的客观规律，酿成人的异化和社会动荡。而在社会主义条件下，借助于强大的社会主义力量，尤其是在"三个代表"为基础的先进政党的领导下，必然可以把剩余价值的创造与分配统一起来，通过社会建设改善全体社会成员的民生，实现人与社会的和谐发展，这是社会主义市场经济体制与资本主义市场经济体制最大的不同。

人与社会的和谐统一离不开人与自然的和睦相处。人的社会属性必然要受到人的自然属性的制约，人在物质生产和建构社会关系的同时，不能不考虑自然的承受能力。"以人为本"不能被解读为"人类中心主义"，生态危机必然导致人的生存危机。所以自然不仅是人的改造对象，同时又是人的"无机身体"。资本主义的生态危机主要是因为放任资本对自然资源疯狂的掠夺和对自然环境的破坏而引起的。资本增殖不仅需要剥削劳动力，而且需要吸收大量自然资源，资本对自身增殖的关注远超过对自然和社会的考量。实际上，资本对人与社会关系的破坏与对人与自然关系的破坏是同时发生的。为了避免生态危机，社会主义国家不能免费或者人为地压低自然资源的价值，而是要根据价值规律合理地定价，甚至在必要时候要抬高价格。由此产生的剩余价值是否导致剥削，引发人与社会的对立？关键要看这些剩余价值被如何使用，如果被用来变本加厉地掠夺资源或者是铺张浪费，那必然最终导致社会危机。与资本主义不同，社会主义国家根据科学发展观的要求节制资本，将会把这些剩余价值用于自然资源的保护和可持续再生产。这就实现了剩余价值向自然和社会的复归，实现了人与自然、人与社会的和谐统一。

由此可见，实现人与社会的和谐统一和科学发展是实现社会主义本质的现实途径，而以"三个代表"为基础的先进政党是实现人与社会科学发展的前提。三者形成的整体是马克思人与社会关系思想的当代体现，是中国共产党人对马克思主义理论的伟大创造，而中国特色社会主义正是这种理论创造的当代实践形态。

第五节　马克思人本思想的科学内涵和现实意义

人本思想是马克思主义的重要内容和价值主线，从本体论来说，一定社会关系制约下的人的实践活动是人类生存的本体；从历史观来说，人的物质生产及其产生的社会交往形式是整个历史的基础；从价值论来说，人与社会的和谐统一是人类社会发展的价值目标。马克思人本思想在基本观点、阶级立场和论证方法方面和黑格尔、费尔巴哈以及现代西方人本主义根本不同。弄清马克思人本思想具有重要的现实意义。

一 马克思人本思想的科学内涵

人本思想一直是马克思研究的核心问题，马克思一生都在批判人与社会的分离和异化，追求人与社会的和谐和统一。其内涵主要表现在三个方面：

第一，从本体论来说，马克思认为受一定社会关系制约的人的实践活动是人类生存的本体。马克思以前的旧哲学要么把抽象的思维看成世界的本源，要么把抽象的存在看成世界的本源，最终陷入两极对立而无法自拔。马克思认为不能抽象地讨论思维与存在的关系问题，因为思维与存在的关系问题不是没有前提的，而是存在"一些只有在想象中才能撇开的现实前提。这是一些现实的个人，是他们的活动和他们的物质条件"。① 比思维与存在更为根本的问题是人的生存和人的社会实践。单个人的实践无法面对强大自然，个人必须结成一定的社会关系进行共同劳动，才可能在恶劣的自然环境中生存，"社会关系的含义在这里是指许多个人的共同劳动"。② 由此可见，在一定社会关系条件下的人的社会实践是人类生存发展的本体。

第二，从历史观来说，马克思认为人的物质生产以及由此产生的社会交往形式是整个历史的基础。旧历史观的最大缺陷在于"历史总是遵照在它之外的某种尺度来编写；现实的生活生产被看成是某种非历史的东西"。③ 无论是唯物主义还是唯心主义哲学家总是习惯把历史看成是日常生活之外的事，看成是超乎世界之上的东西。马克思认为历史的内在尺度在于人的物质生产以及由此产生的交往形式。"从直接生活的物质生产出发阐述现实的生产过程，把同这种生产方式相联系的、它所产生的交往形式即各个不同阶段上的市民社会理解为整个历史的基础"。④

第三，从价值论来说，马克思认为人与社会的和谐统一是人类社会发展的价值目标。国民经济学家认为资本主义社会促进了社会的发展，

---

① 《马克思恩格斯选集》第1卷，人民出版社1995年版，第67页。
② 同上书，第80页。
③ 同上书，第93页。
④ 同上书，第92页。

所以它是美好和永恒的社会形态。马克思认为仅仅从物质生产的角度来分析资本主义是不够的，必须引入人与社会的关系这条线索，才能形成对资本主义的全面认识。在《1844 年经济学哲学手稿》中，马克思认为，在资本主义条件下，工人对社会的贡献最大，却得到最少。"工人生产的对象越多，他能够占有的对象就越少，而且越受自己的产品即资本的统治。"① 这种人与社会的关系是极为不公的，所以资本主义社会必然被人与社会和谐统一的共产主义社会所代替。在《资本论》中，马克思实现了价值分析与事实分析的科学统一，人与社会的和谐统一不仅是一种价值诉求，而且是生产力发展的必然。共产主义社会是"在资本主义时代的成就的基础上，也就是说，在协作和对土地及靠劳动本身生产的生产资料的共同占有的基础上，重新建立个人所有者。"②

二　马克思人本思想的对比研究

（一）马克思与黑格尔对人本质的认识差异

马克思继承了黑格尔哲学的辩证法思想，把人的本质看作一个历史过程。但在具体内容方面明显不同：

第一，逻辑起点不同。黑格尔哲学的逻辑起点是绝对理性，他用超自然、超个人的绝对理性来消解整个世界。人、自然、社会都只是绝对精神外化的对象性环节，所谓理性就是"内在的实体和现在事物中的永久东西"。③ 既然人与社会都是理念的化身，人与社会的矛盾只能依靠理性才能解决。马克思的逻辑起点显然不是理性，而是现实。马克思认为在资本主义社会中，普遍存在着人与社会不公的现实：工人对社会付出最多，社会对工人的回报却最少；资本家对社会没有付出，但社会对资本家的回报却最多。马克思要探究这种人与社会的不公平在现实生活中是如何产生、发展以及如何解决的。

第二，理论基础不同。黑格尔的人本质是以客观唯心主义为基础，他认为任何感性的东西如果不借助于理性的力量就无法表达出来，实质

---

① 《1844 年经济学哲学手稿》，人民出版社 2006 年版，第 52 页。
② 《马克思恩格斯选集》第 2 卷，人民出版社 1995 年版，第 269 页。
③ ［德］黑格尔：《法哲学原理》，商务印书馆 1961 年版，第 11 页。

在于颠倒了思维与存在的关系，落入客观唯心主义的陷阱而不能自拔。"事物就是我；在这个无限判断里事物事实上是被扬弃了；事物并不是自在的东西；事物只有在关系中，只有通过我以及它与我的关系，才有意义。"① 马克思人本思想是奠定在辩证唯物主义和历史唯物主义的基础之上，以具体的社会实践代替抽象的思维活动，实现了对黑格尔客观唯心主义的超越。

第三，理论目标不同。黑格尔研究人的理论目标在于论证绝对精神是整个世界的主导力量。黑格尔哲学博大精深、晦涩难懂，但绝对精神的外化和复归是贯穿其中的主线。人与社会的矛盾是个历史发展过程，但黑格尔为了突出绝对精神的主导作用以及自身体系的完满性，通过绝对精神的复归终结了人与社会的矛盾，从而牺牲掉他最宝贵的辩证法思想。马克思研究人与社会的关系不是为了某种抽象精神，不是为了体系的完美，而是要解放全人类，实现人与社会和谐统一的共产主义社会。马克思主义始终是一个开放的系统，并不提供解决所有问题的教条，而只是行动的指南。

（二）马克思与费尔巴哈对人本质的不同认识

费尔巴哈的人本主义哲学对马克思的思想转变起到重要作用，所以马克思曾经对其评价甚高。但随着马克思自身实践的不断深入，他开始不断解构费尔巴哈的人本主义以及处在人本主义框架内的人与社会。

第一，人的本质不是单个人固有的抽象物，而是一切社会关系的总和。费尔巴哈对人的理解仅仅局限在宗教和自然领域，把宗教的本质归结为人的本质。"人怎样思维、怎样主张，他的上帝也就怎样思维和主张；人有多大的价值，他的上帝也就有这么大的价值，绝不会再多一些。"② 马克思认为费尔巴哈对人的理解脱离了社会关系和历史进程。实际上，"人的本质不是单个人所固有的抽象物，在其现实性上，它是一切社会关系的总和。"③

第二，社会生活的本质不是"类"而是实践。费尔巴哈把社会理

---

① ［德］黑格尔：《精神现象学》（下卷），商务印书馆 1979 年版，第 260 页。
② 《费尔巴哈哲学著作选集》（下卷），商务印书馆 1984 年版，第 38 页。
③ 《马克思恩格斯选集》第 1 卷，人民出版社 1995 年版，第 56 页。

解为"类"，即"一种内在的、无声的、把许多个人自然地联系起来的普遍性。"① 他只看到人们之间存在感情和宗教的联系，而看不到人们之间最根本的社会实践关系。马克思说："费尔巴哈没有看到，宗教感情本身是社会的产物，而他所分析的抽象的个人，是属于一定的社会形式的。"② 宗教感情并不是社会关系的本质，"全部社会生活在本质上是实践的。"③ 离开了社会实践，宗教无法得到合理的解释。

第三，人与社会的关系不是道德问题而是实践问题。由于费尔巴哈把社会理解为抽象的"类"，而不是实践基础上的社会关系。这就丧失了黑格尔哲学的精髓即辩证法，人只能看到社会生活的表象，无法深入社会关系内部，探索社会关系的产生和发展。面对这一给定性的社会，人要么直观地反映它，要么进行外在的价值干预。当费尔巴哈无法在现实社会中实践类本质时，异化必然成为人与社会关系的关键词。马克思认为仅仅用异化来批判资本主义现实生活中的人与社会是不够的，必须把人与社会理解为实践的产物，必须深入到社会关系的内部，揭示人与社会的产生和发展。更重要的是，通过对资本主义社会的科学解剖，揭示无产阶级被剥削、被压迫的地位，唤醒无产阶级的革命意识，通过无产阶级革命推翻资本主义社会，实现人与社会和谐统一的共产主义。

（三）马克思与现代西方人本主义对人本质的认识差异

人本思想不仅是马克思关注的问题，同样也是现代西方人本主义哲学家研究的重点。由于研究的背景和目标不同，同样的问题彰显不同的内容。

第一，对人的理解不同。现代西方人本主义拒斥主客二分的传统形而上学，反对传统的唯物主义和唯心主义，推崇个人的存在。存在主义哲学家认为人的本真存在先于主客二分，不能将其作为认识对象来看待，而只能通过揭示、澄明来描绘、解释人的存在方式。"世内上手的东西——向某种东西开放；那种东西的先行开展不是别的，恰是对世界

---

① 《马克思恩格斯选集》第1卷，人民出版社1995年版，第56页。
② 同上。
③ 同上。

之领悟。"① 撇开"绝对精神"、"类本质"等形而上学的概念，回归到个人的当下生存，无疑是正确的发展方向。但现代西方人本主义常常把人的生存归结为孤寂、烦恼、畏惧和忧虑等非理性的心理体验，必然重蹈唯心主义的覆辙。马克思同样批判传统的形而上学，要求回归到当下"现实的个人"，但是马克思认为人们的第一个历史活动不是烦恼等心理活动，而是"生产物质生活本身"。离开了人的物质生产，人们的心理活动是无法解释的。

第二，对人与社会的关系理解不同。韦伯的物化理论主要是指社会生产力的物化，而不是马克思所说的社会关系的异化。韦伯认为社会生产力是完全客观中立的，所以不存在人与社会的异化问题。实际上，西方人本主义对人与社会异化的分析并不是来源于马克思，而是来源于韦伯。青年卢卡奇并没有认清人在资本主义社会中是如何被物化的社会关系（资本）统治和奴役的，却直接套用了马克思的人与社会异化的观点。马克思面对的是19世纪资本主义市场交换中存在的由人创造的社会关系反过来奴役人的现状，而韦伯和卢卡奇面对的是从20世纪泰勒制以来的工业对象化技术的合理化和可计算化。所以，卢卡奇所说的人受社会生产力的奴役，有违马克思的异化理论。

三　马克思人本思想的现实意义

第一，有利于突显马克思主义的当代意义。长期以来，我们对马克思的理解受到各种外在因素的影响，遮蔽了马克思人与社会的关系理论，以至于西方一些学者认为马克思主义就是"经济决定论"，从而质疑马克思主义的当代意义。为了解决这个问题，西方马克思主义做了一些尝试。萨特把马克思主义诠释成强调个人存在的"存在主义马克思主义"，阿尔都塞把马克思主义诠释成强调社会结构的"结构主义马克思主义"，这些诠释因开启马克思主义研究的新视角而颇具启示，但又因方法论上的片面而饱受诟病。马克思主义既肯定人改变社会关系的能动性，又强调社会结构对人的制约性。所以从人与社会

---

① 海德格尔：《存在与时间》，陈嘉映、王庆节译，生活·读书·新知三联书店1987年版，第106页。

的关系角度来诠释马克思主义，既可以消除上述质疑，又可以与西方马克思主义进行对话。马克思主义的当代性在这种对话中，逐步展现出来。

第二，有利于深化对"以人为本"的理解。"以人为本"是马克思人与社会关系理论的当代体现，马克思人与社会关系理论是"以人为本"的理论基础。正确界定马克思人与社会的关系理论有利于从根基上理解"以人为本"，有利于纠正对"以人为本"的各种错误理解。首先，"以人为本"不是人本主义。人本主义的人是抽象的人，是用道德圣水泡出来的大写的人。"以人为本"的人是从事物质生产，并且受一定社会关系制约的现实的人。抽象的人本主义无法进入复杂的社会历史现实，只能求助于道德批判。"以人为本"不是道德说教，而是深入分析当今中国的社会现实之后而得出的理性目标。"以人为本"并不是仅仅突出人的主观能动性，更重要的是强调只有在中国特色社会主义的前提下，才能保障人们的主体地位。"以人为本"的理论基础不是抽象的人本主义，而是马克思人与社会的关系理论。其次，"以人为本"的人是指社会上绝大多数人。马克思早在中学时代就决定"为人类福利而劳动"，①社会的发展不是为了少数既得利益集团，而是大多数的人民群众。邓小平认为："走社会主义道路，就是要逐步实现共同富裕。"② 中国特色社会主义市场经济体制改革的目标就是要以社会上大多数人为本，逐步实现共同富裕。最后，"以人为本"的人是现实的个人。社会的发展不仅要以社会上大多数人为本，而且要以具有平等权利的无数个人为本。整个社会就是由无数个具有平等权利的独立的个人组成，个人与社会的关系是双向互动，而不是单向的社会决定个人，所以社会必须为个人的基本权利和合理利益提供保护。如果一个社会只是笼统地讲以社会整体为本，而把个人的基本权利当作附带和次要的事情，那么这种"以人为本"只具有抽象的意义，有违马克思人与社会关系理论的初衷。

第三，有利于贯彻执行科学发展观。首先，马克思批判资本主义

①　[匈牙利] 卢卡奇：《历史与阶级意识》，商务印书馆1992年版，第250页。
②　《邓小平文选》第3卷，人民出版社1993年版，第373页。

市场经济条件下人与社会的异化对落实贯彻科学发展观具有重要现实意义。马克思并没有停留在哲学层面阐发人与社会的关系，而是深入到资本主义社会的内部，以剩余价值占有为基础阐发人与社会、无产阶级与资产阶级的根本对立，从而论证了资本主义必然被人与社会和谐统一的共产主义所代替。今天，我国实行的是社会主义市场经济体制，在利用资本发展社会主义生产力的同时，要时刻警醒马克思所说的人与社会异化问题。消除人与社会的对立、缩小贫富差距、使发展成果惠及全体人民应是科学发展观的基本内容。正如胡锦涛所说："努力使全体人民学有所教、劳有所得、病有所医、老有所养、住有所居，不断实现社会公平正义、促进社会和谐，维护社会安定团结"。① 其次，马克思批判人与社会同一的粗陋共产主义，对于贯彻执行科学发展观具有重大历史意义。在理解科学发展观的道路上要避免犯左的错误，把人与社会的和谐当作人与社会的同一，把消灭剥削当作完全消灭资本家的私有财产，取消剩余价值的一切形式，完全抹杀人与人之间的基本差异，由全体劳动者平均占有社会财富。这实际上又回到马克思曾经批判过的"粗陋的共产主义"，这种消灭竞争的共产主义极大地压抑了人创造财富的积极性，这种人与社会的同一是以普遍贫困和生产的低效率为代价的。最后，马克思分析以"自由个性"为基础的共产主义，对于贯彻执行科学发展观具有重大积极意义。改革开放以来，中国偏重于追求经济的高速发展，人们普遍认为经济发展是社会全面发展的自然推动力，结果却带来了自然环境的恶化和贫富差距的拉大。马克思认为在共产主义社会，社会关系不是以物质利益为基础，而是以人的自由个性为基础，社会发展以人的自由全面发展为目的。以人为本的科学发展观完全继承了马克思人与社会的关系理论，对中国的现代化建设事业具有重大积极意义。正如胡锦涛所说："我们提出树立和落实科学发展观，就是要以实现人的全面发展为目标。"② 需要指出的是，以人为本的科学发展观并不是要否

---

① 《科学发展观重要论述摘编》，中央文献出版社、党建读物出版社 2008 年版，第 30 页。

② 中共中央文献研究室：《科学发展观重要论述摘编》，中央文献出版社、党建读物出版社 2008 年版，第 3 页。

定经济发展的重要性，而是要消除经济发展的盲目性，确立人的主体性地位，使经济的发展更具有合理性和可持续性，使稀缺的经济资源更能为人所用、更有利于基本民生状况的改善，从而促进整个社会的发展。

第八章　马克思人本思想的当代价值

以上各章从历史和逻辑两方面阐释了马克思的人本思想，本章将结合当前中国特色社会主义理论的研究，梳理马克思人本思想在当代中国的深远影响，明确其在当代中国的理论意义和实践价值。

第一节　马克思人本思想在当代中国的体现：人与社会关系的两重性

人与社会的关系是马克思人本思想的基本内容，是科学发展观和构建社会主义和谐社会的逻辑线索。由于历史和国情的原因，当代中国人与社会的关系表现出明显的两重性：自发与人为并存、分化与依赖并存、自由与平等并存。当代中国人与社会关系的两重性是马克思人本思想的当代体现，是中国共产党人对马克思主义理论的伟大创造。

一　自发与人为并存

马克思主义理论诞生于西方，马克思最初研究资本主义是以英国、法国和德国等发达资本主义国家为参照，而这些国家的共同特点就是采取市场经济的方式来发展资本主义。在主客体关系上，市场经济强调个人是实现个人利益的主体；在价值观上，强调人的自由平等博爱；在人与社会关系上，突出个人的独立作用，强调代表社会整体的政府不要干预微观的经济生活以保持经济发展的活力。当然这只是西方资本主义代言人的一厢情愿，后来的历史证明西方社会的物质财富增长并没有带来人的解放，而是更深层的人的异化。马克思的政治经济批判就是以此为基础，深刻地指出资本主义社会中人与社会的悖论：社会越发展，人越异化。

　　新中国成立初，为了消除马克思批判的异化，建立人与社会和谐相处的社会主义制度，所以直接参照苏联的经济模式，建立高度集中的社会主义计划经济体制。为了树立国家计划的权威性，凸显社会主义的优越性，不允许任何个人和企业对国家计划随意改动。个人生存发展的空间主要局限在单位共同体范围内。整个社会就是由这些单位共同体组成，社会关系就是指以这些共同体为单位的直接联系，个人无法成为构建社会关系的基本单位和能动主体。单位之间的人员调动非常困难，除非是单位或者组织需要。同时，单位之间的人员流动也是没有必要的，因为各单位的分配收入没有太大的差别。这样，人与社会的关系就主要体现为人与单位、人与计划的同一关系。在新中国成立初，这种计划经济体制对我国的经济建设和人民生活水平的提高起到巨大的推动作用。因为当时我国经济与苏联差距巨大，直接参照苏联的计划经济和科学技术是一条快速发展的捷径。通过苏联的技术转让，新中国的科学技术仿佛在一夜之间实现了几代人的历史跨越。在某些军事科技领域，更是走进了科学技术强国的行列。所以在这种情况之下，个人在科学技术方面的创新作用以及市场在调节资源方面的配置作用反而是次要的。

　　随着时代的进步和经济的发展，计划经济体制的弊端逐渐显现，突出地表现为压抑了个人积极性和创造性，个人自发地要求脱离计划和单位的全面掌控。经过几十年的积累，我国的科技水平基本达到苏联的水准，下一步的技术超越不可能依靠外国的技术引进，而必须依靠我国自己的科技人员。此时，个人在科技创新中的作用开始突显出来，因为科学技术的未来发展方向只有这个领域的专家才能够进行正确预判，而任何国家计划都无法预知。同样，国家计划无法预知有限资源的最佳流动方向，只能依靠处在市场竞争前沿的个人来实现资源最有效率的配置。而政府的工作重点应该转向社会公共领域，为个人和企业的发展提供完善的公共产品和公平合理的市场规则。人与社会的同一关系自发地开始松动，个人自发地要求脱离国家计划的宰制，以实现经济发展和科技创新。但权力高度集中的计划经济并没有赋予科技人员创新所必需的自由选择权利以及资源在市场中自由流动的权利。这样，科技人员就无法实现科学技术的超越，有限的资源就无法进行最有效率的配置，我国的经济建设和科技发展失去了外部的援助和内部的推动。

我国的改革开放，人为的因素起到关键作用。尤其是以邓小平为核心的第二代党的领导集体凭借非凡的勇气和智慧，创造性地发展了马克思主义，创造性地提出社会主义初级阶段理论和社会主义市场经济理论。社会主义初级阶段非但不能消灭市场，而且要建立社会主义的市场经济，"市场经济不等于资本主义，社会主义也有市场。计划和市场都是经济手段。"① 改革以前，农村实行的是人民公社制度，农民没有自主权，完全依附于人民公社。此次改革的重点在于取消人民公社，实行家庭联产承包责任制，赋予农民以土地使用权和经营自主权，农民逐渐从人民公社中分离出来，成为实现自己经济利益的主体，极大地调动了农民的积极性。农村改革取得巨大成功，彻底改变以前粮食匮乏的问题。党的十四大明确我国经济体制改革的目标是建立社会主义市场经济体制，逐渐放开各种生产要素的价格，培育市场主体，政企分开，使民营企业和个人从单位共同体和国家计划中分离出来，成为自主经营、自负盈亏的主体。政府逐渐从全能型政府向服务型政府转变，工作重心逐渐从微观的经济领域转向宏观的社会公共领域。

由此可见，我国的人与社会关系经历了一个从人与社会同一向人与社会分离的历史过程，在这个过程中，客观政治经济的自发因素和政治领袖的人为因素相互影响、相互促进。

二　分化与依赖并存

马克思在《1857—1858年经济学手稿》中，根据人与社会关系的不同，把人类社会划分为三大社会形态："人的依赖关系"、"物的依赖性为基础的人的独立性"、"建立在个人全面发展和他们共同的社会生产能力成为他们的社会财富这一基础上的自由个性"。② 与"人的依赖关系"阶段相比，马克思充分肯定了"物的依赖性为基础的人的独立性"阶段的历史进步性，人的普遍交换和专业分工创造出以往社会无法相比的巨大生产力，但同时马克思也指出两者都是对抗性社会，"这两大社

---

① 《邓小平文选》第3卷，人民出版社1993年版，第373页。
② 《马克思恩格斯全集》第46卷上，人民出版社1979年版，第104页。

会形态本质上都是榨取剩余劳动"。① 与此相对应，中国的改革开放，一方面要实现从"人的依赖关系"向"物的依赖性为基础的人的独立性"的转变，充分调动个人的生产积极性并且利用市场在资源配置中的作用，促进生产力的发展，提高人民生活水平。另一方面又要调动一切社会主义的力量消除"物的依赖性为基础的人的独立性"阶段还存在的异化、贫富差距等"对抗性因素"，实现人与社会的和谐统一。

改革开放之前，国家是唯一独立的经济主体，其他任何经济群体和个人都是国家的附属物。我国的所有制形式只有全民所有制和集体所有制两种，没有非公有制形式的存在。在全民所有制中，生产资料为全体社会成员所有，任何个人和企业都不允许有相互区别的特殊利益，而只有一致的共同利益。在集体所有制中，不同集体虽然拥有不同的生产资料，具有自身特殊的利益，但是这种特殊利益要完全服从和符合全体社会成员的共同利益。这种所有制形式最大限度地体现了社会主义的公平正义的原则，对巩固社会主义制度和消除阶级对抗起到重要作用。但这种过于单一的所有制形式忽视了人的特殊性和特殊利益，忽视了资本的增殖作用，带来的结果就是经济发展失去活力和普遍贫穷。

这种情况使我们党开始重新认识"什么是社会主义？怎样建设社会主义？"，邓小平认为我国虽然是社会主义国家，但"中国又处在社会主义初级阶段，就是不发达的阶段。一切都要从这个实际出发，根据这个实际来制定规划。"② 所以不能完全消除民营企业，应该充分肯定民营企业从全民所有制或者集体所有制企业中分离出来的历史必然性，允许个人从各种共同体中分离出来成为实现自己特殊利益的主体，允许发挥资本增殖的功能、大力发展社会主义生产力。1992 年邓小平南方谈话之后，我党明确提出建立社会主义市场经济体制，在所有制结构、经济运行体制、企业制度和社会保障制度等各方面都进行了根本的变革。改革的本质就是人与各种共同体的分化，个人逐渐成为独立的经济主体。

当今世界与新中国成立之初不同，国与国之间的交往已经超越了意

---

① 《马克思恩格斯全集》第 13 卷，人民出版社 1962 年版，第 9 页。
② 《邓小平文选》第 3 卷，人民出版社 1993 年版，第 252 页。

识形态的不同，而把政治经济利益放在首位。欧美发达国家为了自身的经济利益，对科学技术的输出都作出严格的规定，尤其对经济政治利益极大的尖端军事技术和航空航天技术更是实行严密封锁。我国已不可能像新中国成立之初那样从苏联大规模地引进机器设备和科学技术，必须依靠自己的科学技术人才进行技术创新。而科学技术的创新不可能预先制订计划，而是存在自身的客观规律。只有赋予科技工作者创新的自由和选择的权利，他们才能认识这种客观规律，并且实现科技创新。

从配置资源方面来说，新中国成立之初从苏联照搬的计划经济体制比较成熟，基本上反映了那个时代的市场规律，对国民经济建设作出巨大贡献。但随着时代的发展和科技的进步，生产要素的价格和市场的供求关系发生了巨大变化，但计划体制无法反映市场的变化，造成巨大的浪费和效率的下降。今天已经进入全球化和网络时代，生产要素的价格和市场的供求关系更是瞬息变化，即使是最精密的计划也无法及时反映这种变化。政府必须赋予个人以经营自主权，因为只有他们才能快速迅捷地捕捉随时变化的市场信息，实现资源的合理配置。政府的职能应该转向社会公共领域，提供市场高效运作所依赖的公平市场规则和完善的公共产品。

个人的独立自由依赖于合理市场制度的建立。马克思认为："人的本质不是单个人所固有的抽象物，在其现实性上，它是一切社会关系的总和。"① 从共同体分化出来的个人表面上是独立自由的主体，但实质上仍然受特定社会关系的制约。在市场经济体制条件下，个人的独立自由仍然依赖于各种市场制度的建立。市场制度就是由国家制定和实施，用来规范人们市场交换行为的一套准则。而准则的主要内容就是：界定人们在分工中的责任，为人们确定选择空间的边界，以及违背责任和超越边界应受的惩罚。规则的功能在于通过"确定他与其他人的责任范围"，② 以保证个人自由的实现。"能够给个人以自由的唯一途径就是通过这样的一般原则来界定他决策的范围。"③ 所以只有规则才能保障自

---

① 《马克思恩格斯选集》第 1 卷，人民出版社 1995 年版，第 56 页。
② 哈耶克：《个人主义与经济秩序》，北京经济学院出版社 1989 年版，第 18 页。
③ 同上书，第 19 页。

由，只有市场制度才能保障市场主体的独立和自由。

个人的自由选择依赖于公共产品的完善。公共产品主要指公共基础设施和社会福利产品。首先，可以降低生产费用。任何个人无法单独提供公共产品，但又十分依赖公共产品的供给，因为它具有明显的外部效应，可以显著降低生产费用。其次，可以降低交易费用。交易成本的大小取决于生产环境和市场交易中不确定性因素的多少。当不确定因素较多，获取市场信息的成本就较多，交易成本也较高，反之亦然。政府提供的法律制度明确规定人们在交易过程中的责任和范围，降低了市场交易中的不确定性，也就降低了交易费用。最后，可以减少风险损失。人有祸兮旦福，市场和日常生活中的各种风险随时可以使某个人和他的家庭失去生活来源。社会保障的实施可以降低这些风险带来的损失。

由此可见，我国的人与社会关系既相互分化，又相互依赖。一方面，个人和民营企业从国家计划和单位共同体中分化出来，成为社会发展的主体；另一方面，代表社会整体的国家和政府又为个人和民营企业的快速发展提供各种公共产品和公平合理的市场环境。

三　自由与平等并存

改革开放三十多年来，我国的发展取得了举世瞩目的成就，这是我党创造性地发展马克思主义的必然结果。但我国是社会主义国家，所以在提倡自由和发展市场经济的同时，时刻要警惕和关注在"物的依赖阶段"容易产生的贫富差距、环境污染和权力腐败等各种不平等问题，科学发展观和社会主义和谐社会理论的适时提出就是要解决这个问题。

马克思认为人与社会的关系进入到"物的依赖阶段"具有双重意义：一方面，资本自我增殖迫切要求工人创造的剩余价值尽可能地转化为资本，不间断地进行扩大再生产，形成推动社会生产力发展的强劲动力。"生产剩余价值或赚钱，是这个生产方式的绝对规律。"[1] 另一方面，资本的增殖也必然导致人与社会关系的不平等，"劳动为富人生产了奇迹般的东西，但是为工人生产了赤贫。劳动生产了宫殿，但是给工

---

[1] 《马克思恩格斯全集》第44卷，人民出版社2001年版，第714页。

人生产了棚舍。"① 工人为社会付出最多，却得到最少；资产阶级为社会付出最少，却得到最多，这种人与社会的关系显然是不平等的。资本的增殖要求尽可能压低工人的工资，提高剩余价值率，不断扩大社会再生产，这势必导致工人消费能力的萎缩和社会化生产的相对过剩，最终导致经济危机。资本的扩张必须以自然资源为基础，而无休止地掏空自然资源和污染自然环境的做法必然导致严重的生态危机。这些危机表明以物的依赖为基础的人与社会的关系无法持续。

资本的逻辑悖论表明在利用资本促进生产力发展的同时，必须按照科学发展观的要求对资本加以干预和限制，使其为社会主义服务，实现以人为本和社会的公平正义，全面协调可持续发展。在资本主义条件下，剩余价值的生产和所有者永远分离，剩余价值不被生产者或社会整体所掌控，而是以资本所有者的个人意志为转移。这不仅有悖于人与社会的平等原则，而且违背社会发展的客观规律，必然导致人的异化和社会动荡。而在社会主义条件下，借助于强大的社会主义力量，尤其是在"三个代表"为基础的先进政党的领导下，必然可以把剩余价值的创造与分配统一起来，通过社会建设改善全体社会成员的民生，实现人与社会的平等，这是社会主义市场经济体制与资本主义市场经济体制最大的不同。

由此可见，当代中国人与社会的关系既强调个人的自由选择对社会整体的促进作用，同时又强调社会整体对个人资本的节制，把个人自由和资本的发展限制在社会主义公平正义的框架范围内，使之为社会主义服务。而以"三个代表"为基础的先进政党是实现人与社会科学发展的前提。当代中国人与社会关系的两重性是马克思人与社会关系思想的当代体现，是中国共产党人对马克思主义理论的伟大创造。

第二节　科学发展观视域中的人本思想

党的十八大报告中指出，科学发展观同马克思列宁主义、毛泽东思想、邓小平理论、"三个代表"重要思想一道，是党必须长期坚持的指

---

① 马克思：《1844 年经济学哲学手稿》，人民出版社 2006 年版，第 54 页。

导思想。因此，当代中国构建人的和谐社会关系必须以科学发展观为指导，坚持"以人为本"的理念，贯彻"全面协调可持续"的原则，遵循"统筹兼顾"的方法，才能达到人与社会的和谐统一。

一　实现人的和谐本质必须坚持"以人为本"的理念

以科学发展观为指导，构建人与社会的关系，必须紧紧围绕"以人为本"的理念，始终把实现好、维护好最广大人民根本利益作为党和国家一切工作的出发点和落脚点。

（一）"以人为本"是构建和谐社会关系的逻辑起点

马克思人本思想是在批判黑格尔哲学和费尔巴哈哲学的基础之上建立的。黑格尔哲学是通过绝对精神的外化和异化来阐述社会发展的规律，绝对精神是整个社会发展的出发点和落脚点。在这个过程中，人是微不足道的，人的激情总是抵不过狡诈的理性，所以黑格尔哲学是以"绝对精神"为本。费尔巴哈曾提出过"以人为本"，但他所论述的人不是现实的个人，而是从宗教感情中提炼出来的单个人所固有的抽象物，这种抽象人在现实生活中是找不到的。"费尔巴哈把宗教的本质归结于人的本质。但是，人的本质不是单个人所固有的抽象物"。[①] 马克思的人与社会关系思想既不是从抽象的人出发，也不是从抽象的绝对精神出发，而是从"现实的个人"出发，"我们开始要谈的前提不是任意提出的，不是教条，而是一些只有在想象中才能撇开的现实前提。这是一些现实的个人，是他们的活动和他们的物质生活条件"。[②] 现实个人的第一个历史活动不是追求不变的类本质，也不是遵循绝对精神的法则，而是从事物质生产。马克思认为现实个人在物质生产的过程中并不是仅仅生产物质资料，更重要的是生产社会关系。"人们生产自己的生活资料，同时间接地生产着自己的物质生活本身。"[③] 这种社会关系一旦被生产出来，又会反过来影响和制约现实的个人，人与社会的互动关系从此产生。可见，"以人为本"是人的社会关系的逻辑起点。

---

① 《马克思恩格斯选集》第 1 卷，人民出版社 1995 年版，第 56 页。
② 同上书，第 66 页。
③ 同上书，第 67 页。

（二）"以人为本"是构建和谐社会关系的本质要求

马克思认为促进人的自由全面发展是构建和谐社会关系的本质要求，社会提供个人发展的条件和手段，但社会本身不能单独成为目的。"代替那存在着阶级和阶级对立的资产阶级旧社会的，将是这样一个联合体，在那里，每个人的自由发展是一切人的自由发展的条件。"① 资本主义使人的社会生活不再表现为生命活动的性质，而变成了仅仅维持个人生活的手段。为此，马克思强烈批判资本主义社会的非人性。资本主义人与社会的异化表现为四个方面：工人与劳动产品的异化、工人与自己劳动的异化、工人与类本质的异化和人与人的异化。异化的原因在于私有制和资本使人（人的劳动）和社会（类本质）相分离，人的劳动不再表现为人的本质力量的自由发展，而是表现为对人的本质力量的支配和统治，自由劳动变为异化劳动。"劳动对于工人来说是外在的东西，也就是说，不属于他的本质；因此，他在自己的劳动中不是肯定自己，而是否定自己，不是感到幸福，而是感到不幸，不是自由地发挥自己的体力和智力，而是使自己的肉体受折磨、精神遭摧残。"② 人的活动是自由全面的活动，动物的活动是被动片面的活动，"有意识的生命活动把人同动物的生命活动直接区分开来。"③ 但是，异化劳动把自主劳动、自由活动贬低为手段，实际上是把人的生命活动贬低到动物的程度。

（三）"以人为本"是构建和谐社会关系的最终目标

马克思认为人的异化只是社会发展到资本主义这个特定阶段的暂时表现形式，而不是人本质发展的最终目标。资本增殖的本性必然带来无法调和的社会矛盾，以物为本的资本主义必然被以人为本的共产主义所代替。"共产主义是私有财产即人的自我异化的积极的扬弃，因而是通过人并且为了人而对人的本质的真正占有；因此，它是人向自身、向社会的即合乎人性的人的复归"。④ 在共产主义社会，人们的社会关系以人的自由联合为基础，社会关系由个人建立，同时又由个人控制，所

---

① 《马克思恩格斯选集》第1卷，人民出版社1995年版，第294页。
② 《1844年经济学哲学手稿》，人民出版社2000年版，第54页。
③ 同上书，第57页。
④ 同上书，第81页。

以，人的社会关系是以人为本的和谐统一。

二　实现人的和谐本质必须贯彻"全面协调可持续"的原则

以科学发展观为指导，构建和谐的社会关系必须贯彻"全面协调可持续"的原则。

（一）构建和谐的社会关系必须贯彻"全面"的原则

"全面"原则是指人与社会关系的建设要兼顾人与自然的关系，两者不可偏废。由于人的身体机能的局限，单独的个人无法面对强大的自然，人们只能组织起来以社会的面貌来面对自然。"第一个需要确认的事实就是这些个人的肉体组织以及由此产生的个人对其他自然的关系。"① 在自然经济时代，社会生产力低下，人与社会的关系往往受制于人与自然关系，比如古代农业的地位远远超过商业的地位，在中国社会常常表现为"重农抑商"。而在商品经济和工业化时代，由于社会生产力的发达，人与社会的关系好像超越了人与自然关系的限制，比如今天工商业创造的财富远远超过农业创造的财富。但是，从根本上说，人与自然的关系仍然规定着人与社会关系的边界。比如今天的环境、能源和气候等问题都是人与社会关系问题无法跨过的栅栏。所以，人的社会关系建设要遵循"全面"的原则。

（二）构建和谐社会关系必须贯彻"协调"的原则

以科学发展观为指导，构建和谐社会关系必须贯彻"协调"的原则，这一原则表现为两个方面：

一方面必须"协调"好人与社会的关系和人与自然的关系。马克思认为人与社会、人与自然的关系问题都产生于人们物质资料的生产。虽然人与社会、人与自然的关系在不同时代表现出不同的内容和作用，但协调两者之间的关系，使之最大限度地服务于物质资料的生产，是任何时代都必须面对的问题。

另一方面必须"协调"好人与社会内部诸要素的关系。社会概念（广义）不仅包含经济、政治、文化等要素，而且还包括与民生相关的社会公共事务（狭义）。人与社会内部诸要素的关系就是人与经济、政

---

① 《马克思恩格斯选集》第1卷，人民出版社1995年版，第67页。

治、文化和社会公共事务之间的关系。改革开放初期，我国确立了以"经济建设为中心"的指导方针，一切政治、文化、社会方面的政策都围绕经济建设来展开，这种政策为我国国民经济的发展和人民生活水平的提高做出巨大贡献。但随着社会的发展，这种过于偏向经济建设的社会政策不可避免地产生一些问题。比如出现教育、医疗和住房等社会问题。人与社会的关系问题不能仅仅理解为人与市场经济的问题，市场经济的发展并不必然带来人与社会关系的改善。相反，如果缺少突出民生的社会政策、完善的民主政治制度以及先进文化价值观的支撑，市场经济必然与人相对立。所以要协调好人与经济、社会、政治和文化等各要素的关系。

（三）构建和谐的社会关系必须贯彻"可持续"的原则

可持续发展的概念是 1972 年在斯德哥尔摩举行的联合国人类环境研讨会上正式提出，主要针对的是人与自然的关系。但是，可持续发展的理念一经提出，就受到国际社会的重视，并且迅速把可持续发展的理论延伸到人与社会的关系领域。这就是说，不仅人与自然的关系存在可持续发展的问题，而且人与社会的关系也同样存在可持续发展的问题，这也是科学发展观的基本要求。所以，构建人与社会的和谐关系必须贯彻"可持续"的原则。

从当代全球化的视角来看，资本主义经济危机在世界各地的频繁爆发表明资本无法克服个人与社会的固有矛盾，无力实现人与社会的可持续发展。从中国历史来看，封建社会的朝代更迭表明封建等级制也无法实现人与社会的可持续发展。从中国改革开放以前来看，社会主义基本制度和计划经济体制的建立极大地促进了生产力的发展，彻底清除了中国人民头顶上的三座大山，中国人民从此站起来了。但是，随着社会的发展，这种从苏联引进来的高度集中的计划经济体制的弊端逐渐显露出来，国家管得过多过细，压抑了人的创造性，导致经济增长缺乏后劲，人与社会的关系无法实现可持续发展。从中国改革开放之后来看，社会生产力持续发展，人民生活水平稳步提高。我国终于找到一条适合中国国情的可持续发展道路即中国特色社会主义道路：一方面要坚持马克思主义的基本原理，坚持中国共产党的领导，坚持四项基本原则，走社会主义道路；另一方面必须从中国的实际出发，不照抄、照搬别国经验、模式，走适合中国特点的道路，坚持改革开放，建设社会主义市场经济、民主政治和先进文化，促进人的全面发展，逐步实现共同富裕。历史和实践证明，实现人与社会的可持续发展必须走中国特色社会主义的道路。

三　构建人的和谐本质必须把握"统筹兼顾"的方法

以科学发展观为指导，构建人的和谐本质必须把握"统筹兼顾"的方法，这是实现社会关系和谐发展的方法论保证。

（一）统筹个人利益和社会利益，兼顾我国国情

统筹个人利益和社会利益是实现人与社会和谐发展的必然要求。改革开放之前，我国实行的是计划经济体制，产品的生产和交换必须依赖国家计划，个人无法成为独立的主体，只能依附群体而存在。所以，那个时代只强调社会利益而否定个人利益，统筹个人利益和社会利益无从谈起。改革开放之后，中国逐渐走上社会主义市场经济的发展道路。个人逐渐从群体中分离出来，成为实现个人利益的主体。国家也逐渐从私人领域抽离出来，成为实现社会利益的主体。此时，统筹个人利益和社会利益成为迫切需要解决的问题。

我国是社会主义国家，但同时又处于社会主义初级阶段。统筹个人利益与社会利益必须从中国的国情出发。处于社会主义的初级阶段的国情决定我国当前的任务必然是大力发展生产力。只有坚持和完善社会主义市场经济体制才能完成这项任务。在计划经济体制下，个人完全依赖于群体，个人没有自由选择的权利，国家管得过多过细，这必然导致经济效率的缺失。在市场经济体制下，个人成为实现个人利益的主体，国家成为提供公平市场秩序和实现社会利益的主体，这必然导致经济效率的提高，最终促进社会生产力的发展。社会主义国家的国情决定了我国在实行市场经济体制的时候，同时要警惕个人资本所带来的负面影响。关系到我国社会主义性质的经济命脉必须由国家控制，社会主义公有制经济必须占据主导地位。

（二）统筹经济政策和社会政策，兼顾我国现实

在健全的现代社会中，经济政策与社会政策是协调统一的，两者共同支撑着社会的安全运行和健康发展。社会政策对于协调个人与社会以

及社会群体之间的利益关系，保证社会安全运行，提升社会质量，起到无法替代的重要作用。但是，在改革开放早期，经济目标应优于社会目标成为整个社会的共识，经济发展几乎成为现代化建设的代名词，经济政策几乎压倒一切社会政策。经济政策固然十分重要，但是，如果只是强调经济政策而忽略了社会政策，或以经济政策取代了社会政策，那么，这样的社会将无法实现个人与社会和谐，而只能是一个少数人受益、多数人的基本生活无法得到保证、社会整合度不断降低、个人与社会冲突的低质量社会。所以，以科学发展观为指导，实现人与社会的和谐发展必须兼顾经济政策和社会政策。

统筹经济政策与社会政策必须从中国实际出发。经过30多年的改革开放，我国GDP已经达到世界第二，基本具备建立一个初级社会政策体系所需要的物质基础。但同时应该看到，目前中国还是一个发展中国家，人均GDP还比较低，在社会政策方面的历史欠账过大。在现有的条件下，要想建立一个中高级的社会政策体系并不现实。基于这种实际情况，逐渐建立一个初级的社会政策体系还是切实可行、能够做到的。具体内容包括：建立覆盖城乡居民的社会保障体系；建立基本型的公共卫生保障政策体系；建立以廉租住房为重点的住房保障政策体系；实施真正免费的义务教育；形成合理有效的劳资谈判机制；出台鼓励充分就业的政策体系；建立合理有效的收入分配政策体系等。

（三）统筹党的领导、人民当家做主和依法治国，兼顾我国实际

中国市场化的改革是人与社会和谐发展的前提，但中国市场化改革并不是改变社会主义的基本制度，而是社会主义制度的自我完善，这就需要建设中国特色社会主义政治作为人与社会关系和谐发展的政治保障。"建设有中国特色社会主义政治，就是在中国共产党领导下，在人民当家做主的基础上，依法治国，发展社会主义民主政治。"[1]

统筹党的领导、人民当家做主和依法治国需要兼顾我国的具体实际。中国目前仍然处于人与社会的分离走向和谐的进程之中，必须加强党的领导以保证正确的政治方向、必须充分调动人民当家做主的积极性以提供可持续发展的动力、必须稳步推进依法治国以提供公平正义的制

---

[1] 《毛泽东邓小平江泽民论科学发展观》，中央文献出版社2008年版，第84页。

度。中国的市场化改革以及人与社会关系的改善是在中国共产党的领导之下展开的。改革能否成功，能否既发展社会主义社会的生产力，又能避免资本主义社会出现的贫富两极分化，关键在于中国共产党的领导，所以中国共产党的领导是保障人与社会和谐发展的政治方向。我国目前实行的是社会主义市场经济体制，市场经济的运行遵循资本的法则，资本一方面可以增值，可以促进社会生产力的发展；另一方面会带来贫富两极分化和循环反复的经济危机。只有中国共产党的领导才能保证资本沿着社会主义的方向发展，使之始终为社会主义服务。人民当家做主为人与社会的和谐发展提供充足的活力和不竭的动力，人与社会的和谐发展必须有强大的生产力作为物质基础，而人民群众是物质财富和精神财富的创造主体。所以，只有不断提高人民群众当家作主的积极性和创造性，才能保证人与社会的和谐发展。依法治国是实现人与社会和谐发展的制度保证，处在市场经济中的个人必须通过公平的社会交换体系才能实现自身的价值，从而增进全社会的物质财富。所以公平的社会关系对于个人价值的实现和社会财富的增长具有重要意义。而公平社会关系的建立有赖于完善的法律制度，否则就会陷入无序竞争，损害个人和社会的利益。所以，以科学发展观为指导，实现社会关系的和谐发展必须统筹党的领导、人民当家做主和依法治国。

第三节 马克思人本视域中的社会主义核心价值观

党的十八大对社会主义核心价值观做出新的概括："倡导富强、民主、文明、和谐，倡导自由、平等、公正、法治，倡导爱国、敬业、诚信、友善，积极培育和践行社会主义核心价值观"。[①] 深化理解这 24 个字不能满足于表面结论，而是要深入到马克思主义理论的内在逻辑之中。马克思在《资本论》中，通过个人劳动与社会劳动的分离和统一，再现了资本主义的产生、发展和灭亡的整个过程。马克思的社会主义价值观理论与资本批判逻辑、个人与社会的历史发展逻辑是内在统一的。

---

① 《十八大报告辅导读本》，人民出版社 2012 年版，第 32 页。

只有理解这个历史发展过程，才能真正理解马克思的社会主义价值观理论。

一　马克思人本视域中的资本主义核心价值观解蔽

"意识在任何时候都只能是被意识到了的存在"。① 价值观作为意识范畴是对物质存在的反映，对价值观的解蔽必须深入到物质存在的层面。对资本主义价值观的解蔽之所以困难，就是因为资本主义的社会存在纷繁复杂。历史上很多学者都试图透视资本主义的社会存在，但真正解决这一问题的是马克思。马克思从人与社会的关系角度真正解蔽了资本主义的"物"，直达"物"背后的本质，并且以此为基础，深入批判资本主义的价值观，为社会主义价值观的建构开辟道路。

历史发展到资本主义阶段，物质生产活动发生了巨大变化。"这种活动、这种连续不断的感性劳动和创造、这种生产，正是整个现存的感性世界的基础"。② 资本主义的"物"不是静止的、可直观的实存物，而是由当下物质生产活动构建的功能性、关系性社会存在，它无法离开物质生产而单独存在，它必须通过客观抽象来把握。资本主义社会的"价值""货币"和"资本"，本质上都是由人的物质生产活动构建出来的、必须通过客观抽象才能把握的关系性存在，但在资本主义实际生活中，这些关系性存在必须通过具体的、实存的物象来表达。

商品是马克思分析和批判资本主义社会的逻辑起点。"资本主义生产方式占统治地位的社会的财富，表现为'庞大的商品堆积'，单个的商品表现为这种财富的元素形式。因此，我们的研究就从分析商品开始。"③ 所以，对资本主义价值观的解蔽应该从商品开始。商品是用来交换的能满足人们某种需要的劳动产品，具有使用价值和价值两个因素。使用价值是指物的有用性，"物的有用性使物成为使用价值"。④ 反映的是人与自然的关系，人的具体劳动生产商品的使用价值。商品的使用价值不是用来满足生产者自身的需要，而是通过交换用来满足他人、

---

① 《马克思恩格斯选集》第1卷，人民出版社1995年版，第72页。
② 同上书，第77页。
③ 《资本论》第1卷，人民出版社2004年版，第47页。
④ 同上书，第48页。

社会的需要。不同商品之所以能够交换，是因为它们有共同的价值。价值是指无差别的人类劳动的单纯凝结。人的抽象劳动生产商品的价值，"各种劳动不再有什么差别，全都化为相同的人类劳动，抽象的人类劳动。"① 商品的价值本质上反映的是人与社会的关系。在资本主义条件下，商品生产者的私人劳动生产出的产品如果不符合社会的需要、不能够进行交换，这种私人劳动就无法转化为社会劳动，商品的价值就无法实现。由此可以看出，人与社会的关系取决于商品能否进行交换，只有商品顺利进行交换，人与社会的矛盾才能够解决，否则人与社会就处于撕裂和对立的状态，人与社会的关系被商品物化了。

商品的交换是以货币为中介的。货币是在长期交换过程中固定充当一般等价物的商品。当商品的价值形式发展到货币阶段，商品内在的使用价值和价值的矛盾就外化为商品和货币的矛盾。货币的"一般等价物"身份使自身的物质形式（比如金银）产生一种普遍交换的魔力，货币的"一般等价物"身份使自身的物质形式（比如金银）产生一种普遍交换的魔力，这就造成一种历史的假象——货币的物质形式完全掩盖了货币背后个人劳动与社会劳动的关系。"货币形式，用物的形式掩盖了私人劳动的社会性质以及私人劳动者的社会关系"。② 货币本来是生产者的私人劳动向社会劳动转化的桥梁和中介，但在资本主义条件下，货币表现为与生产者无关了，"把生产者同总劳动的社会关系反映成存在于生产者之外的物与物之间的社会关系。"③ 随着商品交换的发展，货币失去了与生产者的一切联系，再也看不出它是由什么东西转化而成，一切东西，不论是不是商品，都可以转化成货币。"货币——财富的随时可用的绝对社会形式——的权力增大了。"④ 货币的巨大魔力使自身的物质形式逐渐成为人竞相追逐的对象，而货币背后人与社会的关系因为无法直观而逐渐被人遗忘。

价值增殖是资本家生产的根本目的。在商品流通领域，交换双方遵循等价交换的原则，并没有发生价值的增值，只有深入到生产领域才能

---

① 《资本论》第 1 卷，人民出版社 2004 年版，第 51 页。
② 同上书，第 93 页。
③ 同上书，第 89 页。
④ 同上书，第 154 页。

透视资本增殖的秘密。在生产领域，物质生产资料的价值只能转移不能增值，增殖的部分来源于劳动力，劳动力商品能够创造比自身价值更大的价值。所以，资本的产生以劳动力成为商品为前提。资本的本质不是实物，而是人与社会的关系。"资本也是一种社会生产关系。"① 私人劳动生产的产品必须实现增殖，产品只有成为资本，才能实现交换，转化为社会劳动。为了资本增值，资本家千方百计地延长工人的劳动时间，增加工人的劳动强度，压低工人的工资，结果导致社会生产相对于劳动者消费能力的过剩，市场交换出现大面积的断裂，个人与社会的矛盾加剧，最终爆发经济危机。

可见，商品、货币和资本的本质都不是物质实体，而是人与社会的关系。但在资本主义条件下，它们自身的物质实体逐渐成为发展的主体，资本增值成为资本主义发展的最高价值，个人与社会整体的价值被边缘化。马克思对这种不合理现象进行强烈的价值批判。

二　马克思人本视域中的资本主义核心价值观批判

马克思通过对商品—货币—资本物象的解蔽，发现了物象背后人与社会关系的本质，从而发现了资本主义的核心价值观并对其进行批判。

马克思批判了货币对个人自由的支配和压迫。货币的出现使商品内部使用价值和价值、个人劳动与社会劳动的矛盾外化为商品与货币的矛盾。从表面上看，一切商品只要转化成货币，商品的使用价值与价值的矛盾就能解决。货币的出现有利于解决商品交换困难的问题，促进个人与社会的发展。"每个人追求自己的私人利益，而且仅仅是自己的私人利益；这样，也就不知不觉地为一切人的私人利益服务，为普遍利益服务。"② 但从深层来看，货币的出现并没有解决个人劳动与社会劳动的矛盾，反而使矛盾更加扩大和加深了。货币本来是个人劳动向社会劳动过渡的桥梁，而现在货币本身变成目的。任何商品如果无法转化成货币，商品内部的个人劳动与社会劳动的矛盾就无法解决。生产商品的个人劳动毫无自由可言，必须屈从于货币价值的实现。"私人利益本身已

---

① 《马克思恩格斯选集》第 1 卷，人民出版社 1995 年版，第 345 页。
② 《马克思恩格斯全集》第 30 卷，人民出版社 1995 年版，第 106 页。

经是社会所决定的利益，而且只有在社会所设定的条件下并使用社会所提供的手段，才能达到；也就是说，私人利益是与这些条件和手段的再生产相联系的。这是私人利益；但它的内容以及实现的形式和手段则是由不以任何人为转移的社会条件决定的。"①

马克思强烈批判了资本对劳动力的疯狂压榨。劳动力成为商品是资本产生的前提和基础，资本利用劳动力可以带来价值增殖的特点，最大限度地压榨剩余价值。"资本只有一种生活本能，这就是增殖自身，创造剩余价值，用自己的不变部分即生产资料吮吸尽可能多的剩余劳动。资本是死劳动，它像吸血鬼一样，只有吮吸活劳动才有生命，吮吸的活劳动越多，它的生命就越旺盛。"② 当资本出现之后，商品内部的使用价值和价值、个人劳动和社会劳动的矛盾就转化为商品与资本的外部矛盾。任何商品如果不能转化为资本，个人劳动与社会劳动的矛盾就无法解决。吮吸工人的活劳动，实现资本增殖成为资本发展的根本动力和唯一目的。资本从此获得发展的主体地位，工人反而沦为资本发展的工具。为了资本的发展，工人的自由随时可以牺牲，资本与工人的自由平等是完全对立的。

马克思强烈批判资本积累加深了工人的被剥削程度。在简单再生产中，生产的规模没有扩大，没有追加雇佣工人，剩余价值相对于上次生产来说没有增加，这是不符合资本家最大限度吮吸工人活劳动的本性的。依据资本增值的本性，资本家一定会把剩余价值的一部分投入到下次再生产中，这样就能够扩大生产的规模，追加雇佣工人的数量，增加了剩余价值的产量。"资本只要把工人阶级每年向它提供的各种年龄的追加劳动力同已经包含在年产品中的追加生产资料合并起来，剩余价值向资本的转化就完成了。"③ 资本的积累导致资本家越来越富有，工人越来越贫穷。资本家的富有是建立在工人的普遍贫穷和放弃一切自由和享受的基础之上的。"资本家财富的增长，不是像货币贮藏者那样同自己的个人劳动和个人消费的节约成比例，而是同他榨取别人的劳动力的

① 《马克思恩格斯全集》第30卷，人民出版社1995年版，第106页。
② 《资本论》第1卷，人民出版社2004年版，第269页。
③ 同上书，第671页。

程度和强使工人放弃一切生活享受的程度成比例的。"① 随着资本的积累和竞争，资本和生产资料越来越向少数资本家集中，生产却越来越社会化，个人与社会的矛盾再次凸显。当这种矛盾与资本主义的外壳达到不相容的地步，工人阶级必然因为"贫困、压迫、奴役、退化和剥削的程度不断加深"，② 奋起反抗炸毁这个外壳。

三 马克思人本视域中的社会主义核心价值观建构

马克思的社会主义核心价值观理论是建立在对资本主义核心价值观的批判基础之上的。在资本主义条件下，商品、货币和资本的存在致使人与社会的物化、分离和对立。社会主义价值观要求消解这些弊端达到人与社会的和谐和统一。

马克思认为只有消解资本关系，才能恢复个人与社会的统一。资本增值在私人劳动向社会劳动转化的过程中起支配作用。即使私人劳动生产的产品能够满足社会的需要，但只要交易过程不能实现价值增值，这种交易行为也是无法成功的。可见，资本是撕裂个人与社会的元凶。资本是生产资料私人所有制的产物。只有消灭私有制，才能消灭资本。"私有制也必须废除，而代之以共同使用全部生产工具和按照共同的协议来分配全部产品，即所谓财产共有。"③ 生产资料公有制意味着个人的经济活动不再以资本增值为目的，而是维持个人与社会的平衡为目的。个人与社会的关系不会因资本增值而扭曲。

生产资料公有制不仅消灭了资本，而且消解了货币和商品存在的意义。商品交换的需要催生了货币，货币的产生把商品内部使用价值和价值的矛盾外化了。矛盾的外化并不意味着矛盾的解决，相反，个人与社会的关系被货币和商品物化了。商品只有在市场上卖出去，蕴含在商品内部的私人劳动和社会劳动的矛盾才能解决。生产资料公有制意味着个人劳动生产的产品无须交换，就直接具有了社会性，个人劳动与社会劳动之间的转化无须中介环节过渡。"以生产资料公有为基础的社会中，

---

① 《资本论》第 1 卷，人民出版社 2004 年版，第 685 页。
② 同上书，第 671 页。
③ 《马克思恩格斯选集》第 1 卷，人民出版社 1995 年版，第 237 页。

生产者不交换自己的产品；用在产品上的劳动，在这里也不表现为这些产品的价值，不表现为这些产品所具有的某种物的属性，因为这时，同资本主义社会相反，个人的劳动不再经过迂回曲折的道路，而是直接作为总劳动的组成部分存在着。"① 消除中介物的压迫，个人与社会都获得自由发展的空间。

取消了货币就等于取消了市场，市场规律自发调节社会资源的功能也不复存在，取而代之的是按比例进行生产和分配。"由于社会将剥夺私人资本家对一切生产力和交换手段的支配权以及他们对产品的交换和分配权，由于社会将按照根据实有资源和整个社会需要而制订的计划来管理这一切，所以同现在的大工业管理制度相联系的一切有害后果，将首先被消除。"② 按比例生产从根本上保证了个人劳动与社会劳动的平衡，个人劳动在向社会劳动转化过程中不会出现任何浪费和损耗。

在社会主义条件下，"生产过剩"将变成"生产不够"。在资本主义条件下，社会发展的目的是资本本身，而不是人与社会的统一。由于资本家发给工人的工资肯定少于工人创造出来的价值，即使工人拿出所有工资购买商品，也会有商品剩余。所以，资本主义的生产过剩不是相对于劳动者自由发展需要的过剩，而是相对于劳动人民购买力来说的过剩。在社会主义条件下，社会发展的目的在于人的自由全面发展和社会整体的平衡。过剩的产品一方面被用来扩大再生产，刺激社会进步，促进生产力的发展；另一方面，向劳动者和社会整体复归，不断满足劳动者自由发展的需要和维护社会整体的平衡。此时的生产不是过剩，而是不够。"扩大的生产在现今的社会制度下引起生产过剩，并且是产生贫困的极重要的原因，到那个时候，这种生产就会显得十分不够，还必须大大扩大。"③

可见，在社会主义社会，人与社会的关系不再以"物"为中介，个人劳动直接就是社会劳动，社会劳动以个人劳动为基础。人与人之间不存在雇佣关系和剥削关系，社会是人与人结成的自由联合体。科技的

---

① 《马克思恩格斯选集》第3卷，人民出版社1995年版，第303页。
② 《马克思恩格斯选集》第1卷，人民出版社1995年版，第241页。
③ 同上书，第242页。

发展和劳动者素质的提高给全社会带来大量的剩余产品，为每个人的自由全面发展和社会的和谐稳定奠定物质基础。

四 马克思人本视域中的中国特色社会主义核心价值观

马克思社会主义核心价值观理论是建立在批判当时西欧发达国家资本主义核心价值观基础之上。建设中国特色社会主义核心价值观不能直接套用，尤其是不能脱离社会主义初级阶段的具体国情，这方面我国曾有过深刻的历史教训。所以，建设中国特色社会主义仍然需要保留商品、货币、资本和市场经济。但我国是社会主义国家，人与社会的和谐发展是其根本价值诉求。所以在利用资本发展社会主义生产力的同时，要用社会主义价值观的力量来牵引和制约资本撕裂人与社会关系的负面作用，使其一直为人与社会的和谐发展服务。

理解中国特色社会主义核心价值观要避免犯左的错误：只要平等不要自由，没收民营企业家的私有财产，抹杀人与人之间合理的收入差距，由全体劳动者平均占有社会财富。这实际上又回到了马克思曾经批判过的"粗陋的共产主义"以及改革开放之前的计划经济体制，这种没有差别和竞争的社会主义极大地压抑了人的生产积极性和创造性，这种人与人、人与社会的绝对平等是以人民普遍贫困和低效率发展为代价的。同样，理解中国特色社会主义核心价值观不能犯右的错误：只要自由不要平等，任凭资本无节制地发展，忽视贫富差距过大，片面地追求GDP。这势必导致环境污染问题严重，腐败现象不断，拜金主义横行，影响人与自然、人与社会的和谐发展。

用社会主义核心价值观引导人与社会关系的发展是中国特色社会主义的鲜明特点。根据马克思的分析，资本的应用必然带来"生产过剩"。资本对"生产过剩"的分配是以资本增值的最大化为依据，通过千方百计地压缩劳动者的工资以及资本家自身的消费，把尽可能多的"生产过剩"投入到再生产过程中，以便下次获得更多的剩余价值。可以看出，在整个扩大再生产过程中，资本增值的最大化是其最高价值，实现个人的自由发展以及社会整体的平衡无从谈起。中国特色社会主义是马克思主义普遍原理与具体中国国情相结合的理论飞跃。一方面我国仍处在社会主义初级阶段，需要借助市场和资本的力量不断制造"生产过剩"，发展社会主义生产力。另一方面，需要运用社会主义力量对市场和资本进行引导和驾驭，社会主义核心价值观就是这样一种力量，对"生产过剩"的分配和使用需要符合社会主义核心价值观的基本要求，促进人与社会的和谐发展。"生产过剩"在资本主义条件下会永远脱离劳动者和社会整体，导致劳动人民的普遍贫穷和社会整体的失衡。而在社会主义条件下，"生产过剩"将返回给劳动者和社会整体。所谓的生产过剩是相对于市场购买力来说的过剩，而相对于满足人的自由全面发展来说还远远不够，这种供需关系将成为推动社会生产力持续发展的强劲动力。"超出社会当前需要的生产过剩不但不会引起贫困，而且将保证满足所有人的需要，将引起新的需要，同时将创造出满足这种新需要的手段。这种生产过剩将是新的进步的条件和刺激，它将实现这种进步，而不会像过去那样总是因此造成社会秩序的混乱。"① 在"生产过剩"向劳动者和社会整体返回的过程中，不应平均分配，而是应根据个人对社会的贡献大小公平地返还给劳动者，以及根据社会对个人应尽的义务大小公平地回馈社会，使发展成果惠及每一个人和整个社会。正如胡锦涛所说："努力使全体人民学有所教、劳有所得、病有所医、老有所养、住有所居，不断实现社会公平正义、促进社会和谐，维护社会安定团结"。② 我国的核心价值观只有以劳动者和社会整体的利益为中心，才能体现社会主义的性质。

　　通过以上四个方面的分析，可以看出社会主义核心价值观不是在意识范围内的冥思苦想，而是和人与社会的历史发展逻辑相统一。当今中国人与社会的关系仍需要商品、货币和资本的中介，它们的存在对促进社会主义生产力的发展仍具有重要意义，社会主义核心价值观不能脱离这个现实。同时，社会主义核心价值观的实现是个历史发展过程。"共产主义对我们来说不是应当确立的状况，不是现实应当与之相适应的理想。我们所称为共产主义的是那种消灭现存状况的现实的运动。"③ 人与社会的关系必然突破物的依赖阶段，最终实现人与社会直接统一的共产主义。

---

① 《马克思恩格斯选集》第 1 卷，人民出版社 1995 年版，第 242 页。

② 中共中央文献研究室：《科学发展观重要论述摘编》，中央文献出版社、党建读物出版社 2008 年版，第 30 页。

③ 《马克思恩格斯选集》第 1 卷，人民出版社 1995 年版，第 87 页。

第四节　马克思人本视域中的中国梦

"中国梦"是习近平总书记提出来的重要指导思想和执政理念。理解中国梦不能满足于理论的表象，而是要深入到马克思主义理论的内在逻辑之中。实际上，中国梦与资本主义意识形态批判、马克思人与社会关系理论是一脉相承和内在统一的。马克思通过分析资本主义商品经济的基本矛盾，即个人劳动与社会劳动的矛盾，彻底解蔽了笼罩在资本主义自由平等梦身上的物象，深入到资本主义社会运行机制的剩余价值层面。在揭示和批判资本主义自由平等梦虚伪本质的基础之上，马克思创造了人的自由全面发展理论。实现中国梦既要立足于中国特色社会主义实际，发挥市场配置资源的基础性作用，又要规范和引导市场的发展，使之为人的自由全面发展服务。

一　马克思人本视域中资本主义自由平等梦的解蔽

资本主义自由平等梦是历史发展的产物。在封建专制时代，生产力发展水平低下，人的社会关系局限在各种共同体之中。在同一个共同体中，人的社会关系表现为以血缘和辈分为基础的等级依赖关系。不同共同体之间的关系也表现为以权力为基础的等级依赖关系。"贵族总是贵族，平民总是平民，不管他的其他关系如何；这是一种与他的个性不可分割的品质。"① 意识在任何时候都只能是被意识到了的存在，在等级制普遍存在的条件下，作为意识形态范畴的梦想，不可避免地表现为自由平等梦。资产阶级正是打着自由平等梦的旗号，发动资产阶级革命，推翻封建专制制度，建立起各种资本主义社会制度，但自由平等梦并没有随着资本主义社会制度的建立而梦想成真。事实证明，资产阶级只是开出了一张无法兑现的空白支票。

在资本主义社会条件下，所谓自由平等梦已经被商品、货币和资本物化了。在《资本论》中，马克思是以商品为起点，逐渐展开对资本主义社会的内在分析。"资本主义生产方式占统治地位的社会的财富，

---

① 《马克思恩格斯选集》第 1 卷，人民出版社 1995 年版，第 119 页。

表现为'庞大的商品堆积'，单个的商品表现为这种财富的元素形式。因此，我们的研究就从分析商品开始。"① 所以，解蔽资本主义的自由平等梦也必须从商品开始。商品是用来交换的劳动产品，生产商品的目的不是自己消费，而是与社会或他人相交换。所谓交换不仅是物品的相互交换，更是私人所有权的交换。"只有独立的互不依赖的私人劳动的产品，才作为商品互相对立。"② 在封建等级共同体内部，人与人之间是没有所有权差异的，一切物品按照等级制分配，统治阶级可以凭借特权恣意侵占劳动者生产的物品。私人所有权的相互承认意味着打破了封建等级共同体，"商品交换是在共同体的尽头，在它们与别的共同体或其他成员接触的地方开始的。"③ 商品生产者之间的关系必须建立在等价交换的基础之上，自由平等梦正是从这种等价交换关系中生发出来的。资本主义社会的自由和平等，相对于封建等级社会来说，具有历史进步性。但从历史发展的角度来看，资本主义社会的自由平等梦又具有历史局限性。

商品具有二因素，即使用价值和价值。使用价值是指商品的有用性，反映的是人与自然之间的物质关系，由个人的具体劳动生产。价值是凝结在商品中无差别的人类劳动，反映的是人与社会的关系，由社会的抽象劳动生产。具有不同使用价值的商品之所以可以交换，就是因为不同商品包含了共同的价值。个人劳动与社会劳动的矛盾是资本主义商品经济的基本矛盾，任何商品生产者都必须使自身的个人劳动与社会劳动相统一。如果个人劳动生产出的产品不能满足社会的需要，个人劳动就不能转化为社会劳动，商品的价值就无法转化成交换价值，商品交换就无法进行，商品生产者就会被逐渐淘汰。所以资本主义社会的自由平等必须依附在商品交换的基础之上，人的自由平等梦被商品物化了。

商品交换以货币为媒介。货币是商品交换发展到一定历史阶段的自发产物，是固定充当一般等价物的特殊商品，是商品经济基本矛盾发展的必然结果。货币的产生使商品的买和卖打破了时间和空间上的限制，

① 《资本论》第1卷，人民出版社2004年版，第47页。
② 同上书，第55页。
③ 同上书，第107页。

商品交换在外观上显得更加自由平等，在一定程度上缓解了个人劳动与社会劳动的矛盾。这就使货币这种特殊的物质形式产生一种普遍交换的魔力，任何个人劳动在向社会劳动转化的过程中都必须依靠货币的中介和润滑。由于货币在某些职能上可以用它本身的单纯符号来代替，这就使人们产生一种误解，以为货币是一种单纯符号，甚至认为它是人们随意思考的产物，忘记它是个人与社会关系物化的表现形式。"当人们把物在一定的生产方式的基础上取得的社会性质，或者说，把劳动的社会规定在一定的生产方式的基础上取得的物质性质说成是单纯的符号时，他们就把这些性质说成是人随意思考的产物。"① 在资本主义条件下，货币凭借自身的独特优势和地位，使人与人之间自由平等的物质交换不再是为了满足生存发展的需要，而是为了赚取货币，货币从中介跃升为目的，人的自由平等梦被货币进一步物化了。

仅仅获得等额货币对于资本家来说是不够的，资本家必须要求价值增值。能带来增值的价值就是资本，资本的本质不是物，而是社会生产关系。"资本也是一种社会生产关系。这是资产阶级的生产关系，是资产阶级社会的生产关系。"② 马克思认为交换只是资本主义社会的现象，局限在商品交换层面，并不能揭示自由平等梦的本质。一旦深入到生产领域，就会发现资本家是靠无偿榨取工人的剩余价值而发财致富的。资本把生产资料和工人完全纳入到自身增值的生产过程中，资本已经成为自足的发展主体。"决不能把使用价值看作资本家的直接目的。他的目的也不是取得一次利润，而只是谋取利润的无休止的运动。"③ 从资本身上，不仅再也看不到个人劳动与社会劳动的影子，而且个人劳动向社会劳动转化的整个过程完全屈从于资本增值。所谓人的自由平等梦实质上是资本增值的梦。对于工人来说，没有任何自由平等可言，只有赤裸裸的剥削。

可见，商品、货币和资本的本质都不是可直观的物质实体，而是个人劳动与社会劳动的关系。但在资本主义条件下，它们的物质形式掩盖

---

① 《资本论》第1卷，人民出版社2004年版，第111页。
② 《马克思恩格斯选集》第1卷，人民出版社1995年版，第345页。
③ 《资本论》第1卷，人民出版社2004年版，第179页。

了其社会关系的本质，实现人的自由平等梦是以依附和占有这些物质形式为基础的，商品交换领域的自由平等掩盖了生产领域的不自由和不平等。

二　马克思人本视域中资本主义自由平等梦的批判

马克思通过分析个人劳动与社会劳动的矛盾运动，揭开了笼罩在自由平等梦身上的商品、货币和资本等物象，为科学批判资本主义的自由平等梦奠定了理论基础。

货币对自由平等梦的挤压。货币在商品交换中打破了直接物物交换的限制，扩大了商品交换的品种、数量和范围，从而促进了商品交换和商品生产。但货币的出现只是掩盖了商品经济的基本矛盾，并不能从根本上解决这个矛盾，甚至会导致买和卖的脱节，进一步加深个人劳动与社会劳动的矛盾，束缚人的自由平等。"正是商品世界的这个完成的形式——货币形式，用物的形式掩盖了私人劳动的社会性质以及私人劳动者的社会关系，而不是把它们揭示出来。"① 在资本主义条件下，货币的中介地位日益突出，而商品生产者的自由和平等却越来越无关紧要了。"在生产者面前，他们的私人劳动的社会关系就表现为现在这个样子，就是说，不是表现为人们在自己劳动中的直接的社会关系，而是表现为人们之间的物的关系和物之间的社会关系。"② 货币凭借自身的中介地位日益挤压人与人之间的自由平等关系，使自身的物质形式成为统治人的物质力量，人被货币异化了。"工人生产的财富越多，他的产品的力量和数量越大，他就越贫穷。工人创造的商品越多，他就越变成廉价的商品。物的世界的增值同人的世界的贬值成正比。"③

资本对自由平等梦的颠覆。资本主义哲学家和经济学家以等价交换为幌子，大肆宣扬人的自由平等，试图以此论证资本主义社会的历史必然性和永恒性。其实，资本增值的秘密并不在于交换领域，而在于生产领域，劳动力成为商品是资本增值的前提。劳动力商品同其他商品一样

---

① 《资本论》第 1 卷，人民出版社 2004 年版，第 93 页。
② 同上书，第 90 页。
③ 《马克思恩格斯选集》第 1 卷，人民出版社 1995 年版，第 40 页。

具有使用价值和价值。劳动力的价值是由生产、发展、维持和延续劳动力所需的生活必需品的价值所决定。劳动力的使用价值就是劳动，其特点在于能够创造新的价值，而且这个新的价值比劳动力本身的价值更大。正是因为工人的劳动力能够带来价值增值，资本家才千方百计地购买雇佣工人的劳动力进行资本主义生产。"资本家所关心的是下述两点。第一，他要生产具有交换价值的使用价值，要生产用来出售的物品，商品。第二，他要使生产出来的商品的价值，大于生产该商品所需要的各种商品即生产资料和劳动力"。① 资本不仅剥削工人，而且要求最大限度地剥削工人，资本成为不断要求自身增值的主体，"转化为一个有灵性的怪物，它用'好像害了相思病'的劲头开始去'劳动'。"② 资本全面监控个人劳动向社会劳动转化的各个环节，不断提高周转的速度和质量，以便获取最大的剩余价值。马克思通过分析资本主义的生产过程，彻底颠覆了资本主义的自由平等梦，交换领域的自由平等是以生产领域的剥削和压迫为前提的。

资本主义的经济危机对自由平等梦的冲击。资本家瓜分到剩余价值之后，并不是全部用于个人消费，而是把部分剩余价值资本化，用于追加更多的生产资料和雇佣工人，进行扩大再生产，以便榨取更多的剩余价值。资本积累必然导致社会的两极分化，社会财富日益集中到资产阶级手中，而无产阶级只占有少部分社会财富。所谓自由平等只能是资本家的自由平等，而无产阶级依然困在资本包裹的牢笼之中。随着资本积累的扩大，资本家私人占有生产资料和社会化大生产的矛盾日益尖锐，不可避免地发生资本主义的经济危机。当经济危机发生时，大量工人失业，大批工厂倒闭，整个社会经济生活一片混乱，人的自由平等更是无从谈起。

三 马克思人本视域中自由全面发展

马克思关于人的自由全面发展理论是建立在批判资本主义自由平等梦的基础之上。在资本主义条件下，人的自由平等被商品、货币和资本

---

① 《资本论》第1卷，人民出版社2004年版，第217页。
② 同上书，第227页。

等物象所笼罩。同时，这些物象导致个人劳动与社会劳动的物化、分离和对立，人的自由平等成为泡影。马克思的自由全面发展理论要求解蔽这些物象，消除人与社会的对立，真正实现人的解放。

只有消灭私有制，才能实现人的自由全面发展。资本家之所以可以雇佣工人，是因为资本家占有生产资料，而工人一无所有。"一个除自己的劳动力以外没有任何其他财产的人，在任何社会的和文化的状态中，都不得不为另一些已经成了劳动的物质条件的所有者的人做奴隶。"① 资本家可以凭借生产资料私人所有者的身份，把工人的劳动力和生产资料相结合，把工人创造的财富归为己有。在生产资料公有制的共产主义社会，工人的劳动可以直接与社会劳动发生联系，个人劳动直接就是社会劳动，而不需要借助商品、货币和资本的中介。"在一个集体的、以生产资料公有为基础的社会中，生产者不交换自己的产品；用在产品上的劳动，在这里也不表现为这些产品的价值，不表现为这些产品所具有的某种物的属性，因为这时，同资本主义社会相反，个人的劳动不再经过迂回曲折的道路，而是直接作为总劳动的组成部分存在着。"②

只有消灭资本，才能实现人的自由全面发展。资本对人的自由全面发展具有两重意义：一方面，资本可以带来生产过剩，促进个人劳动向社会劳动的转化，刺激生产力的发展，为实现人的自由平等奠定物质基础。另一方面，资本增值的本性必然最大限度地榨取工人的剩余价值，必然导致个人劳动与社会劳动的对立，阻碍自由平等梦的实现。当资本主义经济危机周期性爆发时，这就说明资本已经完全丧失历史合理性，已经沦为阻碍生产力发展的反动力量。所以实现人的自由全面发展，就必须铲除这个历史祸害。"不应当泛泛地谈论'劳动'和'社会'，而应当在这里清楚地证明，在现今的资本主义社会中怎样最终创造了物质的和其他的条件，使工人能够并且不得不铲除这个历史祸害。"③

只有消灭资本主义国家，才能实现人的自由平等。资本主义国家是

---

① 《马克思恩格斯选集》第 3 卷，人民出版社 1995 年版，第 298 页。
② 同上书，第 303 页。
③ 同上书，第 300 页。

协调个人利益与社会利益关系的产物，本质上是资产阶级统治的工具，却披上了公共利益的外衣。"正是由于特殊利益和共同利益之间的这种矛盾，共同利益才采取国家这种与实际的单个利益和全体利益相脱离的独立形式，同时采取虚幻的共同体的形式"。① 除了为统治阶级服务之外，资本主义国家也包含一些社会公共事务的内容，但实质上这些公共服务是虚幻的，是以不损害资本增值为前提的，不可能消除资本主义私人占有和社会化生产的矛盾。"现代的国家政权不过是管理整个资产阶级的共同事务的委员会。"② 在共产主义社会，为了协调社会化大生产，实现人与社会关系的和谐，仍然需要公权力。但因为消灭了国家和阶级，公权力失去了政治性质，成为真正的联合体。这种联合体不再为资产阶级服务，而是回归到社会治理的公共服务性质。消灭了资本、货币和商品的中介，个人劳动可以直接转化为社会劳动，不再有剩余价值的无偿占有，真正实现了人的自由平等。"每一个生产者，在作了各项扣除以后，从社会领回的，正好是他给予社会的。他给予社会的，就是他个人的劳动量。"③

可见，在共产主义社会，人与社会的关系不再以"物"为中介，而是重新恢复到人与社会的直接联系，社会是人与人结成的真正联合体。在这里，每个人的自由发展是一切人自由发展的条件。

四 马克思人本视域中的中国梦

马克思的共产主义和人的自由全面发展理论是建立在批判当时西欧发达资本主义的基础之上。实现中国梦并不能直接照抄照搬，这方面我国曾经有过深刻历史教训。中国特色社会主义实践证明，实现中国梦必须建立在社会主义市场经济的基础之上，充分发挥市场配置资源的基础作用，充分发挥商品、货币和资本在推动人与社会发展方面的积极作用。但我国是社会主义国家，实现人与社会的和谐，促进人的自由全面发展是社会发展的最终目标。所以，中国梦又必须以促进社会公平正

---

① 《马克思恩格斯选集》第1卷，人民出版社1995年版，第84页。
② 同上书，第274页。
③ 《马克思恩格斯选集》第3卷，人民出版社1995年版，第304页。

义、增进人民福祉为出发点和落脚点，运用中国共产党和社会主义国家的力量规范和引导市场经济的发展，使之为劳动者和社会整体利益服务。

理解中国梦需要避免犯左的错误：只要平等，不要自由。限制知识、劳动、技术、人才和资本等生产要素在市场中自由流动，在融资环境和市场准入方面挤压民营经济的生存空间，排挤市场在配置资源的基础作用，不顾效率地一味做大做强国有企业，不断加大个人对社会的依赖，甚至抹杀人与人之间在收入上的合理差异，实行平均主义。这些行为是开历史的倒车，回到马克思所批判的"粗陋的共产主义"。这种忽视竞争和差别的平均主义必然压抑人们的生产积极性，降低生产效率，无法实现中华民族伟大复兴的中国梦。同样，理解中国梦不能犯右的错误：只要自由，不要平等。市场主体在利益的驱动下进行欺诈和贿赂等经济活动，不惜损害人与自然关系的盲目过量生产，忽视个人对社会的依赖，任凭市场和资本无限制的扩张，甚至扩张到医疗、教育、卫生和社会保障等社会公共领域，这必然导致贫富两极分化，无法实现全体人民的中国梦。

运用中国共产党和社会主义国家的力量引导和制衡市场和资本的发展，使其为劳动者和社会整体利益服务，促进个人与社会的和谐发展是中国梦的实质内容。马克思认为资本和市场的发展具有两重性：一方面，资本能够不断带来"生产过剩"，加速个人劳动向社会劳动的转化，不断推动生产力的发展。"资产阶级在它的不到一百年的阶级统治中所创造的生产力，比过去一切世代创造的全部生产力还要多，还要大。"[①] 另一方面，资本对生产过剩的分配以剩余价值最大化为目的，丝毫不会考虑劳动者和社会整体的利益，总是千方百计地压低工人的工资，不断追加生产资料和雇佣工人的投入，最大限度地剥削工人。这势必导致工人与资本家、个人与社会的对立，当矛盾积累到超出工人和社会整体所能承受的限度，经济危机必然爆发，资本主义必然被共产主义所代替。"生产资料的集中和劳动的社会化，达到了同它们的资本主义外壳不能相容的地步。这个外壳就要炸毁了。资本主义私有制的丧钟就

---

① 《马克思恩格斯选集》第 1 卷，人民出版社 1995 年版，第 277 页。

要响了。"① 可见，资本主义崩溃的原因在于只强调资本增值，而忽视了劳动者和社会整体的利益。中国梦创造性地发展了马克思主义理论。一方面，根据中国特色社会主义的实际，建立社会主义市场经济体制，市场在资源配置中起到基础性作用，充分利用资本的力量，不断制造"生产过剩"推动生产力的发展；另一方面，通过中国共产党和社会主义国家的力量对市场和资本进行制衡，使得社会分配向劳动者和社会整体倾斜，除了一部分用来扩大再生产之外，大部分根据公平原则向劳动者和社会整体返还，为实现人的自由全面发展开辟道路。"实现发展成果更多更公平惠及全体人民，必须加快社会事业改革，解决好人民最关心最直接最现实的利益问题，努力为社会提供多样化服务，更好满足人民需求。"②

总之，中国梦不是在意识范围内的奇思妙想，而是与资本主义自由平等梦批判、马克思人与社会关系理论相统一。实现中国梦不能脱离社会主义初级阶段的实际，资本和市场仍是促进人与社会发展的推动力量。但共产主义是历史发展的必然，人与社会的发展必然突破物的阶段，中国梦必然导向人的自由全面发展。

第五节　马克思人本视域中的国家治理

随着中国特色社会主义的发展，我国在取得巨大历史进步的同时，在某种程度上也凸显了个人与社会发展不平衡的国家治理问题。在这个历史背景下，党的十八届三中全会报告及时提出"国家治理体系和治理能力现代化"问题。理解国家治理问题不能满足于表面现象，而要深入到马克思恩格斯思想的历史逻辑，完整地刻画出国家治理问题的全貌，才能指导中国特色社会主义的实践。马克思恩格斯通过分析个人劳动与社会劳动的矛盾运动，解蔽了笼罩在资本主义国家治理身上的商品、货币和资本等物的外衣，直达其压迫人的价值层面。在批判资本主

---

① 《资本论》第1卷，人民出版社2004年版，第874页。
② 《中共中央关于全面深化改革若干问题的决定》，《人民日报》2013年11月13日第1期。

义国家治理服务于资本增值的基础之上，逐渐生成以人与社会和谐统一为基础的共产主义社会治理思想。

一　资本主义国家治理的解蔽

资本主义国家治理的根本目的不在于人，而在于物。这种物具体表现为商品、货币和资本。

商品是马克思恩格斯研究资本主义的起点。所以，研究资本主义国家治理也必须从商品开始。商品是用来交换的劳动产品，生产商品的目的不是为了自给自足，而是通过交换满足他人和社会的需要。交换不仅是物品的交换，而且是权利的交易和调整。"只有独立的互不依赖的私人劳动的产品，才作为商品互相对立。"① 商品所有者可以通过物质交换获得自己生存发展的空间，意味着个人可以成为独立发展的主体。个人权利边界的设置，意味着特权阶级不能随意剥夺他人的劳动产品，必须按照平等交换的原则获得生活所需的商品。但由于封建统治阶级的历史惯性，常常设置大量的封建特权，阻碍商品交换的进行，损害资产阶级的利益，所以资产阶级革命不可避免。新诞生的资本主义国家必然顺应资产阶级的利益，制定相应的治理措施最大限度地保障商品交换的顺利进行。"国家是这样的，这仅仅是说，它是当时独自代表整个社会的那个阶级的国家：在古代是占有奴隶的公民的国家，在中世纪是封建贵族的国家，在我们的时代是资产阶级的国家。"②

马克思恩格斯认为仅从商品交换的角度出发，无法理解资本主义国家治理的本质。因为商品、货币和资本只是使用价值和价值矛盾运动的表现形式，只有透过商品的物质外观深入到个人劳动和社会劳动的层面才能解开资本主义国家治理的神秘面纱。

商品具有使用价值和价值两个因素。使用价值是指商品能满足人们某种需要的属性，反映的是人与自然的关系。价值是指凝结在商品中无差别的人类劳动，反映的是人与社会的关系。不同商品之所以能够交换，是因为它们含有共同的人类抽象劳动。所以，商品生产者的劳动具

---

① 《资本论》第 1 卷，人民出版社 2004 年版，第 55 页。
② 《马克思恩格斯选集》第 3 卷，人民出版社 1995 年版，第 631 页。

有两重性：既是具有社会性质的社会劳动，又是具有私人性质的个人劳动。个人劳动与社会劳动的矛盾构成商品经济的基本矛盾，也是贯穿资本主义国家治理整个过程的主要矛盾。

商品交换以货币为中介，货币是商品交换中固定充当一般等价物的商品。货币的出现把商品内部个人劳动和社会劳动的矛盾外化成商品和货币的矛盾。任何商品只有转化成货币，商品内部个人劳动与社会劳动的矛盾才能化解。货币本来是个人与社会联系的中介，现在反而变成个人与社会联系的目的。"一种商品成为货币，似乎不是因为其他商品都通过它来表现自己的价值，相反，似乎因为这种商品是货币，其他商品才都通过它来表现自己的价值。"① 但货币只是掩盖了个人劳动与社会劳动的矛盾，而并没有从根本上解决这个矛盾。"货币形式，用物的形式掩盖了私人劳动的社会性质以及私人劳动者的社会关系，而不是把它们揭示出来。"② 在个人劳动向社会劳动惊险跳跃的过程中，不可避免地会摔坏某些商品所有者。所以资本主义国家必须采取相应的治理措施尽可能地化解两者的裂痕，保障交换的顺利进行。"国家是建筑在社会生活和私人生活之间的矛盾上，建筑在普遍利益和私人利益之间的矛盾上的。因此，行政管理机构不得不局限于形式上的和消极的活动，因为市民社会生活和市民活动在哪里开始，行政管理机构的权力也就在哪里告终。"③

资本家追逐的目标并不是货币本身，而是货币的增殖即资本。资本不再是个人劳动与社会劳动之间的中介，而是个人劳动向社会劳动转化的决定因素。即使个人劳动生产的产品能够满足社会的需要，但只要不满足资本增殖的条件，这种交易是无法完成的。仅从交换领域考察资本，无法透视资本的本质。因为在交换领域，只能看见资本自身不断变换自己的货币形式和实物形式，不断使自己增殖，资本俨然已经变成整个运动过程的主体，国家治理好像只起到辅助作用。其实不然，一旦深入到生产领域，就能看清资本和国家治理的本质。资本本身不会增殖，

---

① 《马克思恩格斯全集》第 44 卷，人民出版社 2001 年版，第 112 页。
② 同上书，第 93 页。
③ 《马克思恩格斯全集》第 3 卷，人民出版社 2002 年版，第 386 页。

而是它购买的劳动力会增殖，能够创造比自身价值更大的价值即剩余价值。国家治理并不是只起到外在辅助作用，而是通过各种途径逼迫工人出卖劳动力，为资本增值提供前提条件和内在动力。

可见，仅仅停留在物的交换层面是无法看清资本主义国家治理的。只有剥开物的外衣，直达人的劳动价值层面才能把握它的本质。

二　资本主义国家治理的批判

马克思恩格斯通过分析资本主义国家治理，揭开了笼罩在其身上的商品、货币和资本等物的外衣，进而剖析了这些物象背后个人劳动和社会劳动的本质层面，在发现剩余价值的基础上对资本主义国家治理进行科学的批判。

资本主义国家治理对工人的压迫和剥削。资本主义国家所鼓吹的"自由平等"实质上掩盖了资本家与工人之间的雇佣劳动关系。"资本家用他总是不付等价物而占有的别人的已经物化的劳动的一部分，来不断换取更大量的别人的活劳动。"① 资本家购买的是雇佣工人的劳动力，而劳动力商品能够创造比自身价值更大的价值。雇佣工人的劳动可以分为两部分：一部分是必要劳动，用于再生产劳动力；另一部分是剩余劳动，用于无偿地为资本家生产剩余价值。资本主义的生成过程不仅是生产物质产品的过程，而且是不断榨取剩余劳动的剥削过程。为了获得更多的劳动力，资本家需要借助国家暴力机器的力量，比如，剥夺农民土地或者大量贩卖黑奴。为了获得更多的资本，资本家需要借助国家政权的力量建立国债制度、课税制度和关税制度，加强对本国人民的剥削，积累起巨额的货币资本。"到目前为止在阶级对立中运动着的社会，都需要有国家，即需要一个剥削阶级的组织，以便维持它的外部的生产条件，特别是用暴力把被剥削阶级控制在当时的生产方式所决定的那些压迫条件下（奴隶制、农奴制或依附农制、雇佣劳动制）"。② 可见，资本主义国家治理的目的并不是实现人的自由平等，而是利用金钱保证资产阶级的特权，逼迫工人不得不服从金钱的统治和压迫。"资产阶级的力

---

① 《马克思恩格斯全集》第23卷，人民出版社1972年版，第640页。
② 《马克思恩格斯选集》第3卷，人民出版社1995年版，第631页。

量全部取决于金钱，所以他们要取得政权就只有使金钱成为人在立法上
的行为能力的唯一标准。他们一定得把历代的一切封建特权和政治垄断
权合成一个金钱的大特权和大垄断权。资产阶级的政治统治之所以具有
自由主义的外貌，原因就在于此。"①

　　资本主义国家治理是资产阶级统治的工具，却披上了社会公共利益
的外衣。"正是由于特殊利益和共同利益之间的这种矛盾，共同利益才
采取国家这种与实际的单个利益和全体利益相脱离的独立形式，同时采
取虚幻的共同体的形式"。② 资本主义国家治理表面上涵盖了社会公共
事务的内容，但实质上这种公共服务是虚幻的，是以不损害资本增值为
前提的，所以不可能消除两极分化。"现代的国家政权不过是管理整个
资产阶级的共同事务的委员会。"③ 国家治理的最重要的手段，比如税
收制度、金融制度等完全被资本家所操控，这种国家治理方式只能实现
资产阶级的利益，不可能实现工人和全人类的自由解放。"现代国家由
于税收而逐渐被私有者所操纵，由于国债而完全归他们掌握；现代国家
的存在既然受到交易所内国家证券行市涨落的调节，所以它完全依赖于
私有者即资产者提供给它的商业信贷。"④

　　国家治理沦为资本增殖的附庸和工具，不可能克服资本的悖论，必
然引发资本主义经济危机。"面对着由这种市民生活、这种私有制、这
种商业、这种工业、各个市民集团间这种相互掠夺的非社会本性所引起
的后果，行政管理机构的无能成了一个自然规律。"⑤ 资本主义国家治
理无法克服资本主义社会化大生产与生产资料私人占有之间的矛盾。资
本的扩张要求国家不断寻求新的市场，建立新的殖民地。但国家治理无
法从根源上控制和规范资本的扩张，一旦国家无法扩大市场范围，市场
回路就会蔽塞，经济危机就会不可避免地爆发。而且不同资本主义国家
在不断进行海外扩张的同时，也会引发争夺海外殖民地的国际战争，同
样会引发经济政治危机，两次世界大战就说明了这一点。

---

① 《马克思恩格斯全集》第 2 卷，人民出版社 1957 年版，第 647—648 页。
② 《马克思恩格斯选集》第 1 卷，人民出版社 1995 年版，第 84 页。
③ 同上书，第 274 页。
④ 同上书，第 131 页。
⑤ 《马克思恩格斯全集》第 3 卷，人民出版社 2002 年版，第 386 页。

三　未来共产主义的社会治理展望

未来共产主义社会治理是建立在批判资本主义国家治理的基础之上。资本主义国家治理受制于资本的增殖，导致个人与社会的对立，未来共产主义则消灭了国家和阶级对立，国家治理被社会治理所取代。社会是自由人的联合体，社会管理者是人民的勤务员，社会治理真正实现了以社会公共利益为基础的人与社会的统一。

共产主义取消了资本，社会治理不再为资产阶级服务，不再以资本增值为中心，而是回归到社会治理的公共服务性质。消灭了资本，就等于消灭了剥削，个人劳动向社会劳动转化的过程中不再有剩余价值的无偿占有，真正实现了人与社会的平等。"从社会领回的，正好是他给予社会的。他给予社会的，就是他个人的劳动量。"① 消灭了国家和阶级，意味着社会治理将失去为统治阶级服务的政治功能，只剩下为社会公共利益服务的管理职能。"政治国家以及政治权威将由于未来的社会革命而消失，这就是说，公共职能将失去其政治性质，而变为维护真正社会利益的简单的管理职能。"②

共产主义不仅取消了资本，而且消灭了商品和货币。社会治理不再以物为中介调节个人劳动与社会劳动的关系，而是实现了劳动解放，实现了个人劳动与社会劳动的直接统一。这种直接统一彻底杜绝了行政人员以管理者的身份从事以权谋私和各种非生产性浪费现象。"劳动解放——它的伟大目标——是这样开始的：一方面取缔国家寄生虫的非生产性活动和胡作非为，从根源上杜绝把巨量国民产品浪费于供养国家这个魔怪；另一方面，公社的工作人员执行实际的行政管理职务，不论是地方的还是全国的，只领取工人的工资。"③

取消了商品、货币和资本，也就消除了市场。物质生产不再是盲目的扩大再生产，而是按照计划进行比例适当的再生产。社会治理不再服务于市场和资本的扩张，而是体现为调节资源在社会各部门按照一定比

---

① 《马克思恩格斯选集》第3卷，人民出版社1995年版，第304页。
② 同上书，第227页。
③ 同上书，第98页。

例进行配置。这就从根源上彻底杜绝了经济危机的发生。"由社会全体成员组成的共同联合体来共同地和有计划地利用生产力;把生产发展到能够满足所有人的需要的规模;结束牺牲一些人的利益来满足另一些人的需要的状况;彻底消灭阶级和阶级对立;通过消除旧的分工,通过产业教育、变换工种、所有人共同享受大家创造出来的福利,通过城乡的融合,使社会全体成员的才能得到全面发展;——这就是废除私有制的主要结果。"①

社会治理的目的不是物,而是恢复到人本身,但不是回到人的等级依赖关系,而是回到人与人、人与社会的自由平等。整个社会就是一个自由人的联合体,人们在公有制的基础上自觉地进行物质生产,整个社会总产品除去必要的消费支出之外,剩余劳动产品仍然是属于社会全体成员,而不是属于个别人。"这个联合体的总产品是一个社会产品。这个产品的一部分重新用作生产资料。这一部分依旧是社会的。而另一部分则作为生活资料由联合体成员消费。"② 社会管理者也不再是凌驾于个人之上的压迫者,而是真正的人民勤务员。"旧政权的纯属压迫性质的机关予以铲除,而旧政权的合理职能则从僭越和凌驾于社会之上的当局那里夺取过来,归还给社会的负责任的勤务员。"③

四 中国特色社会主义的国家治理

马克思恩格斯关于共产主义社会治理的思想是建立在批判发达资本主义国家治理的基础之上,而中国特色社会主义的国家治理并不能直接套用。由于我国处于社会主义的初级阶段,国家治理仍然需要发挥资本、货币、商品和市场的作用。不断完善社会主义市场经济体制,让市场在资源配置中起确定性作用已成我国现阶段国家治理的主要目标。但同时我国已是社会主义国家,国家治理必须以人为本,以促进社会公平正义、增进人民福祉为出发点和落脚点,解决资本和市场发展所带来的贫富差距、环境污染等问题。

---

① 《马克思恩格斯选集》第 1 卷,人民出版社 1995 年版,第 243 页。
② 《马克思恩格斯全集》第 44 卷,人民出版社 2001 年版,第 96 页。
③ 《马克思恩格斯选集》第 3 卷,人民出版社 1995 年版,第 57 页。

在新中国成立初期，我国按照苏联模式建立起相应的计划经济体制，国民经济各部门严格按照既定的国家计划进行配套生产。这种治理模式为我国在最短的时间内恢复生产，建立起完整的国民经济体系做出了重要贡献。但这种国家治理模式适合后发国家在短期内赶超先进国家，但不利于科技创新，成为创新型国家。由于苏联的解体和发达国家对我国的技术封锁，我国失去直接引进外国先进技术的条件，必须走自主创新之路。但国家计划包揽一切的治理模式压抑了科学技术人员创新的积极性，不利于形成激发科技创新的市场竞争机制。因为科技创新无法被国家计划所提前预知，任何科技创新都必须依靠科技人员的智慧和外在的市场竞争，所以必须给予科技人员自由发展的空间，建立社会主义市场经济体制。市场经济在科技创新、发展生产力方面有优势，但市场本身也具有不可克服的弊端，比如造成贫富两极分化等社会问题。这就要求国家治理不能退出社会领域，尤其在医疗、教育和社会保障等方面不能市场化，必须由国家按照大多数人的意愿统一治理。"实现发展成果更多更公平惠及全体人民，必须加快社会事业改革，解决好人民最关心最直接最现实的利益问题，更好满足人民需求。要深化教育领域综合改革，健全促进就业创业体制机制，形成合理有序的收入分配格局，建立更加公平可持续的社会保障制度，深化医药卫生体制改革。"①

中国特色社会主义国家治理的实质在于运用强大的社会主义国家力量引导和规范资本和市场的发展，使之不断推动社会主义生产力发展的同时，最大限度地减少其负面作用的发生，为人与社会的和谐统一开辟道路。按照马克思恩格斯的分析，资本具有双重作用：一是资本必然带来生产过剩，不断刺激生产力的发展；二是对生产过剩的支配不是以工人为中心，而是以资本增值为中心，大部分生产过剩被资本家占有，或用来扩大再生产以便获得更多的剩余价值，这就导致工人工资的价值永远小于他们生产的总产品的价值，所以当差距积累到一定程度，经济危机就不可避免。"生产资料的集中和劳动的社会化，达到了同它们的资本主义外壳不能相容的地步。这个外壳就要炸毁了。"② 中国特色社会

---

① 《中共中央关于全面深化改革若干问题的决定》，《人民日报》2013 年 11 月 13 日。
② 《马克思恩格斯全集》第 44 卷，人民出版社 2001 年版，第 847 页。

主义国家治理并不是要消灭资本和市场，而是要用中国共产党的力量和社会主义国家的力量来规范资本和市场的运行方式，使生产过剩的分配以劳动者和社会整体为中心。这样既保证了生产力的持续发展，又从根本上消除了资本和市场带来的负面后果。"超出社会当前需要的生产过剩不但不会引起贫困，而且将保证满足所有人的需要，将引起新的需要，同时将创造出满足这种需要的手段。这种生产过剩将是新的进步的条件和刺激，它将实现这种进步，而不会像过去那样总是因此造成社会秩序的混乱。"①

　　总之，马克思恩格斯的国家治理思想并不是一成不变的，而是与资本批判逻辑、人本思想以及社会历史发展内在统一的。目前中国特色社会主义国家治理仍需借助市场的力量，为实现未来共产主义社会治理积累力量。"共产主义对我们来说不是应当确立的状况，不是现实应当与之相适应的理想。我们所称为共产主义的是那种消灭现存状况的现实的运动。"② 国家治理必将突破物的依赖阶段，达到人与社会统一的自由人联合阶段。

---

① 《马克思恩格斯选集》第 1 卷，人民出版社 1995 年版，第 242 页。
② 同上书，第 241 页。

参考文献

1. 《马克思恩格斯全集》第 1、2、3、4、47 卷，人民出版社 1956—1985 年版。

2. 《马克思恩格斯全集》第 1、3、30、31、44、45、46 卷，人民出版社 1995—2002 年版。

3. 《马克思恩格斯选集》第 1、2、3、4 卷，人民出版社 1995 年版。

4. 《列宁选集》第 1、2、3、4 卷，人民出版社 1995 年版。

5. 《毛泽东选集》第 1、2、3、4 卷，人民出版社 1991 年版。

6. 《邓小平文选》第 1、2、3 卷，人民出版社 1993、1994 年版。

7. 《江泽民文选》第 1、2、3 卷，人民出版社 2006 年版。

8. ［德］黑格尔：《小逻辑》，贺麟译，商务印书馆 1980 年版。

9. ［匈牙利］卢卡奇：《历史与阶级意识》，商务印书馆 1995 年版。

10. ［匈牙利］卢卡奇：《社会存在本体论导论》，华夏出版社 1988 年版。

11. ［英］斯密：《国富论》，商务印书馆 1972 年版。

12. ［英］霍布斯：《利维坦》，商务印书馆 1985 年版。

13. ［英］洛克：《政府论》，商务印书馆 1964 年版。

14. ［法］卢梭：《人类不平等的起源和基础》，生活·读书·新知三联书店 1957 年版。

15. ［古希腊］亚里士多德：《政治学》，商务印书馆 1965 年版。

16. ［古希腊］亚里士多德：《形而上学》，商务印书馆 1981 年版。

17. ［英］斯温杰伍德：《社会学思想简史》，社会科学文献出版社 1988 年版。

18. ［法］雷蒙·阿隆：《社会学主要思潮》，上海译文出版社 1988

年版。

19. ［法］阿尔都塞：《列宁与哲学》，远流出版公司1990年版。

20. ［法］福柯：《词与物》，商务印书馆1966年版。

21. 刘天喜：《同一·分化·自由》，华夏文化出版社2000年版。

22. 吴楠：《人与社会关系思想的历史性生成——青年马克思思想探析》，中国社会科学出版社2013年版。

23. 俞吾金：《实践诠释学》，云南人民出版社2001年版。

24. 张一兵、胡大平：《西方马克思主义哲学的历史逻辑》，南京大学出版社2003年版。

25. 张一兵：《文本的深度耕犁》，中国人民大学出版社2004年版。

26. 张一兵：《回到马克思》，江苏人民出版社1999年版。

27. 张一兵：《马克思历史辩证法的主体向度》，南京大学出版社2002年版。

28. 孙伯鍨：《探索者道路的探索》，南京大学出版社2002年版。

29. 孙伯鍨、张一兵：《走进马克思》，江苏人民出版社2001年版。

30. 韩庆祥、邹诗鹏：《人学——人的问题的当代阐释》，云南人民出版社2001年版。

31. 韩庆祥、汪业周：《社会层级结构理论》，中国社会科学出版社2012年版。

32. 韩庆祥：《面向"中国问题"的马克思主义哲学》，武汉大学出版社2010年版。

33. 安启念：《新编马克思主义哲学发展史》，中国人民大学出版社2004年版。

34. 黄楠森：《马克思主义哲学史》，高等教育出版社1998年版。

35. 孙伯鍨、侯惠勤：《马克思主义哲学的历史和现状》，南京大学出版社2004年版。

36. 陈晏清、阎孟伟：《辩证的历史决定论》，中国社会科学出版社2007年版。

37. 陈先达：《马克思早期思想研究》，中国人民大学出版社2006年版。

38. 侯才：《马克思主义哲学史论》，中央党校出版社2005年版。

39. 侯才：《青年黑格尔派与马克思早期思想的发展——对马克思哲学

本质的一种历史透视》，中国社会科学出版社 1994 年版。

40. 丰子义：《发展的反思与探索（马克思主义发展理论的当代阐述)》，中国人民大学出版社 2006 年版。

41. 丰子义：《马克思世界历史理论与全球化》，中国人民大学出版社 2006 年版。

42. 孙正聿：《属人的世界》，吉林大学出版社 2007 年版。

43. 贺来：《辩证法的生存论基础——马克思辩证法的当代阐述》，中国人民大学出版社 2004 年版。

44. 聂锦芳：《清理与超越——重读马克思文本的意旨、基础与方法》，北京大学出版社 2005 年版。

45. 欧阳谦：《20 世纪西方人学思想导论》，中国人民大学出版社 2002 年版。

46. 袁贵仁：《马克思的人学思想》，北京师范大学出版社 1996 年版。

47. 韩震：《生成的存在——关于人与社会的哲学思考》，北京师范大学出版社 1996 年版。

48. 魏小萍：《追寻马克思——时代境域下马克思人类解放逻辑的分析和探讨》，人民出版社 2005 年版。

49. 杨谦：《中国哲学的现代追寻——马克思主义哲学中国化的过程与机制》，中国社会科学出版社 2007 年版。

50. 仰海峰：《形而上学批判——马克思哲学的理论前提及当代效应》，江苏人民出版社 2006 年版。

51. 俞可平：《国家底线》，中央编译出版社 2014 年版。

52. 李云峰：《马克思学说中人的概念》，人民出版社 2007 年版。

53. 汤文曙：《马克思走近马克思主义——〈1844 年经济学哲学手稿〉的当代研究》，安徽大学出版社 2004 年版。

54. 武天林：《马克思主义人学导论》，中国社会科学出版社 2006 年版。

55. 杨耕：《为马克思辩护——对马克思哲学的一种新解读》，北京师范大学出版社 2004 年版。

56. 俞可平、李慎明、王伟光主编：《马克思主义研究论丛》第 1—8 辑，中央编译出版社 2005—2008 年版。

57. 王南湜：《社会哲学》，云南人民出版社 2001 年版。

58. 王南湜：《后主体性哲学的视域》，中国人民大学出版社 2004 年版。

59. 贾高建：《当代社会形态问题导论》，中共中央党校出版社 1994 年版。

60. 韩树英主编：《马克思主义哲学纲要》，人民出版社 1990 年版。

61. 庞元正、董德刚主编：《马克思主义哲学前沿问题研究》，中共中央党校出版社 2004 年版。

62. 杨春贵、张峰主编：《邓小平理论与社会主义的历史命运》，中共中央党校出版社 1998 年版。

63. 张汝伦：《现代西方哲学十五讲》，北京大学出版社 2004 年版。

64. 刘放桐：《现代西方哲学教程新编》，人民出版社 2000 年版。

65. 邓晓芒：《马克思人本主义的生态主义探源》，《马克思主义与现实》2009 年第 1 期。

66. 姚顺良：《从"异化劳动"到"谋生劳动"：青年马克思人本主义范式解构的开始——兼与张一兵教授的"穆勒笔记"解读商榷》，《马克思主义研究》2010 年第 7 期 。

67. 李志：《面临多重物化的个人——晚期马克思人本主义思想探析》，《哲学研究》2008 年第 11 期 。

68. 张富文：《马克思人本思想探析》，《山西师大学报》（社会科学版）2009 年第 3 期 。

69. 夏建国、夏泽宏：《论马克思人本思想的历史生成及其意蕴》，《湖湘论坛》2011 年第 6 期。

70. 刘洋、蒋锦洪：《马克思人本思想在中国语境的发展实践》，《理论导刊》2012 年第 10 期。

71. 彭波、吴楠：《政治经济学视域下谈马克思人本观的历史性转变》，《商业时代》2011 年第 35 期。

72. 吴楠、朱虹：《人与社会关系视域中的社会主义核心价值观》，《求实》2014 年第 5 期。

73. 吴楠、朱虹：《马克思恩格斯国家治理思想探析》，《理论月刊》2014 年第 9 期。

74. 吴楠：《马克思哲学革命视阈中的人本观》，《广西社会科学》2011 年第 1 期。

75. 韩庆祥：《"以人为本"的科学内涵及其理性实践》，《河北学刊》2004 年第 3 期。

76. 韩庆祥：《论以人为本的深层意蕴》，《中共中央党校学报》2006 年第 1 期。

77. 李淑梅：《个人概念的变革与唯物史观的创立——〈德意志意识形态〉对施蒂纳利己主义的批判》，《社会科学》2008 年第 2 期。

78. 陈晏清、李淑梅：《个人和社会的关系问题是社会观念的核心问题》，《天津大学学报》（社会科学版）1999 年第 1 期。

79. 李淑梅：《马克思〈莱茵报〉时期的政治哲学思想》，《哲学研究》2009 年第 6 期。

80. 张一兵：《"市民社会"与"人"：一个共时性与历时性向度中的逻辑悖结——读马克思的〈黑格尔法哲学批判〉》，《江汉论坛》1994 年第 5 期。

81. 张一兵、周嘉昕：《"现代私有制社会"批判的理论一般——〈德意志意识形态〉中的资本主义观》，《人文杂志》2008 年第 4 期。

82. 张一兵、周嘉昕：《马克思恩格斯资本主义理解范式的历史性生成》，《南京大学学报》2007 年第 1 期。

83. 王金福、王永山：《从异化到自由全面的发展——对人的存在状态发展之路的马克思主义解答》，《南京师大学报》2005 年第 3 期。

84. 王金福：《马克思主义研究中的多维视野》，《哲学研究》2005 年第 3 期。

85. 鲁品越：《实践生成论：马克思主义哲学的主轴》，《哲学动态》2009 年第 10 期。

86. 鲁品越：《从马克思剩余价值学说到科学发展观》，《南京社会科学》2012 年第 3 期。

87. 俞吾金：《再论异化理论在马克思哲学中的地位和作用》，《哲学研究》2009 年第 12 期。

88. 俞吾金：《从"道德评价优先"到"历史评价优先"——马克思异化理论发展中的视角转换》，《中国社会科学》2003 年第 2 期。

89. 王南湜：《马克思人的发展理论的内在张力》，《江海学刊》2005 年第 5 期。

90. 侯才：《马克思的"个体"和"共同体"概念》，《哲学研究》2012年第1期。

91. 侯才：《有关"异化"概念的几点辨析》，《哲学研究》2001年第10期。

92. 边立新：《在改革和发展中彰显人的价值》，《科学社会主义》2008年第4期。

93. 边立新：《人的解放：马克思主义的真谛》，《科学社会主义》2013年第4期。

94. 吴晓明：《马克思哲学的秘密和诞生地——〈1844年经济学哲学手稿〉探微》，《复旦学报》（社会科学版）1996年第4期。

95. 丰子义：《生态文明的人学思考》，《山东社会科学》2010年第7期。

96. 陈先达：《唯物史观视野中的"以人为本"》，《中国人民大学学报》2004年第4期。

97. 刘天喜：《论公共利益与个人利益协调发展的客观机制》，《西北大学学报》2004年第6期。

98. 刘天喜：《现代社会的发展必须以人的全面发展为前提》，《青海师范大学学报》2005年第2期。

99. 韩立新：《〈穆勒评注〉中的交往异化：马克思的转折点——马克思〈詹姆斯·穆勒《政治经济学原理》一书摘要〉研究》，《现代哲学》2007年第5期。

100. 韩立新：《从国家到市民社会：马克思思想的重要转变——以马克思〈黑格尔法哲学批判〉为研究中心》，《河北学刊》2009年第1期。

101. 吴忠民：《以人为本的三层含义缺一不可》，《理论导报》2008年第3期。

后 记

　　《马克思人本思想的历史轨迹及其当代价值》是江苏省 2014 年度高校"青蓝工程"资助项目的最终成果。在这里，我要感谢徐州医科大学和江苏省"青蓝工程"项目的相关专家学者，是你们的慧眼举荐，使本课题通过公平竞争和层层筛选，最后获得江苏省"青蓝工程"项目资助，也使我有幸成为徐州医科大学获得江苏省"青蓝工程"中青年学术带头人称号的社科类的第一人。由于得来不易，使我倍感珍惜。我放弃了公费出国留学的大好机会，全身心地投入到课题的研究工作中，阅读了大量的国内外研究马克思人本思想的著作和论文。在此基础上，我对马克思的主要文本进行艰苦的"以马解马"的解读。这个"蜕皮"的学习过程使我受益匪浅，对马克思人本思想的历史发展有了初步的了解和感悟。

　　在这里，我要感谢我的导师中共中央党校韩庆祥教授、边立新教授、浙江理工大学的刘天喜教授和江苏师范大学的高中华教授，没有你们的谆谆教导，我不可能完成这部书。我要感谢我的爱人朱虹博士，为了使我安心读书写作，她在身体不好的情况下主动承担了繁重的家务。我还要感谢徐州医科大学人事处杜刚处长，正是在他的鼓励下，才使缺乏自信的我鼓足勇气主动申请江苏省"青蓝工程"学术带头人项目。

　　《马克思人本思想的历史轨迹及其当代价值》一书得到江苏省高校哲学社会科学基金项目"马克思人本思想的历史与实践"（2014SJD439）和徐州医学院"振兴人才"计划的资助，在此一并表示感谢。

　　由于学术水平所限，书中难免有不妥之处，敬请各位学界同人批评指正。

吴　楠

2015 年 7 月于徐州东甸子